教师执业道德力

JIAOSHI ZHIYE DAODELI

黄爱华　夏丽娟◎主编

江蘇鳳凰教育出版社
Phoenix Education Publishing, Ltd

图书在版编目（CIP）数据

教师执业道德力/黄爱华，夏丽娟主编. —南京：江苏凤凰教育出版社，2017.11

ISBN 978-7-5499-3130-9

Ⅰ.①教… Ⅱ.①黄…②夏… Ⅲ.①中小学—师德—研究 Ⅳ.①G635.16

中国版本图书馆CIP数据核字（2013）第139539号

书　　名　教师执业道德力
主　　编　黄爱华　夏丽娟
责任编辑　雷利军　李媛媛
出版发行　江苏凤凰教育出版社（南京市湖南路1号A楼　邮编210009）
苏教网址　http：//www.1088.com.cn
照　　排　润星之源文化有限公司
印　　刷　三河市九洲财鑫印刷有限公司
厂　　址　河北省三河市灵山大口
开　　本　787毫米×1092毫米　1/16
印　　张　15.5
字　　数　246千字
版　　次　2017年11月第1版　2017年11月第1次印刷
书　　号　ISBN 978-7-5499-3130-9
定　　价　38.00元
网店地址　http：//jsfhjycbs.tmall.com
邮购电话　025-85406265，85400774　短信　02585420909
E - mail　jsep@vip.163.com
盗版举报　025-83658579

目　录

一 以生为本

确立学生主体地位，为学生终身发展打基础

以生为本的理念是对我国传统教育教学理念的一种革新，由教师主体到学生主体的转换，在改变传统课堂教学中教师和学生角色的同时，也在实质上带来了教育的变革，以生为本强调在教学过程中学生是主体，教师是主导，强调发挥学生的积极性和主动性，更好地促进学习目标的实现，同时有利于学生的全面发展。

教师应适应教育改革和发展的需要，转变观念，还学生以主体地位，相信学生、托付于学生，并服务于学生。

在独学环节，有的教师认为独学就是学生自主学习，自主学习就是让学生自己学习，也就是要怎么样就怎么样，这才是以生为本。而教师自己或立于讲台上，或自顾自看教材、批改作业，或偶尔扫视一下正在自主学习的学生，或若无其事地在教室转一圈，然后即宣布自主学习结束，教学进入下一个环节。

以生为本，把课堂主动权还给学生，并不是说教师就可以不讲或少讲。如果像上述案例中的老师那样，误认为这样做就是让学生做课堂的主人，那么学生的学习就会缺少厚度和深度，而且，这样很可能会出现该讲的没讲，该挖掘的没有挖掘的情况。

这种毫无成效的“放羊式”的自主学习显然与课改精神是相悖的。在真正的以生为本的自主学习过程中，教师要观察、引导和支持学生，要提升、升华学生的学习经验，要进行学法的指导，要捕捉学生的学习困惑，要激发学生自主学习的兴趣。

以生为本，有些教师认为就是学习只是学生自己做主的事情，教师的角色可以逐步淡化。有了这样的想法后，有的教师上课便让学生自己看书，没有指导、没有提示和具体要求，没有检查也没有反馈。甚至，有的教师还提出学习内容由学生自己定，学习方式由学生自己选，学习伙伴由学生自己挑的建议，以至于在有些课堂上，学生因为进行合作交流而争得面红耳赤时，教师竟也不管不问。

以生为本的自主学习必须是在教师引导、帮助、监督下的自主，因为中小学生的思想毕竟不够成熟，如果没有压力与监督，他们会放松对自己的要求；没有教师的帮助和引导，学生的自主学习容易迷失方向，容易走弯路。

以生为本的课堂，“教”与“学”依然是一个不可分割的整体，以学生为主体的“学”，并不是在淡化教师“教”的意义与价值。

要想真正践行以生为本，需要教师正确认识、理解和把握它的真正内涵，改变对它的一些误解，让它真正成为修炼师德的一项真功夫。

（一）教师以生为本概述

生本教育的创始人郭思乐教授曾指出：“我们所做的，全都要通过儿童自己去最后完成。一旦我们醒悟这一过程的必然性，就会明白教育过程的主人和主力，原来是儿童自己，我们只不过是儿童自主发展的服务者和仆人。”

以生为本，就是以学生的发展为根本，关爱学生，关爱学生的生命，关爱学生的生存环境，让他们成为主体，促使他们健康发展。

以生为本的核心理念是高度尊重学生，全面依靠学生，把以往教学中主要依靠教师的教，转变为主要依靠学生的学。而教师的作用和价值应体现在最大限度地调动学生的内在积极性，组织学生自主学习，促进学生的发展上。

1. 教师以生为本的重要意义

（1）以生为本是教育发展的必然结果

以生为本的教育，实质上是一种尊重生命、尊重自然、顺应学生天性，提升生命质量且具有科学意义与价值的崭新的教育理念。

以生为本的目的在于让学生自己动起来，寻找问题、分析问题、解决问题，把可以托付的教学托付给学生。它不仅仅是在方向上强调以学生为主体，更是探讨落实在整个教育教学过程中学生的主体地位的根本体系问题。

以学为本、因学论教是我国古代优秀的民族教育思想，它强调以学为根本、以学为主体、以学为核心，充分发挥学习者在学习中的主体作用，调动他们的学习自觉性、主动性和积极参与意识，让他们学会做学习的主人。

在西方国家，早就有人提倡或研究“以学生发展为本”的理念，如美国著名教育家杜威把旧教育的特点归纳为：“学校的中心是在儿童之外，在教师、教科书以及其他你所高兴的任何地方，唯独不在儿童自己即时的本能和活动之上。”他所倡导的“儿童中心说”，强调要把儿童作为教育的起点、中心和目的，这一学说在当时引发了教学改革的浪潮，以学生为本的课堂教学正是这一思想的本质体现。

瑞士儿童心理学家皮亚杰的建构主义学习理论则认为：①学生是认知的主体，是知识意义的主动建构者；教师只对学生的意义建构起帮助和促进作用。②学习总是与一定情境相联系的，学习者在实际情境下利用自己原有认知结构中的有关经验去同化和导引当前学到的新知识，并赋予新知识某种意义，如果原有经验不能同化新知识，则要重组原有知识结构。③学习者与周围环境的交互作用对知识意义的建构起着关键性的作用。④学习环境是学习者进行自由探索和自主学习的场所，在学习环境中，学生可以利用各种工具和信息资源达到自己的学习目标。⑤在学习过程中，教师要为学习者提供各种信息资源（包括各种教学媒体和资料），以支持学习者主动探索和完成意义建构。⑥在建构主义学习环境中，学习的最终目的是学生对知识的意义建构，强调以学生为中心的学习方式。

在我国，对教育管理体制大刀阔斧的改革给生本教育注入了鲜活的动力。从1985年开始，《中共中央关于教育管理体制改革的决定》及有关文件的相继颁布，引发教育理论界对传统教育提出了一系列批判，中小学开始进行教育管理体制改革，素质教育成为当时的主旋律。经过近20年对素质教育实施过程的探索，身处一线的教育工作者普遍认识到，教师的主导性作用和学生的主体性地位都很重要。

对学生主体性地位的认识，带来了教育观念的革新，教育逐渐开始由“校本教育”“师本教育”转变到“生本教育”的轨道上。如今看来，这是历史发展的必然，是大势所趋。

（2）以生为本的教育是适合学生的教育

适合学生的教育，一是学生要乐于接纳，且能深入其中；二是尊重学生的主体与天性，且要开放、民主；三是倡导自主学习与合作学习的有机结合，创设展示自我的平台，增强学习的后劲。

过去的教育总是习惯让孩子们带着稚气、带着快乐、带着问号、带着家长的期望入学，结果却往往带着少年老成、带着郁闷、带着所谓的句号、带着家长或多或少的遗憾走出校门。其中“句号”和“遗憾”自然引起教育界的深思。而以生为本的教育恰恰赋予了学生积极乐观的人生态度，不耻下问、探究真谛的创新意识，旁征博引、厚积薄发的知识内涵……这样的教育，才是真正适合学生的教育。

以生为本的立足点是教育的对象——学生。教师以学生的自然成长和发展为基调，一是用条件做铺垫，如教材、教法；二是用氛围去烘托，课外猎信息，课上早交流。教师应处处以学生发展为本，让学生从学习中汲取，从学习中积累，从学习中成长，从学习中拓展，从学习中成为全面发展的人。因此，教师应完善以下教育观念：

①价值观：一切为了学生，学生是教育过程的终端，是教育的本体。

②伦理观：高度尊重学生，真正走近学生，认识学生，了解学生。

③行为观：全面依靠学生。

④课程观："小立课程，大做功夫。"即教给学生的基础知识尽可能简明，腾出时间和精力让学生进行大量的活动；主张学科内部整合和整个课程的整合，使课程更加本质化、综合化、活动化。

（3）以生为本符合新时代的教育特性

以生为本的教育，要求教师尽量让学生自己参与活动，去获得知识，去解决问题，把可以托付的教学托付给学生。只有这样，学生才会处于真正的自主状态中，他们的潜能才会得到激发，个性才能得到发展。因为这样的教育具备以下特性：

①科学性。从教学理念到教材内容和教学形式，全方位地体现以生为本，最大限度地依托人类天性，提升学生的生命质量，使他们达到自我教育、自我健全、自我发展，逐步形成良好品行的目的。

②主体性。以生为本的教育旨在培养和提高学生自我学习、自我调控、自我积累、自我赏识、自我发展的能力。要求教育者尊重学生的主体地位，发挥学生的主体作用，完善学生的主体特征。

③彻底性。以生为本的教育强调以学生为主体，它并不满足于局部改革，而是始终倡导"高度尊重学生，全面依靠学生，一切相信学生"，将学生摆在真正意义上的主体地位，同时，深入研究落实学生主体地位的整个体系问题，并在教材、教法、评价等方面，全方位地、系统地给予创新性改革，因而具有彻底性。

④鲜明性。以生为本是在与师本对比的基础上揭示生本教育的存在和意义，因而较此前的相关研究更具有鲜明性。

⑤因材性。以生为本强调人具有发展的无限可能性，具有学习的天性，教育的功能在于顺应人的天性。同时更注重学生之间存在的个体差异，注重从学生的实际出发，因材施教，弹性作业，让优等生吃得饱，学困生受得了。

⑥可操作性。以生为本不仅提出和解释了相关理念，更重要的是它提出了相应课程和教材的改革框架。在教学中重课堂、重实践、重过程、重自然，因而具有可操作性。

⑦根本性。以生为本把教师的教转化为学生的学，让学生成为真正意义上的学习的主人，依靠生命自身提升生命质量，这是实施真正素质教育的根本。

（4）以生为本可以促进培养目标的达成

以生为本强调创造适合学生的教育情境，以学定教，为学生自主发展创设足够的选择空间，因此有利于培养目标的实现。

①以生为本可以发展学生的个性和特长，培养学生的创新意识，提高学生获取和处理各种信息的能力。

②以生为本可以训练学生的发散性思维及空间想象能力，诱发学习灵感和求知欲，最大限度地依靠生命的自然生长规律。

③以生为本可以有意识地训练学生的合作意识和口头表达能力，增强自信，做到共享资源，优势互补。

④以生为本可以培养学生良好的学习状态与品质，开发学习潜能，增强学习后劲。

（5）以生为本能够促进教师专业成长

①以生为本可以促进教师学习新知识。教师应尽量给学生最好最新的教育内容。为了给学生提供最好的东西，教师必须不断充电，不断学习，不断追求新知，实现知识的更新、能力涵养的提高以及阅读面的扩展，等等。

②以生为本促使教师在备课、上课时把学生放在首位。尊重学生，重视学生，永远把学生放在最重要的位置是以生为本的关键。因此，教师在备课的时候要考虑学生怎么学，怎样才能让他们学得更好。上课的时候要充分看到学生的学习状况。以学生的真正的学习为重点，而不仅是对教师才华的展示和作秀。如何将教师的教学技能和学生的学习结合起来，是每一位教师都

应该认真考虑的问题。

2. 教师以生为本的基本内容

以生为本是教师执业的核心工作之一，也是师德的最终体现，它的主要内容包括以下几个方面：

(1) 服务学生。培养教育好学生是学校各项工作的出发点和归宿。服务学生，就是教师的一切工作都必须服务于把学生培养成为德、智、体全面发展的，有理想、有道德、有文化、有纪律的社会主义现代化的建设者和接班人这一根本目的。通过服务学生，培养学生的服务意识和责任意识。

(2) 尊重学生。尊重学生，就是平等对待学生。通过尊重学生，培养学生的民主意识和平等意识。

(3) 相信学生。相信学生，就是充分信任学生，不怕他们出问题、允许他们出问题、容忍他们出问题，让他们在大胆实践和探究中，在解决问题中成长、成熟。通过相信学生，培养学生的诚信意识。

(4) 依靠学生。依靠学生，就是放手锻炼学生，充分调动与发挥他们的积极性、主动性与创造性，让学生进行自我教育、自我管理、自我创造、自我发展和自我提高。通过依靠学生，培养学生的主人翁意识。

本质上讲，以生为本包括两层含义：第一层是"以学生的学为本"；第二层是"以学生的发展为本"。其中"以学生的学为本"是基础和前提；"以学生的发展为本"是归宿和目的。

"以生为本"就是坚持人的自然属性、社会属性和精神属性的辩证统一，是一种体现人文关怀的哲学观，"是以人为核心，以人为基础，以促进人的全面发展为最终目的，满足人的生存、安全、健康等自然需要，满足人的民主权利、公平公正要求、价值实现、精神文化等社会需要，关心人、尊重人、爱护人、解放人、发展人，追求对人本身的关照、关怀以及人身心的全面协调发展"的教育。

3. 个别教师以生为本不到位的原因

为了更好地做到以生为本，服务学生，为学生的良好发展奠定基础，教师应该尽量避免以下一些误区，把以生为本的思想落实到位：

(1) 以生为本就不需要管理

一些教师认为，既然教师的工作是为学生服务，那么教师就该淡出管理，还学生以主体地位，让学生享受充分的自由。

这种“大撒把”式的思想，是对以生为本理念的曲解，因为学生的身心都没有成熟，完全脱离教师的管理将会导致组织涣散、课堂混乱，一些学生甚至会成为麻烦的制造者，严重违背教育教学规律。

教师应充分发挥组织者、引导者、合作者的作用，改变以往的“一言堂”“家长制”管理方式，潜心研究新形势下的先进教育管理方式，让学生沿着正确的轨迹发展。

（2）生本课堂不需要教师备课、讲课

有些教师认为，以生为本就是学生想学什么就学什么，完全由学生自己决定，自己不用备课，更不用讲课。因此，出现了整堂课都是学生在讲的情况，教师自己要么一言不发，要么就是仅在课堂开头说两句话，他们认为这就是还课堂给学生了。

然而，备课和讲课是教师的重要任务之一，也是重要职责之一。因此，教师应该在“备学生”“备教材”“备学情”上多下功夫，尤其要把握住课堂的要点，把重点摸清、吃透，才可能在以生为本的前提下，更好地引导、点拨学生，让学生的学习变得事半功倍。

（3）对以生为本持抵触态度

有些教师仍然以狭隘的“传道、授业、解惑”及塑造和训练学生为己任，不愿意放下师道尊严，害怕以生为本会冒犯自己高高在上的地位，怕让自己失去神圣、权威的光环。

事实上，教师本身是一个无私奉献的职业，如果不放弃自己的私心杂念，只是以自我为中心，不愿意服务学生，久而久之，师德的光辉就会逐渐黯淡。

（二）名师以生为本案例及养成策略

1. 学生是最需要服务的人

2012 年，胡忠、谢晓君夫妇当选为 2011 年度感动中国人物。两人均为四川藏区福利学校志愿者、教师，他们坚守雪域高原支教，把工作关系转到当地，带着女儿扎根塔公草原，在高原播种希望的格桑花。他们用最淳朴的行动告诉世人，教育的本质是让更多的学生得到温暖和爱，通过教育可以成为一个对社会有用的人。

到雪域高原支教的最初原因，是去草原旅游时，孩子们那渴望知识的眼睛。

胡忠和谢晓君原是成都市石室联合中学的化学老师和音乐老师。2000年8月，他们夫妇一起去四川省甘孜藏族自治州康定县的塔公草原旅游。除了塔公草原的天蓝、地阔和美丽的景色，他们还看到了塔公乡西康福利学校那些孩子渴求知识的眼睛。旅行结束后，两人在回成都的车上久久沉默着，胡忠红着眼睛对谢晓君说："我想来这里支教。"谢晓君一把抓住丈夫的手："你来吧，我支持你。"

就这样，胡忠以志愿者身份前往西康福利学校任教。临别那天，谢晓君一路流着泪把丈夫送到康定折多山口。

坐了一天半的长途汽车后，胡忠终于到了学校所在地康定县塔公乡。孩子们正围在一起跳锅庄，他们都穿着红色运动服，笑得很灿烂。看到他，就立刻跑上来献哈达。后来才知道，为了迎接他的到来，老师和学生们把学校里外都打扫了一遍，还穿上了自己最好看的衣服，锅庄和哈达也是为胡老师特别准备的。孩子们认为，只要他们把最好的一面展现出来，老师就会留下来。这种对老师的强烈渴望，让胡忠既感动，又心酸。

胡忠一开始时教数学和汉语。孩子们都很小，有的一点儿汉语都不懂，他只能从汉语拼音教起。除了教材里的内容之外，胡忠还教学生们如何与人交流，怎样以礼待人，怎样才是一个诚实的好孩子。胡忠还搬到男生寝室里与他们同住，督促他们洗漱、换洗、打扫房间。有个小男孩叫香仁，尿床的习惯一直改不掉，每天都要扛着被褥去晒。为了让他养成起夜的习惯，每到凌晨一点胡忠都要起床去叫醒他上厕所。那时候，教室还是低矮的平房，冬天很冷，胡忠就找来板子把漏风的地方堵住，否则孩子们会冻得没办法上课。

课余时间，胡忠当孩子们的足球教练，带孩子们爬山、野营，还教孩子们唱歌，绘声绘色地给孩子们讲神话故事。在思想品德课上，胡忠教导孩子们要努力成为一个"好人"，"好人"就是真正对社会有用的人。

有一次，胡忠抱着吉他给孩子们唱歌，虽然听不懂他唱的是什么，但孩子们都很安静、很认真地听，这让他非常感动。

胡忠的岗位是小学一年级数学老师，教这里的孩子学数学非常难。很多孩子不会说汉语，而他又不会说藏语，连说带比划才勉强能把课上下去。在师资非常短缺的西康福利学校，胡忠先后教过小学和中学的语文、数学、政治、生物、化学和音乐等课程。

学校所在的塔公草原海拔 3800 米，一年里有七八个月的时间都在下雪，条件非常艰苦。胡忠每天与藏族孩子们生活在一起，由于他只是一名支教的志愿者，每个月只有 300 元的生活补助。即使后来当上了校长，他仍然没有工资。胡忠说："大城市里并不少我一个，但藏区真的需要教师。"对孩子的付出，让他感到很满足。

有时，胡忠担心学生没听懂，便随身揣着很多小纸条，上面写着数学题。他看到学生，就说："我这儿有道题，你做做看，给你糖吃。"胡忠常把每月 300 元的工资都买了奖品给孩子们。

日子就这样一天天过去了。在成都的妻子谢晓君始终没有等来丈夫回家的消息。因为在高原上，同样有一群孩子等着他回"家"吃团圆饭。

谢晓君是四川音乐学院钢琴系毕业的大学生，她多次前往藏区去探望丈夫，这里的孩子是那么尊敬老师，对知识的渴望是那么强烈。那些淳朴的藏族孩子也深深地打动了她。

于是，2003 年，谢晓君也申请到西康福利学校支教。她年仅 3 岁的女儿也被带到了高原上。学校实行藏语为主、汉语为辅的双语教学，学校很缺汉语老师，由于她不是一个专业的语文老师，所以必须重新学习。然而，到了塔公草原她才发现，那里的孩子还处于脱盲阶段，教他们学习文化知识才是最急迫的。于是，她只能放弃音乐，先后做了自然老师、生物老师和语文老师，寒来暑往，谢晓君那双弹钢琴的手逐渐开始变得粗糙起来。

这所福利学校修建在清澈的塔公河边，学校占地 50 多亩，包括一个操场、一个篮球场和一个钢架阳光棚。这里是甘孜州 13 个县的汉、藏、彝、羌四个民族 143 名孤儿的校园，也是他们完全意义上的家。一日三餐，老师和孩子们都是在一起的。虽然环境恶劣，谢晓君却觉得与孩子们待在一起很快乐。

教师流动过于频繁一直是谢晓君心中的结，她所带的 6 年级，在 11 个学期中，换了10任数学老师。有一次，谢晓君生病输液期间，有学生跑来问她："有门课的老师走了，怎么办?"她一听，马上翻身坐起来，让学生拔掉输液瓶，自己登上了讲台。

谢晓君的所有假期都是在学校度过的。她为孩子们排练节目，教他们唱歌、跳舞，教汉语，时间长了，她和孩子们的感情越来越深。有一年夏天，谢晓君组织福利学校举行歌唱比赛，一名男同学在练歌时没有伴奏音乐带，谢晓君就问他为什么？没想到这个大男孩扑到她的怀里伤心地哭了。原来这名孩子的父亲刚刚去世，按照藏族的习俗，一年内这个孩子是不能唱歌娱乐的。在男孩子紧紧依偎在她怀中的那一刻，她被深深地感动了。从此，她把高原当成了自己的家，把这里的孩子都当成了自己的孩子。

她开始学管理，学做"妈妈"。在家从未踩过缝纫机的谢晓君学着在缝纫机上给孩子们做鞋垫。一双鞋垫要做半天，但每当看到孩子们拿到鞋垫时兴奋的笑脸时，她都会感到由衷的快乐。

离支教期结束越来越近时，谢晓君身边的孩子们都哭红了双眼。"老师，您走了，我们会想您的。"有一个孩子开了个头要走了谢晓君的照片后，便不断有孩子跑到她的寝室讨要，几分钟工夫，谢晓君的照片就被分发一空了。

有一天，谢晓君被学生拉姆拉进女生寝室，看着这个低头不语的女孩子，谢晓君将手轻轻放在拉姆头上："舍不得离开老师吗?"谢晓君话音刚落，拉姆眼圈就红了，她不安地掐着衣角的手，抱着老师哭了。谢晓君安慰到："来，咱们一起唱支歌吧。"于是谢晓君用手打起了拍子，孩子唱起了藏族歌曲，歌声响亮，飘向远方。

2006年8月，谢晓君支教期满，在孩子们的泪光中，谢晓君离开了耕耘3年的福利学校，回到了成都。在西康福利学校支教的经历给她带来了光环，她却感到不安。她想起离开西康福利学校时孩子们将她围住问："老师，你什么时候回来?"的情景，她怕孩子们失望，就说："很快就回来。"回成都后，福利学校的老师也经常给她写信说，她离开后，孩子们很失落，孩子们期盼她回去教他们。听到这些消息，谢晓君感到一种歉疚和失落，眼前常常浮现出藏区孩子们期待的目光。

2007年2月，实在放不下高原上福利学校的孩子，于是，她把工作关系调进康定县的塔公乡，成为西康福利学校的一名汉语教师，并兼任学校大队辅导员，她决定要一辈子扎根草原。回到塔公乡后，一所位置更偏远、条件更艰苦的木雅祖庆学校因为刚刚创办，缺少老师，谢晓君主动前去当起了藏族孩子们的老师。她们 7 岁的女儿也进入这所学校读书。该学校与胡忠所在的学校相距 30 多里路，于是一家人过起两地分居的生活。

当初谢晓君带女儿胡文吉去塔公草原支教，后来带过去扎根时，谢晓君的母亲就非常生气："你让孩子待在那样的地方，能学到什么文化知识？"谢晓君难过地流下了眼泪，但她坚持带女儿一起去。谢晓君说："孩子必须跟着我们，虽然那里苦一点，但要让孩子自己去经历。"他们的女儿在那里生活，非常懂事，她在学校当着同学的面称谢晓君为谢老师而不是妈妈，因为很多藏族学生都是孤儿，她怕他们听了会伤心。

康定县塔公乡多饶干目村，海拔 4100 米，终年积雪，四排活动房屋和一顶白色帐篷，就是木雅祖庆学校简单的校舍。学校没有围墙，从活动房教室的任何一个窗口，都可以看到不远处巍峨的雅姆雪山。许多教室的窗户关不上，寒风吹来，孩子们经常冻得瑟瑟发抖。

孩子们习惯用最简单的方式表达对老师的崇敬，他们很听老师的话，凡是老师布置的作业、交代的事情，孩子们都会认真完成。学校的孩子不少是孤儿，学校将"六一"儿童节定为他们共同的生日，上百名孩子捧着小蛋糕叫"老师妈妈"先吃。谢晓君把心思也全都放在孩子们的身上，每到夜晚，当孩子们入睡之后，她还要查寝，为蹬被子的孩子盖被子。等孩子们都睡熟了之后，她才回到自己的宿舍。

一年级的入学新生年龄小，不懂得什么时间应该去上课，以为只要睡醒了就要上课，经常有七八岁的孩子凌晨三四点醒了后，就直接跑到教室等老师。谢晓君很是感慨："他们有着太多的优秀品质，尽管条件这么艰苦，但他们纯净的心灵是一笔很宝贵的财富。"

这里的娃娃们身上没有零花钱，也没有零食，学校统一服装，老师亲手给孩子们修剪头发，没有任何东西可攀比。他们之间不会争吵和打架，年长的同学照顾着年幼的同学，同学之间的关系十分融洽，亲如一家人。

夏季是当地最好的时节，多饶干目一片翠绿，风景如画，老师会带着孩子们到草地上，孩子们或坐着或趴着，围成一圈儿，在蓝天下拿着课本大声朗诵。

有一年为了迎接国庆节，谢晓君指挥学生排练她编排的舞蹈《祖国你好》，热情奔放的锅庄配着欢快激昂的乐曲。排练舞蹈时，学生们举起双手，手掌和十指做出花的手势，400 名学生拼成一朵巨大的花朵，那是格桑花，草原上的花朵，它是那样美丽。在谢晓君眼中，两腮透着高原红的孩子们，像草原上最美的格桑花，幸福地开放着。

清晨 6 点，女教师寝室的门刚一打开，夹着雪花的寒风就钻了进来。谢晓君本想洗洗脸、刷刷牙，可水已结成了冰块，无奈只得作罢。谢晓君不得不缩紧了脖子，用手扯住红色羽绒服的衣领抵御寒风。

吃过早饭，谢晓君往学校走去。脚下冰霜一片，每走一步都要特别小心。早自习的上课铃刚响过，谢晓君就站在了教室里。70 多个孩子是她的学生。“格拉！格拉！(藏语：老师好)”孩子们走过她身边，都轻声地问候着。随后，教室里传出琅琅的读书声。

牧民的孩子大多听不懂汉语，年龄差异也很大。37 个超龄的孩子被编成“特殊班”，和三年级一班的 40 多个孩子一起成了谢晓君的学生。学生们听不懂老师说的话，谢晓君就用手比划，她教会了他们汉语拼音，组词造句，接着是反复诵读记忆。令她欣慰的是，孩子们的进步很快，现在都能背唐诗宋词了。

期末考试结束之后，吃过午饭，孩子和老师都开始各忙各的。孩子们把教室和寝室的里里外外都打扫得干干净净。谢晓君在大帐篷里，开始交叉阅卷。又一个学期的教学临近尾声了，一张张试卷都能反映出孩子们又掌握的新知识，帐篷里洋溢着一股轻松愉悦的气氛。

学校的孩子们都知道曲桑拉这个学生，但在大家眼里，曲桑拉没有一点与他们不同的地方。曲桑拉真名叫胡文吉，是谢晓君的女儿，也是三年级一班的学生。胡文吉的手经常被冻得通红，黝黑的脸蛋上挂着两块红彤彤的“高原红”。尽管和妈妈同在一所学校，但她和藏族同学们同吃住，没事不能到大帐篷和寝室找妈妈。谢晓君担心女儿嘴里的话会不经意刺伤其他孩子敏感的心。

有时，西康福利学校的小货车会带着胡文吉离开木雅祖庆学校去福利学校，她就要见到几个月没见面的爸爸了，胡文吉攥着自己的成绩单，她要把优秀成绩单当礼物送给雪山那边的爸爸。处理完学校的事务后，谢晓君会带着女儿回到成都的家，胡忠却依然留在西康福利学校和孤儿们一起过春节。

胡文吉每次春节从成都回学校，都会给同学们带许多礼物，书本、铅笔、糖果，应有尽有。女儿的很多举动让谢晓君很欣慰，只要和妈妈住在一起，胡文吉一定会早早上床给妈妈暖被窝。回到成都家里，她会主动帮奶奶和外公外婆做家务。

每次带着女儿回成都过年，谢晓君的父母一看到消瘦的外孙女那长满冻疮的小手，必定会责骂谢晓君一顿。胡忠和谢晓君是老师，但也是为人子女者，为了高原上的那些孩子，他们不能守在年迈的父母身边尽孝。常年繁重的教学任务和高原反应，使夫妻俩身体每况愈下，谢晓君还患上了严重的背痛病。医生建议她留在成都治疗，但是如果她不回学校，学生们就没人教。于是，她忍受着病痛折磨，坚持返回学校给学生们上课。

寒来暑往，12 年间，胡忠只回过 5 次成都，只有他 68 岁的妈妈和 85 岁的外婆相依为命。一提起这些，胡忠便忍不住落下泪来。他目前是西康福利学校的校长，是 100 多名孤儿的“爸爸”。学校就是孤儿的家，即使是寒暑假，他也不能离开。

如今，西康福利学校占地 50 多亩，篮球场、教学楼等一应俱全。木雅祖庆学校也从最初的 600 名学生发展到了 1650 名，校舍从 4 间板房变为面积超过 9000 平方米的现代化楼房。在胡忠教过的学生中，有 44 人考上了大学，其中有 10 多个孩子已经跟胡忠约好，毕业后回到藏区工作。

如今，作为校长的胡忠，身份却仍是志愿者。常年的高原生活，使得刚刚 40 岁出头的胡忠已是满头银丝。截至 2012 年，胡忠 12 年、谢晓君 5 年的高原生活已在他们的脸上刻下了深深的印记——脸颊上两块鲜艳的高原红。

胡忠、谢晓君两位老师把以生为本的师德落实在了为学生服务的实际行动中。他们把对边疆藏族孩子的同情、理解和支持都化作了以以生为本为基础的爱，并通过实实在在的真诚的服务，在细节上体现了教师的师德操守。

新时期，国家的教育方针是“坚持教育为社会主义现代化建设服务，为人民服务，与生产劳动和社会实践相结合，培养德、智、体、美全面发展的社会主义建设者和接班人”。学校作为教育场所，必须提高教育领导者和全体教职员工的教育服务意识。

教育服务的理念是最近一两年提出来的，也是最近一两年才开始引起大家的重视。“一切为了学生，为了一切学生，为了学生的一切”就是教育者追寻的最高境界，其主要解决的就是为谁服务，怎样服务，以怎样的态度去培养人的问题。

“一切为了学生”是落实素质教育的人本主义思想；“为了一切学生”是落实素质教育“面向全体学生”的根本要义；“为了学生的一切”就是为了让学生全面、和谐的发展。有了这样的观念，这样的意识，教师才能真心真意地去对待每一个学生。

实际上，爱和服务意识是从两个侧面来规范教育形象的。爱是发自内心的，爱是教育良知，没有爱就没有教育，而服务是最基本的要求。广大教师不仅要有服务意识，还要从服务走向爱，这样才能关注学生的生命健康成长，让学生在学习的过程中享受生命成长的乐趣，体验学习的快乐。为每一个孩子的美好未来打好底色，为每个孩子的发展提供最优质的服务，是教师崇高的职责。

教师如果要做到胡忠、谢晓君两位老师那样服务学生，应践行以下几点：

(1) 转变观念，树立为学生服务的意识

教师要牢固树立“学校和教师是为学生提供服务”的意识。只有意识到这点，教师才会增强自己的服务意识，以自己的服务满足学生的需求。一旦教师树立了服务意识，并积极努力地提供服务，工作中的许多情况就会发生变化，这些变化会提高教师的幸福感，会让教师感到工作着的美好。这样可以最大限度地满足自己的精神需求，实现自身的社会价值。

(2) 确立服务关系，促进学生自由发展

教师和学生就如同服务者和服务对象，两者之间的关系应该是人格平等、共同学习的关系。要确立这种良好的服务关系，一是要给学生以尊严。每个学生都有享受尊严的权利，如果他们的尊严被剥夺，那么他们幼小的心灵和精神就会受到创伤。二是要给予学生一定的自由。对自由的渴望是学生的最大本性。学生到学校来是为了成长、成才的，而不是来受管束的，所以教师应当给学生更多的自由发展的机会。

（3）改善服务态度，提供个性化服务

学生到学校不仅是为了取得学习成绩和名次，同时还要求被人理解、被人尊重、被人欣赏。因此，教师应站在被服务者的立场上去思考问题，了解学生的需求、了解学生的愿望，为学生解除成长的烦恼，为学生做好服务。

良好的服务态度应该有这样几条标准：

一是微笑服务。微笑能改变心境，微笑能温暖人心。教师应让微笑一直伴随在学生的成长过程中。

二是学会倾听。教师要做学生的忠实听众，要耐心地听取学生的询问，要舍得花时间让学生说，要沉得住气，让学生说完，不应急于打断学生的发言。学生发言时，教师要注视说话的学生，必要时用点头、微笑等方式表明自己一直在注意听，这是对学生的尊重。

三是提供特别的服务。在服务领域，根据不同的服务对象会提供一些专门的服务，如“上门服务”“个性化服务”等。在教学中，教师也应根据学生的经验、知识基础、智能特点、学习风格、个人需求等个性差异给予不同的“服务”。

（4）提高服务技能，让服务上水平

教育服务不同于商业服务和企业服务，教育服务是一种复杂的服务活动，对服务者的专业要求比较高。教师提供的教育服务既要达成国家规定的统一的课程目标，又要根据不同学生的个性特点因材施教，这种共性与个性相统一的工作特点，要求教师具有渊博的知识、娴熟的教育技艺、个人的人格魅力、得体的语言以及真诚和激情。只有具备了这些素养的教师才能吸引学生，取得学生的信任，从而为学生做好服务。

（5）服务无小事，细节见功夫

要想获得学生和家长对教师服务的认可，教师应从“点滴”做起，从细节做起。比如，天冷时，教师想过学生的冷暖没有；学生是否能够承受家庭作业的量；考得不好的学生回家后，会不会受到责骂；和学生交谈时，自己是否弯下了身子；进课堂前，是否注意了自己的仪容仪表；等等。教师只有在细节上做到完美，才会让学生真正感受到教师的师德力量。

教师的教学是否成功，关键在于教师为学生提供的教学服务是否能让学生和家长满意。树立了良好的服务意识，学生和家长对教师的满意度也会随之提升，教师形象也会在人们心目中悄然高大起来。

2. 还学生主体地位，用尊重铸就师德

（1）心系学生，以学生发展为本

河北省泊头市郝村镇卢樊庄小学教师樊秀峰，身患强直性脊柱炎17年，只有手、胳膊、膝盖和脚脖子能动，由于常年坐不下，备课、看作业等只能站着。由于迈不开脚步，别人走10分钟的路，他得“蹭”1个小时。但他却用顽强的意志讲述了一段身残志坚的感人故事，并通过2012年10月31日中央电视台的《新闻联播》感动了无数的人。

樊老师生长在一个教育大家庭，老父亲生前从事教育事业近40年，姐姐和弟弟都是教师。1984年，21岁的樊秀峰高中毕业，经过考试，他也成为了一名小学教师。由于教学成绩突出，学校安排他年年教毕业班的数学。

1995年，在教学一线不断探索的樊老师，经常感觉莫名的腰疼，他以为是天天坐着备课、看作业累的，就只贴贴膏药，没当回事。可是，病症越来越明显，脊柱越来越僵硬，结果，医院诊治后确诊为强直性脊柱炎。

“老师，您好好休息，病好了快给我们上课。”老师生病后，学生一天两三次地往樊老师家里跑。离开讲台，离开学生，樊老师感觉一天的时间竟是那么漫长。早晨、中午、傍晚，学生们上下学时，他都会拄着拐杖站在门口，看看学生们。

在家仅待了一周多，樊老师便不听家人和学校领导的劝说，拄着拐杖回到了学校。“一上讲台，我就觉得浑身有使不完的劲。”一周、两周、一个月……可是病症却越来越严重了，颈、胸、腰、双胯等处的关节越来越僵直，樊老师成了“木头人”。

从此，樊老师失去了坐的“权利”，站着吃饭、站着看书、站着备课、站着批改作业……由于双胯关节僵直，双腿也开始萎缩，分不开叉，走路也由过去的迈大步变成一小步一小步往前“蹭”。

在那条家和学校距离仅仅500米的小路上，樊老师要“蹭”近一个小时。然而他每天却总是提前到校，路上不知摔了多少跟头。一次，他像往常一样往学校“蹭”，刚出家门不远，脚下一绊，人直挺挺地摔在了地上，头磕破了，满脸鲜血。当时，没有一个路过的人，他不得不用手吃力地攀着地一点一点爬到一棵小树旁，然后扶着树挺着“直背”吃力地站起来。后来到医院一查，是轻微脑震荡。只在医院住了一周，樊老师就又坚持回到了时刻眷恋的讲台。

由于身体不便，樊老师上讲台时，先用手扶着讲桌，右腿向后弯曲抬起，然后身体转动 90 度，右脚才能踩上讲台，而后右腿蹬劲，带动整个身体才能上讲台。上课时，樊老师想转头，也必须整个身子费劲地全转过来，板书也不能像常人那样从黑板这边写到那边，他只能把胳膊抬到黑板一半的高度，一只手按着黑板，另一只手在他的能力范围内书写。

下课后，在办公室的床头靠一阵儿，就是他最好的休息。时间长了，办公室的床头被磨得十分光亮。回家后，樊老师第一件事就是到床上休息，总是等到妻子叫他吃饭才起来。

樊老师用“直背”实践着教书育人的教育理念，也潜移默化地对学生进行无声的教育。长期同樊老师搭伴的班主任马巧娥老师介绍，有一年夏天下大雨，学生们都认为樊老师可能来不了了。然而，快打上课铃时，樊老师仍然在妻子的搀扶下，歪歪斜斜地“蹭”进了教室。打那以后，天气不好时，不用说，班里大点的学生就会主动到樊老师家里扶他到学校。

为了更好地服务学生，用“痴迷”“上瘾”来形容樊老师并不夸张。碰上什么业务难题，樊老师不吃饭、不睡觉也要想法解决。课余时间，樊老师搜集了大量有关数学知识的小故事，在课堂上活跃气氛，虽身体患病，但他教出的成绩总是在郝村镇学区名列前茅。他先后获得“河北省沧州市师德标兵”“河北省优秀教师”等荣誉称号。

(2) 播种意想不到的尊重，收获意料之外的惊喜

魏书生是我国著名教育家，现为辽宁省盘锦市教育局局长。

在魏书生老师所在的学校，每次考试后，他都把全学年最后几名学生或其他最淘气的学生调到他们班级。

在魏老师的辞典里，根本就没有“差生”和“后进生”这个概念，到了他们班用不了几天，不管是学习差的，还是最淘气的学生，都会发生让人意想不到的变化，学习差的爱学习了，爱淘气的也不淘气了，也知道上进、学习了。有的老师问魏老师：“您用的是什么高招，让他们变化这么快、这么大?”

魏老师笑着说：“我哪有什么高招哇。”

魏老师的高招就是充分尊重学生，激发学生自身的上进心和斗志。

魏老师认为，对于那些淘气的学生你越批评他，他越会逆反：你不让我淘气，我偏淘。上课我不淘，下课我再淘；当你面我不淘，你背过脸去我再淘。每当这个时候，魏老师都会换一种思路，对他们进行创新管理。

一般情况下，“差生”到了一个新班，作为班主任老师都会提醒他或告诉他，在新班应该如何如何，怎样怎样，不能再走老路，不能再犯过去的错误等，可魏老师却并非如此。

“差生”到他们班一报到，魏老师做的第一件事，就是求他们帮老师办一件事儿。“后进生”一般都很讲义气，一听说老师有事要求他们帮忙，都非常高兴，很痛快地说：“老师，有啥事，您尽管说。”

魏老师则不紧不慢地说：“老师不求你们办别的，只求你们好好找一找自己的优点，有多少找多少，找不着不行。谁找不着，我就狠狠批评谁。”

魏书生的这一要求，对这些同学来说简直难以置信，他们有的从一上学到现在，就从来没从任何人尤其是老师的嘴里听说过自己还有什么优点。直到最后，一名叫小军的同学也没有找到自己的优点。魏老师假装生气地说：“找不到不行，明天如果再找不到，就叫你写500字说明书。”写500字说明书，在魏老师班可是最严重的处罚了。面对这样的处罚，就是再愚笨的学生也会意识到，都是因为自己找不到自己的优点，而使老师生气，因此还要受到最重的处罚。他能不动心吗？他能感受不到魏老师的尊重吗？以后再有什么要求，他还好意思和老师作对吗？

第二天，小军红着脸找到魏老师说：“老师，心眼好、爱干活算优点吗？”魏老师高兴地说：“当然算啦，这是个了不起的优点，心眼好、爱帮助别人，别哪儿都受欢迎。爱干活，把这当乐趣，那就能成为优秀的人。”小军听了非常高兴，也非常激动，从此以后，他的优点就更加“发扬光大”了。以后凡是参加班级劳动，他更加积极肯干了，一个人比三个人干的活儿还多，学习也逐渐认真起来，能独立完成日记了，也能自觉完成各种作业了，对班级的各项事情也越来越关心，越来越积极上进了。

因为尊重，一个个所谓的“差生”或“后进生”，很快被魏老师转变了，一个个新的自我、新的形象逐步树立起来了。

（3）一视同仁，给每个学生被重视的机会

有一个问题一直困扰着张老师：课堂上张老师提的问题，没有几个学生举手回答，包括让学生读课文，课堂气氛因此很沉闷，这令张老师非常头痛。尽管她课前准备得很充分，问题设计得也很好，但回答问题的学生仍然寥寥无几。

有一天上语文课，张老师请同学们读课文，有4名同学举了手，张老师像往常一样，说到："小雪你来读。"小雪大大方方地读起来。

等她读了一段后，张老师问："谁还接着读？"这一次，连一个举手的也没有了。张老师觉得奇怪：刚才还有几个举手的，怎么现在一个也没有了？等到分析课文的时候，也只有小雪一个人发言率最高。

下课了，张老师走到几个开始举手想读课文后来又不举手的同学面前，与他们聊了起来。一会儿，就聊到举手的事情上去了。

"你们开始举手要读课文，后来为什么不举了？"张老师随意地问道。

一个学生说："老师，您每堂课提问，总是先招呼小雪，虽然我们和她一同举手，您还是先叫她的时候多。我们在您眼里几乎是被忽视的，答问题也比不上小雪答得好，慢慢地就不答了。"

张老师恍然大悟。原来是学生们心里有怨言。于是，她开始反思自己：课堂上，我让小雪答题已成了习惯。她的语文功底相当好，回答问题准确严密、简洁利落，语言生动活泼、声音洪亮，尽管课堂气氛不热烈，但课堂教学能顺利完成，而有些学生读课文慢慢腾腾、吞吞吐吐，还经常读错字，很耽误时间。回答问题又抓不到要点，于是就习惯叫小雪答问题了。

通过反思，张老师意识到，自己这样做挫伤了大多数学生学习的积极性，对他们的忽视就是对他们的不尊重。张老师惭愧地向学生们道歉："你们说得对！我太重视小雪而忽略了大家，打消了大家学习的积极性。是老师不好，但我向大家保证以后上课一定会力争一视同仁，请同学们谅解，并看老师的实际行动。"

学生们听张老师这样深刻地检讨自己，都露出了灿烂的笑容，表示原谅老师了。

从这以后，再上语文课时，张老师开始关注每一位学生，并尊重他们的个体差异，提出的问题也因人而异，让每个学生都有发言的机会。课堂再也不是死水一潭，课堂气氛开始活跃，变得生动活泼：学生或讨论、或抢答，大家畅所欲言，各抒己见。班级语文成绩也有了明显的提高。

不管是上面案例中的河北省泊头市郝村镇卢樊庄小学教师樊秀峰——用自己的病躯坚守讲台，为学生送去知识营养，还是著名教育家魏书生——用心呵护学生的自尊心，拿放大镜找学生的优点，还是给学生平等机会的张老师，他们都用自己的实际行动，在教育教学中很好地践行了尊重学生这一师德主旨，并为广大教师树立了榜样。

教育是一门科学也是一门艺术，其根源在于尊重学生。美国教育家艾玛逊指出："教育的秘诀在于尊重学生。"魏书生也曾说过："人心与人心之间，就像高山与高山之间一样，你对着对方心灵的大山呼唤：我尊重你……那么，对方心灵高山的回音便是：我尊重你。"尊重是双向的，只有尊重学生，与学生平等相处，教师才能赢得学生的尊重，做到心与心的沟通。

人民教师这个职业是光荣而神圣的，一名合格的执业教师应当首先是尊重学生的，这种爱是渗透在教师的每一堂课里的，是体现在教师的每一句话里的，教师必须要尊重学生，善于为他们营造发展自我、实现自我及表现自我的空间。

每一个人都有自尊心，学生的自尊心是稚嫩的，是需要呵护的，教师如果在教学中盛气凌人地训斥甚至侮辱学生，学生的自尊心就会受到伤害，幼小的心灵就会受到打击。世界著名心理学家布鲁诺·贝特尔海姆说过："这样的教育会导致孩子的反抗，反对父母、反对学校，或者反对整个世界。"因此，教师要充分尊重学生，主动做他们的朋友，了解他们的思想，掌握他们的真实想法，及时激励、鼓励学生，让他们在一种轻松、融洽、温暖的气氛中学习。

教师只有尊重每个学生，才会理解、赏识每一个学生，才会公正、真诚地接纳每一个学生，平等地爱每一个学生，让每一个学生都生活在老师期待的目光中。

教育是人对人的工作，是心与心的碰撞，是智慧与智慧的交流。因此，教师也应尊重学生。

教师不尊重学生，不愿了解学生的个性特点，不因材施教，而是主观臆断，以自己的好恶为尺度教育学生，会造成不良的影响，甚至酿成扼杀幼苗的严重后果。因为，教师不经意的一句话、一个动作可能会让学生心潮澎湃，燃起自信之火，也有可能留下阴影，让学生彻底失望。因此，教师不能不注意自己的言行。尽量尊重学生，避免伤及学生自尊、自信最有效的方法，就是尊重每一个学生，让他们体面、有尊严地学习。

尊重学生首先要把学生看作是正常的、可塑的、发展的“人”，是有思维、有知觉、有尊严、有个性的“人”。教师要用爱心去了解这个特殊层次的人，这就要求教师从学生的主体意识出发，理解、呵护、尊重、引导和教育他们。

将学生视为正常的、发展的、可引导和可转变的“人”来教育，就是要用“心”去尊重学生，用“心”去感染学生，用“心”去转变学生，真正体现教育的规范性、艺术性、实效性。这样，教育效果才会事半功倍，才会让学生受益终生。因此，教育效果在很大程度上取决于教师是否善于观察学生，是否善于将观察的结果转变为一种尊重的教育方式和方法去影响和教育学生。

教师在尊重学生作为“人”的自尊心理的同时，还要尊重学生的另一个方面，即学生的学习心理。

每一个学生，自走入学校大门的那一天起，都是带着好好学习的愿望的。他们对教师充满幻想、对知识充满好奇、对同学充满热情。但教师也应当意识到，学生的愿望很容易被教师那种不尊重学生的、尖刻的、粗暴的、冷淡的、不信任的态度所破灭。

在学生的自我概念里，外在权威评价的作用非常重要，这个权威就是教师。教师给予学生的评价，会影响学生一生的求知欲望。如果学生从教师那里得不到学习上的肯定，他便会失去自我肯定。而“自我肯定是自我教育之母”（苏霍姆林斯基），它是一个人的荣誉感、名誉感、自爱心的最强大的源泉之一。如果对学生的消极评价太多，就容易抹杀学生学习的积极性，导致学生学习成绩下降。

在应试教育背景下，有些教师存在一种偏颇的观点：得了高分，就是好学生；得了低分，就是差生。如果这些教师对学生的关心只局限在分数上，把学生看作争分数、争荣誉的机器，那么教师对学生的尊重，也会大打折扣。

教师要想真正做到尊重学生，应掌握以下一些具体策略：

①去掉“差生”标签，尊重每个学生

在教学过程中，教师必须尊重每一位学生作为人的尊严和价值，尤其要尊重后进生。后进生由于长期学习成绩不佳，被老师、同学，甚至自己最亲密的人——父母，公认为是“后进生”，自尊心已受到极大的伤害，且丧失了学习的信心和勇气。或许他们表面上看起来好像一副无所谓的样子，其实内心是很痛苦的，是很希望得到别人的尊重的。这说明他们并不是绝望的，他们和正常人一样，都有美好向上的愿望。因此，教师要理解、尊重他们，帮助他们实现埋藏在心底的美好愿望。

在平时的教学中，教师要善于抓住后进生的闪光点，以此为激励其进步的突破点，唤起后进生的自我觉醒，激发其上进的愿望。另外，还要善于利用课余时间与后进生交谈，从生活、学习、思想上关心他们，使师生关系变得融洽，甚至成为知心朋友。

②去掉有色眼镜，增加感情交流

人都是富有感情的，人的心灵总是向热情、尊重自己的人敞开。对于那些有错误的或后进的学生，教师应尽量不要戴“有色眼镜”去看他们，而是要多与他们交流，增进感情，给予他们热情的期待和足够的尊重，与他们心贴心，这样会唤醒他们内心深处的上进心，使他们产生自信，产生力量，从而消除不足，更新自我。

③尊重学生要以了解学生为基础

不了解学生，尊重也就无从谈起。尤其在进入中学以后，学生心理开始由依赖性向独立性过渡，由“自我朦胧”向“自知之明”过渡，由幼稚向成熟过渡。这期间，他们心理上充满了矛盾和不安，逆反心理也比较强。因此，教师必须要对学生的内心有所了解和研究。

随着科学技术的不断进步，各种信息越来越丰富，更新也越来越快，学生的思想也越来越活跃，变化越来越迅速。每个学生天赋条件各异，家庭与社会环境都不同，他们的学习动机、兴趣爱好、思想品德等也会随之各不相同。这就要求教师必须深入每个学生的内心世界，必须研究学生、了解学生，做到“一把钥匙开一把锁”，从而创造性地引导学生、教育学生。

④要尊重学生人格

教师对学生应该有严格的要求，因为在一定程度上“严”是“爱”的体现，但对学生也不能过于苛求，不能稍有一点闪失，就对他们横加指责，这样会使学生失去上进心和自信心，甚至会“破罐子破摔”，达不到预期的教育效果。只有尊重学生的独立人格，才能帮助学生形成良好的个性。

⑤要尊重学生的隐私

几乎每个人都有不为人知的秘密，每个人都希望拥有一个不被他人侵犯的自由空间，这就是隐私。个人隐私是受法律保护的。《未成年人保护法》第30条和第36条明确规定：“任何组织和个人不得披露未成年人的个人隐私。”“对未成年人的信件，任何组织和个人不得隐匿、毁弃；除对无行为能力的未成年人的信件由父母或其他监护人代为开拆外，其他任何组织或个人不得开拆。”然而现实中，有的教师却认为学生（尤其是处于青春期的学生）的主要精力应放在学习上，不应有自己的秘密，于是出现了不经学生同意私拆学生信件，或将学生不愿为人所知的秘密公之于众等侵犯学生隐私的行为。其直接结果是引起了学生的反感，使学生产生逆反心理，造成师生关系紧张，甚至伤害学生。作为教师，必须尊重学生的隐私权，给他们相对的“自由空间”，让他们能自由地放飞自己的心灵，去思考、去想象……

⑥要尊重学生的个性，维护他们的权利

每个学生都有不同的能力、气质和性格，也有不同的兴趣、爱好、世界观等，教师应予以尊重，并根据学生个性的不同特点，正确引导学生，为其提供多元选择的教育，真正做到扬长避短、因材施教，而非一种模式的“同化教育”，同时，也不应抹杀学生的个性和创造性。应尊重学生的需要和兴趣，让学生自己作出选择和决定，尊重他们的合法权益，并保证其不受到侵犯。

3. 敢于托付，相信学生能够做到最好

（1）把讲台让给学生，请学生做“先生”

泸州市政治学科名师，蓝田中学白鸽老师在讲初二思想政治第十四课第三框题：“保卫祖国，依法服兵役”时，受某市交警与的士司机换位上班（一天）的启迪，决定相信学生，让学生上讲台当老师，自己下讲台当学生。

课前，白老师把这一设想告诉了学生，结果有三个学生自告奋勇要求下节课当“老师”。

接下来，白老师请三个“小老师”先熟悉本框的教学内容，领会本框的教学目的，然后再写出各自的教案。三个学生非常认真地准备了教案，白老师看后，觉得小月的教案比较规范详细，有教学目的、教学要求、教学重点、教学过程、板书设计，而且还写了小品《军训》的小剧本，并组织三个同学排练。而另外两位学生中，小晶写得比较简略粗糙，小丽主要是从网上下载的有关资料，包括《中华人民共和国兵役法》、世界各国兵役制度（美国、法国、英国、日本），我国兵役法规的历史沿革、我国的征兵流程图等资料。白老师请小晶和小丽参考小月的教案，重新修改。

通过看学生的“教案”，白老师不但感受到了学生的创新能力，也开阔了她自己的备课思维，原来“教案”也可以像学生这样做。

上课那天，白老师先作了一个简短的开场白，就请小月上台讲课了。

小月不愧是学校文艺演出的主持人，她落落大方地走上讲台，娓娓道来：“首先，感谢老师、同学给我这次锻炼的机会，请大家翻开书的 91 页，今天我们学习第十四课的第三框题，‘保卫祖国，依法服兵役’。”

小月没有像有些老师那样照本宣科，而是这样引入课题的，她说：“‘天下虽安，忘战必危’。那些保卫国家的人应是我们心中最可爱的人，可在一些人的眼里，军人是一些没有思想、不懂得生活的人。记得瑞士军事理论家约米尼说过‘假设在一个国家里，那些牺牲生命、健康和幸福去保卫国家的勇士们，其地位反而不如大腹便便的商人，那么这个国家的灭亡就一点儿都不冤枉。’这段话应引起我们的深思。当前，我国虽然处于和平时期，但霸权主义亡我之心不死，战争也可能爆发，因此，我们应爱我国防，护我国防。那么，请问：国防指的是什么？”

学生积极思考，争先回答问题。

小月以导入主题——介绍我国“兵役法”——观看小品（《军训》）——请同学们谈观后感——展示姨父的军人形象（照片）——讲拒绝服兵役要负法律责任——带领全班同学集体朗读“军人誓词”为线索进行教学，整个过程流畅自然，学生情绪高昂，最后在充满激情的朗读声中，小月的讲课戛然而止。

之后是小丽上台讲课，她结合教材内容向大家介绍了以下内容：

①在我国古代，兵役是臣民对君主应尽的军事义务。早在周朝就有规定，凡有受田权利的成年男子，都有服兵役的义务。平时耕牧为民，战时出征为兵。这说明，在我国古代人的思想中，就表明了权利与义务的对等性与一致性。

②西周规定：每家出一人为“正卒”随时准备出征，其余为“羡卒”，即服后备兵役。这说明：在我国古代就有预备役。

③西周规定服兵役的年龄是“国中六乡之民，七尺之童年二十者始征，至六十乃免”，这是我国古代最初的兵役法规。这说明我国的兵役制度源远流长。

小丽还介绍了中国征兵流程图：

兵役登记→初检、初审→确定预征对象→体检→政治审查→部队家访→新兵审定→服装发放→新兵运输→跟踪了解→总结验收。

她的这种讲课方式，让学生们学到了书本上没有的国防知识，从而拓展了学生的知识面。

小晶则是采用了提问的方式来教学，她让学生回答了本课的几个基本知识概念，即“两个结合”的兵役制度，我国基本兵役制度，义务兵、志愿兵、民兵、预备役等基本知识。

虽然小晶的讲课比较平淡，但她讲解的内容正好填补了前两位小“老师”留下的知识漏洞。

最后，白老师做了小结：“看得出这三位‘小老师’做了精心准备，也为我们上了一堂十分精彩的课，她们的讲课各有侧重、各具特色，形成互补，丰富了本课的教学形式和内容，锻炼和培养了同学们的组织能力以及表达思维能力、创造能力和实践能力。美中不足的是，有的同学讲课还比较拘束，没有利用多媒体这一现代教学手段，而且，只有女同学上台讲课，学生的参与面较小。”

通过对本课的学习，我希望同学们懂得：

①关注国防，就是关注我们的家园，热爱祖国，就要关注国防。

②光有国防意识还不够，还要掌握国防本领。现代战争是高科技战争，军事竞争，但归根到底是人才的竞争，希望同学们立志成才，报效祖国。

（2）以信任为抓手，让“捣蛋鬼”变“金不换”

山东省滨州市名师、教育创新人物、博兴县实验中学的刘丽萍老师接手了一个新班，班里有三个调皮捣蛋、不爱学习的男生闻名全校，他们经常惹是生非、不学无术，老师们听见他们三个人的名字就头疼。刘老师刚接手这个班一个月，就领教到了他们的“风采”：三次校外打架斗殴，两次三人集体旷课，过生日醉酒一次，抽烟让保卫科发现，校内不带校标，吃零食等时有发生，在月末的班级常规评比中，刘老师所在的班倒数第一，所扣的分数全部“归功”于这三个学生。

刘老师为此很生气，真想把这三个男生叫到办公室狠狠批评一顿。但静下心来一想：对于他们三个，以前的老师没少批评教育，学校和家长也采取了许多措施，但要么无济于事，要么收效甚微，自己再劈头盖脸地批评一顿，有用吗？费心尽力地做无用功，何苦呢？不如换一种方法进行教育，或许更容易打开他们的心房。

于是，在接下来的几天中，刘老师开始从不同的角度来审视这几个所谓的“刺儿头”，结果发现他们虽然学习成绩差，行为习惯不好，令同学很反感，但他们非常聪明，彼此之间很讲义气。因此刘老师便以朋友的身份接近他们，和他们谈论一些他们感兴趣的话题。

经过几天的接触交流，刘老师了解到这三名学生非常热爱踢足球，于是便买了一些足球杂志，学习足球知识，以便和他们有“话”可说。别看这三名学生自以为是“足球迷”，但也只不过是踢踢足球或崇拜某个球星罢了，对于其他更多的足球知识并不了解。刘老师就在他们面前大谈学到的足球知识，每到这时候三名男生便露出一脸崇拜的样子。几周之后，刘老师利用掌握的足球知识已让这三名“足球迷”佩服得五体投地。

渐渐地，他们对刘老师不再敬而远之，而是越来越喜欢亲近刘老师，经常没事找刘老师谈论足球，并且悄悄地告诉刘老师：“你不像老师更像朋友。”刘老师听了高兴地说：“是吗？你们不嫌我老吗？不过，由于你们的违纪，我的班主任费比别人少领 20 元。既然我们是朋友了，我就信任你们，相信你们能改正缺点，怎么样？”

“没问题，我们保证不再违纪。”三名学生痛快地答应。之后，他们果然守约，再没有违反纪律。

紧接着学校组织秋季篮球赛，刘老师很信任地把这个光荣而艰巨的任务交给了这三名男生。结果令刘老师意外的是，这三名学生组织得有声有色，竟然使他们这个连续两年无力进入决赛的班级获得了级部第三名。

刘老师为了表达自己对他们的信任与鼓励，特意为他们精心准备了一份奖品——三盒录音带，上面录有刘老师真心诚意的教诲："谢谢你们为我们班所做的一切。从这件事上，我更深刻地了解了你们是多么聪颖、睿智、有毅力。孩子们，别把自己当朽木，老师认为你们是尚未开发的金矿，拥有更高的含金量。人非圣贤，孰能无过。知错就改，就是美德。你们一定能品学兼优。努力吧！老师在一旁为你们呐喊助威：预备，开始！加油！"刘老师将录音带精心做了包装，并把这份特殊的奖品在班上公开奖给了三名男生。

三名男生听了后感动得泪流满面。几天后，他们也送给了刘老师一盒录音带："老师，谢谢你对我们的信任。这是15年来我们获得的最宝贵的奖品。细细想来，我们的确是辜负了父母和老师对我们的期望。我们很后悔，可我们担心赶不上。同学们也没有愿意和我们交往的。老师，你说我们还能行吗？别人都说我们已经无药可救了，我们还值得你这样费心吗？"

刘老师立刻又录了一些信任的话交给他们，激励他们要勇于与同学交朋友，大家一定会接受他们的。

这样，通过几次录音传话，三名调皮的学生有了明显的变化：天天准时到校，违纪现象明显减少，学习成绩开始慢慢回升。他们说，如果自己再不努力，就太对不起刘老师的信任了，那样太不够意思。在刘老师的信任下，这三名"当一天和尚撞一天钟"的学生终于走上了学习的正道。

"信任"一词在字典里的解释是：相信而敢于托付。

在上课时，教师要投给学生信任的目光；在学生遇到困难时，要送上一句信任的话；在学生犯错误后，要晓之以理，动之以情，把"信任"二字留给他们，就会在他们的心中撞击出奋进的火花。信任的力量往往会影响学生的一生。

信任是一种有生命的感觉，是一种高尚的情感。对于教师来说，信任学生，就是对师爱的最好诠释。

爱学生是教师在履行职责时所产生的最崇高的道德情感，也是教育好学生的前提。没有对学生的爱，就谈不上对学生的教育；而没有对学生的信任，就谈不上对学生的爱。

信任学生是教师教育学生应有的基本态度和行为。一个人只要执教为师，就应该以信任的态度对待学生，如果做不到这一点，就说明他缺乏最基本的师德修养。

毫不夸张地说，缺乏对学生的信任，不仅是一个教师能不能做好教育工作的问题，也是一个教师有没有基本师德的问题。

教师对学生的信任，是基于一种“爱”的情感培养，而这种爱来自教师的主观意识。因此，只要教师愿意，就很容易做到信任学生。

很难想象，一个缺乏信任的课堂能够成为融洽的互动空间；一次缺乏信任的“传道、授业”，能够达到“解惑”的效果。

很多教师都有过这样的困惑，有些学生特别不好教，即便为之付出许多，却依然难以走进他们心中，结果往往造成教育效率低下。

面对这样的学生，在其他教育方式失效时，教师不妨去相信他，相信他的能力，相信他能正确处理好自己碰到的问题。或许，教师面临的困扰就能迎刃而解，因为信任才是最好的教育方法。

教师的信任能让学生产生一种学习的力量。当学生碰到困难时，一想到教师的信任，就会“强迫”自己努力去克服；当遇到挫折时，一想到教师的信任，他就会“强迫”自己重新振作。很多学生踏上社会后，最念念不忘的就是教师的信任。

信任是双方面的，信任和被信任同样重要。如果没有教师的信任就不会出现上面案例中的奇迹。上面的案例证明，信任是一种爱，也是一座桥梁，它能帮助教师度过学生的“心河”，直至学生的内心最深处。

苏霍姆林斯基曾提出过一个著名的口号：“让每一个学生抬起头来。”然而，事实上却有不少学生因为各种各样的原因在低着头走路。而帮助他们抬起头来，就应该成为教师时常要做的一项工作。其中，一个最重要的手段和途径，就是要践行信任教育。即对犯错误、有过失的学生给予充分信任，并以此唤起他们的自尊和自信，进而使其“痛改前非”，实现良性转化。

爱学生就要信任他们，信任学生的同时也就是让学生信任教师。注重师德修养的教师在信任学生这一方面都会狠下功夫，因为他们知道，信任之爱有时是一种特殊的鼓励，能起到意想不到的教育效果。

教育教学，不是简单的一个人在讲台上讲，一群人在讲台下听。在这里，起作用的是教师和学生之间的微妙关系，一方面教师充当着“权威”的角色，另一方面教师又要想办法和学生打成一片。但不管使用什么办法，缺乏师生之间的信任，哪怕是再好的教学技能也无法让学生愉快地学习。

教师做到信任学生的策略有以下几种：

①随时随地让学生感受到信任

即使学生犯了错误，甚至对教师产生误解，教师也不要对其失望，要让学生时刻感觉到老师对他充满信心。这样学生才会在情感上对教师产生认同感、亲切感，而这种情感能产生巨大的感染力，也会使学生自觉、努力地去做最好的自己。

就算有些学生的缺点或者错误非常明显，而优点却少而微、隐而藏，教师也不应放弃他，而要用信任代替批评和严惩，要引导、鼓励、促使他朝着正确的方向发展。否则他的错误或者缺点就有可能会继续发展下去，甚至一发不可收拾。

②时刻以爱为出发点，给学生信任的爱

没有爱就没有也不可能有富有成效的教育。教师的教育对象是学生，是富有情感的人，因而信任要以爱为出发点。只有对学生献出真诚的爱，才能体现出教师的信任，才能更好地实现教育目标。

尤其是那些犯错和有过失的学生，已经因为舆论的谴责和同学的“冷眼”变得十分敏感了，如果教师再不信任他们，那么无论什么事他们都会不自觉地与自己挂钩，掂量着与自己的利害关系。这样自然会产生强烈的孤独与自卑感，从而缺乏应有的自尊心理。此时，他们最需要的往往就是教师最真诚的信任之爱。

③用尊重体现信任之爱

教育的有效性在于建立起教育者和受教育者之间的信任。只有师生之间相互信赖，才会有共同的情感愿望和沟通语言，尤其在学生做了错事并产生一种痛悔心理时，教师应及时进行鼓励和引导，这时的学生更需要理解和信任。

教师应该理解学生犯错误的行为，并肯定和信任学生有认识和纠正错误行为的愿望，要多给予鼓励，而不应没完没了地批评和指责。

只有通过尊重才能使学生感受到自己的尊严和价值，才会增强他们的上进心理，消除由于犯错所造成的自卑感和失落感，变得更加自尊、自信。

④以鞭策激励释放信任之爱

对于学生的点滴进步，教师都要给予及时的鼓励。比如对平时总爱搞小动作的学生，一旦发现他上课变得专注了，就可以鼓励他："你能这样专心听讲，老师真的很高兴。"

这样能使其认识到自己的不足，唤起自尊、自爱之情，从而达到自我纠正的目的。

为此，教师要充分挖掘学生的闪光点，而不是对他们的进步置若罔闻，视而不见，或者只盯着其缺点不放，甚至耻笑、讽刺他们，认为他们永远都不会改正。教师应该时刻注意用激励的方法释放出自己的信任之爱。

⑤用信任接近学生

信任教育是一种以心换心的教育。夸美纽斯说过："在品格以及整个人的教育领域内，只有一条途径可以接近学生，这就是对他的信任。"

作为教师，面对正在成长的学生，既不能以不屑一顾的神情嘲笑他们，更不能采用体罚和变相体罚来惩罚他们。作为独立的个体，学生在人格上与老师是平等的，他们需要关心，更需要信任。

⑥抱定"朽木"亦可"可雕"的信念

一个具备崇高师德的优秀教师，一定要有高度的责任感和对教育对象的坚定信心，抱定"朽木"亦"可雕"的信念，坚持"锈铁"亦"成钢"的精神，着眼于"变"，立足于"争"，着手于"拉"，像在沙里淘金一样寻找他们的闪光点，并创造机会，使之发扬光大。

学生能否持之以恒地学习、进步，与教师的信任程度有密切关系，并且一旦教师的信任为学生所接受，就能产生一种巨大的自推力，促使他们自我进步。

比如，学生答错题了，教师要先表扬学生不怕犯错的精神，再对他说："老师相信你能成功。"这就为他创造了成功的条件——激起他们的自信心，相信他的"下次"总会有进步。

因此，教师要多给学生"信任"，在每位学生的心底里种下一棵自信的种子，让他们在课堂上最大限度地发挥积极性和主动性，从而达到提高教学效率的目的。

⑦放手并支持学生的决定

许多教师总是担心学生选择不好，往往不相信学生的决定，于是就总想插手。实际上，每个学生都有自己的想法，总有自己决定的意愿，并且对自己的决定，总是能够全力以赴地去执行。

教师放手让学生自己做一些决定，并支持他们的决定，学生会对教师的信任与尊重表示出感激，并会竭尽全力地为自己的决定而努力。重要的是，教师要引导学生作出自己的决定。

⑧给予托付

教师要想相信学生，就要尝试给予学生托付。

给予托付，不仅局限于对学生的“期待”性质的托付，还要让学生体会到教师对他的信任。许多游戏都可以培养托付所体现的信任感，如“引路人”的游戏，让一个人蒙上眼，另一个人用语言来提醒蒙眼的人前进或者寻找东西。

给予托付，有时候还可以举办特殊的班会，讨论一些“谁最值得信任”“怎么样才能让我信任”的话题，让一些怀疑自己不被信任的人担当主角。把矛盾公开化，解决起来就容易多了，同时又能增进教师和学生、学生和学生之间的良好信任关系。

4. 依靠学生，确实落实“以生为本”

(1) 依靠学生管老师，让学生学会自我管理

侯溪萍，18 岁走上教师岗位，24 岁成为山东“青语会”最年轻的理事，现为山东省特级教师、齐鲁名师，任文登市教育局副局长兼实验小学校长。2004 年教师节时，作为山东省唯一代表在全国进行事迹宣传，创造了一个个令人难以置信的“神话”。

自踏上讲台的第一天起，侯溪萍就无怨无悔地当上了一名“孩子王”。为使每个孩子都能成才，每当接手一茬新生，她都及时通过个别谈话、走访家长等多种形式，摸清情况，采用“三励”教学法，对症下药，即对优等生“勉励”，让他们当好表率；对中等生“激励”，让他们奋起直追；对后进生“鼓励”，主要是发现闪光点，树立自信，实现转化。她还探索总结出“个性

张扬法”“弱苗滋润法”“集体鼓励法”等许多新的教育模式。10多年间，她所带的班级一直具有很强的向心力，年年被评为先进班集体，她本人成为最受学生和家长欢迎的老师。

有一年，侯溪萍任教的班里来了一个叫小翔的学生，他很聪明但非常调皮，最大的缺点是不能约束自己。有时候上着课他便从桌子底下爬出来做个恶作剧，甚至趁女孩子专心听讲的时候猛拽人家的辫子。

为了让他改正这个坏毛病，侯溪萍多次对他进行批评教育。小翔也多次向老师作保证，但过后依然如故。一次，侯溪萍找他谈心，小翔的一句“你是老师，你当然比我有理！”的话深深触动了侯溪萍的心，她想：自己多次对小翔批评教育无效，或许正是自己高高在上的教师身份阻碍了彼此心灵的沟通，使得他不能认识到错误，更别说心甘情愿地改正了。

于是，侯溪萍想到了一个主意。她先是弯下腰来，非常郑重地对小翔说，老师决定给你一个最大的权力——管老师，只要老师一有错误，你就可以当场叫停和批评。

小翔一听，顿时高兴得手舞足蹈。回家之后他对父母说的第一句话就是：“我能管老师了！”接下来的事情表明他心里特别看重这个“权力”，而且，还真的“执法如山”。

有一次，侯溪萍在下课铃响后拖了半分钟课，小翔就振臂而起，大叫，老师已经拖堂，理应做自我批评。让侯溪萍不得不当场向全班学生作了检讨，而小翔却兴奋地像打了一场胜仗似的。

但侯溪萍在给了小翔平等的“权力”的同时，也对他的管理有了相应的权力，那就是一旦他不信守承诺而有破坏纪律的行为时，老师也可以不留情面。

这种平等的双向约定给了侯溪萍很大的空间，同时也让小翔感觉到自己有错也必须像老师一样勇于认错并及时改正。渐渐地，侯溪萍与小翔之间好像有了一个无形的君子协定，彼此之间有错都会主动去向对方“交代”，特别是小翔，即使是在课外犯了错也会主动跟侯溪萍认错。

一个学期下来，小翔的表现令所有人都大吃一惊，他变得处处以身作则，严格要求自己，还被选上了班长，学习成绩也迅速提高。

后来，小翔以优异的成绩考上了清华大学。步入大学的第一天，他就给侯溪萍写来一封信。他说正是侯老师能够“弯下腰来”与他平等相处才成就了今天的他，对此，他将铭记一生。

（2）把学生的建言献策落实到位，才是真正的依靠

齐鲁名师、山东省特级教师——莱州双语实验学校的徐建华老师，在赵福庆校长“生命教育首先是敬畏生命、尊重生命、善待生命，只有这样才能在认识生命、珍惜生命、提升学生的生命质量”的办学理念指导下，在教书育人的过程中，始终致力于依靠学生，给他们充分的民主，让他们敢于为班级管理建言献策。徐老师认为，对学生最好的依靠，就是积极采纳他们的合理化建议，并立即付诸实施。

一天早上，徐老师走进办公室时，发现一封从门缝里塞进来的学生来信。信中这样写道：“我是您的学生小毛，自从在星期五观看了精彩的节目演出以后，我感触很深。但是，美中不足的一点就是男同学人数太少。在此，我向您推荐一人，是我非常要好的朋友——小任。他从小就有明星梦，但由于家境不好没有时间练习，一直被埋没着。我坚信，只要好好训练他，他就不会比其他人逊色！希望老师接受我的建议。”

徐老师仔细阅读了这封来信，既为小毛同学关心他人、富有爱心而感动，也为学校给学生提供了一个民主宽松的成长环境而欣慰。

为了更好地依靠学生，为班级发掘人才，当天下午，徐老师就找到了小任同学。当小任得知徐老师是自己的好朋友小毛推荐来的后，非常激动，他觉得徐老师把依靠学生真正落在了实处，并做到了言行一致。

在与小任的交谈中，徐老师了解到他确实非常渴望登台表演，对自己在艺术方面的发展充满自信，于是答应将他推荐到艺术特长班。现在，他已成为双语鼓乐队中的一员，并且体验到了成长的快乐。

上面案例中的侯溪萍老师和徐建华老师的成功教育教学经验表明，教育面对的是人，而学生是教育过程的主体，教育必须做到一切为了学生，高度尊重学生，全面依靠学生，真正认识和把握学生这个主体，把一切为了学生作为教育的价值原则，并相信每一个学生都能自己教育自己，发展自己的潜能，最终达到自我实现、自我管理、自我约束的目的。

在积极推行素质教育、实施新课程理念的今天，教育从师本走向生本，强调学生是学习的主体、发展的主体，教学应以学生为中心，以活动为中

心，即学生是教育的终端，学生学会任何东西，发生任何转变，最终都要通过自己的内化来实现和完成。学生知识的获得最终不是依靠教，而是依靠学生以积极主动的心态自主地去学。因此，教师要大力弘扬学生的主体精神，发展学生的主体能力，让每一位学生在主动的学习活动中获得全面和谐的、具有创造性的发展。

时代在变，教育也在变，教师必须解放思想，转变观念。为了每一位学生获得全面发展，教师的教育必须要面向全体学生，全面尊重学生，全面依靠学生，想方设法让他们全身心地、积极主动地投入到学习活动中去，让学习成为他们最感兴趣的事情，成为他们生活中最美好的部分，通过自主性、主动性和创造性的学习活动，培养学生终身学习的愿望和能力，为他们最终真正成为“主人”而努力。

教师落实全面依靠学生的策略如下：

①激发学习动机，培养学生的自主性

自主性主要是指主体支配自己权力的意识和能力，集中表现为自尊、自立、自强等自我意识以及自我鼓励、自我调控、自我评价的能力。学生个体作为教育资源，也是动力之源。教师在教育过程中必须充分调动学生的学习积极性，提高学习兴趣，想方设法对学生对学习感到一种需要。

把依靠教师一个人辛苦的教转变为依靠全体学生积极主动愉快地学，将所有学生都发动起来，真正实现学生的自主性，应是教师工作的重点。要实现这一目标，教师应掌握激发学生学习动机的一些方法和规律，提高他们主动学习的积极性，为他们实现自主学习、自我管理奠定良好的基础。

②发掘潜能，促进学生自主发展

教师要相信，每个学生都有良好的学习愿望。为此，教师应充分依靠学生这种主观愿望，通过发现、发掘、激励、巩固、提高等手段，对其潜能进行有效的开发，这样，学生就能够实现自主发展。

③大胆放权，让学生自主管理

教师要充分依靠学生，就要把手中的权利大胆地交给他们，在班级管理、班干部选举、班级纪律、学生守则的制订以及班级秩序维护等方面，都让他们享有充分的权利。激励他们完善自我管理，促进他们的自我成熟、自我进步和自我成长。而不应搞“一言堂”“家长制”，也不应总是包办代替，更不能粗暴地加以干涉。

教师让学生自主管理并不是真的撒手不管，而是要教会学生一些自主管理的方法，并对他们进行耐心的引导和帮助，让学生能够在实践中学会自我管理。

二 道德楷模

以道德为准做人，以良知为绳教书育人

“志于道，据于德”是教师道德追求的至高境界，加强教师道德建设不仅有助于提高教师综合素质，而且有助于激励和鼓舞教师积极从事教育事业。实施科教兴国战略，人才是核心竞争力，而教师的素质和水平在一定程度上决定着学生发展的高度，一个德才兼备的教师，应该是廉洁从教、爱岗敬业、热爱学生、严谨治学的教师。作为教师，应严格要求自己，做到为人师表。

有一位中学老师，他从初一开始接了一个班，班里有一个学生，上课从来不举手，即使老师点名，她也不发言，已经到了初二第二个学期了，她还是如此。有一天，老师为了让她发言，就想出一个“绝招”——老师首先叫这个学生站起来回答问题，而这个学生站起来了，头却是低下的。

老师说：“请你抬起头来，往前看，看见了什么?”这个学生轻轻地回答：“我什么也没有看见?”“你再仔细看，看见了什么?”学生还是摇摇头，老师就指着黑板问：“这是什么?”“哦，这是黑板。”“对，你的前途就像黑板一样黑!”老师说。

案例中的教师的初衷是为了关心学生的学习，然而，他的最后一句话，不仅伤害了那个学生，也伤害了全班学生的自尊心。保罗·弗雷尔在《不平常的教育思想》中有一段令国际教育界颇为欣赏的论述：“在解放教育的实践中，教育工作者作为受教育者的教育者必须‘死去’，以便作为受教育者的受教育者重新‘诞生’。同时，他还必须向受教育者建议：他应作为教育者的受教育者而‘死去’，以便作为教育者的教育者而‘重生’。”由此看来，“好教师”不一定只是课教得最好（教好课只是好教师的一个标准和前提），对学生在其他方面的有益影响也是至关重要的。因此，如何让学生喜欢、尊重、记住自己，如何敬业奉献、公正无私、问心无愧，就成为为人师者应关注的问题。简而言之，一名教师的道德问题也即教师职业道德规范的问题。

近年来，教师道德失范的事例屡见报端，如下面一则：

某派出所接到报警称，辖区内一中学发生女学生被强奸案，涉及受害人多名。警方随即集中警力赶往事发中学，将犯罪嫌疑人传唤至派出所进行讯问，并连夜对受害人开展调查取证。经过整晚的审讯，案情终于水落石出。

经查，犯罪嫌疑人胡某现年32岁，2010年上学期至2011年上学期任某中学政教主任，案发时任该校教务主任。经初步查明，他在任政教主任期间，利用职务之便，以关心、辅导学生生活和学习、检查身体为由，多次将女学生单独叫到自己宿舍和学校展览室，对多名女学生进行猥亵。经初步查明，多名女学生被侵害时未满 14 周岁。

为人师表的教师暗地里却是个“衣冠禽兽”，其恶行有违师德，更为人所不齿，必将接受法律的严惩！一向被视为道德高标的教师群体中竟然有这样的“败类”，任谁都难以接受。不耻行为的发生，直接诱因就是部分教师的师德滑坡和沦丧。

“师者，所以传道、授业、解惑也。”对于教师，人们总是怀有崇敬和感恩之心，用“人梯”“红烛”“园丁”“人类灵魂的工程师”等诗一样的语言形容这一伟大的职业，这些崇高的称谓饱含了人们对教师的尊重。

然而，2008 年以来，“范跑跑”不仅一跑成名，甚至在此后频频亮相媒体，以自由主义的冠冕为自己缺失的责任感辩护。此后，“杨不管”、北京师范大学的“粗口门”、中山大学博导的“虐博门”的频繁出现以及“董钱钱”等更是让教师道德的大厦在人们心中产生动摇。何为“师德”？是“师德”，还是“失德”？在功利主义甚嚣尘上的时代，如何应对日益下滑的师德？如何重塑教师道德的楷模？已然是教师不得不面对的沉重话题。

（一）教师道德楷模概述

“教师道德”的概念可以划分为“师道”与“师德”两部分：凡涉及教师的教育价值追求与敬业精神的称为“师道”；专指教师行为准则或因准则要求而产生的行为是“师德”。二者并行，且相互给力、合而为一是教师专业化发展的重要内容之一。

“师道”与“师德”是在当代教师职业道德生活中“自然”与“约定”而形成的一对范畴。“师道”指教师职业本然的存在方式，是非正式约束的规则或指标，是一种隐性存在；而“师德”则是这种本然的最好的表达方式，是规范性的显性表达。师道是自然之事，而师德是人为之事。师道与师德的合一，即以最恰当的方式言说教师职业的本真，从而，真正实现教师的专业化发展。在理论基础上，是规范伦理与美德伦理的合一；在教师主体上，是个体的个人与集体的个人的合一；在研究目的上，最终要追寻教师人格与品德的完美合一，即成为道德的楷模。

1. 教师道德建设的重要意义

在新的时代背景下，教师职业道德问题引发了全社会前所未有的关注，同时，对师德建设也提出了新的要求。因此，进一步加强和改进师德建设并重塑教师道德楷模具有十分重要的现实意义和深远的历史意义。

（1）有助于提高教师综合素质

教师是教育发展的先进生产力，是先进文化建设的积极主体，是培养人才与提高教育质量的重要力量。因此，加强师德建设是提高教师综合素质的必然需求，是践行“科教兴国”战略思想的重要保障，是落实“以德治国”战略与“以德治教”思想的教学基础，也是提高学校综合实力与实现可持续发展的有力保障。

（2）有助于提高教师觉悟，促进学校的精神文明建设

教师只要在工作中做到循循善诱、以身作则、为人师表，勤勤恳恳地为学生及家长服务，就会在学校中率先树立起教师职业道德的榜样，从而对全校师生员工产生积极的影响。使其他教师在心灵上受到启迪，促使他们忠诚于教育事业，精心培育自己的学生。

（3）有助于激励和鼓舞教师自觉献身教育事业

教师的根本任务是把受教育者培养成德、智、体、美等全面发展，有社会主义觉悟、有文化修养的劳动者。而德育是激励和鼓舞教师的精神力量，它要求教师忠于教育事业。教师在这种精神的鼓舞下，才能刻苦钻研业务，积极工作，自觉献身教育事业。人们把教师比作蜡烛，照亮了别人，燃烧了自己，这正是教师道德楷模的示范对教师起激励和鼓舞作用的生动写照。

（4）有利于造就一支德才兼备的教师队伍

要建设一支德才兼备的教师队伍，不仅要从思想上、业务上去努力，还应从加强教师职业道德建设方面入手，这是加强教师队伍思想道德建设的重要内容。教师道德楷模建设的重要任务是陶冶教师情操，转变教师气质，培养教师品德，提高教师素质。

教师肩负着弘扬和发展先进文化、推动先进文化生产力、培育社会主义建设者的崇高使命，其职业的性质决定了教师应具备高尚的道德和人格魅

力。因此，教师道德楷模的建设是学校精神文明建设的重要内容，也是思想政治工作的重点和难点之一。“德为师本，无德无以为师”的观念是不会过时的，它必然会随着时代的发展被赋予新的内涵。

因此，在新的形势下，加强师德建设对于推进教育创新、促进社会主义精神文明建设都具有重要意义。

2. 教师道德建设的基本内容

教师除了应具备基本的专业知识和素养，更应具备基本的道德和愿望，就像富勒所比喻的“一把向上延伸的标尺”“底端始于对社会生活而言显然必不可少的那些条件，而其顶端则终于人类追求卓越的最崇高努力。”这里的底端就是教师因约而成的“师德”，是每一位教师应该做到也必须做到的基本要求，而顶端则是教师力求达到的身为教师的最高宏旨——“志于道，据于德”，教师“应以直接效忠于民族、造福于儿童为职志”，努力成为道德的楷模，成为具备完全人格的教师，从而教育学生具有完全人格。

在中小学教师职业道德规范中，教师职业道德的基本内容涉及以下八条：

（1）依法执教

教师要学习和宣传马列主义、毛泽东思想和邓小平理论，拥护党的基本路线，全面贯彻国家教育方针，自觉遵守《教师法》等法律法规，在教育教学中，始终与党和国家的方针政策保持一致，不得有违背党和国家教育方针、政策的言行。

（2）爱岗敬业

教师要热爱教育事业、热爱学生，尽职尽责、教书育人，培养学生具有良好的思想品德。认真备课上课，认真批改作业，不敷衍塞责，不传播有害学生身心健康的思想。

（3）热爱学生

教师要关心爱护学生，尊重学生的人格，平等、公正地对待学生。对学生严格要求，耐心教导，不讽刺、挖苦、歧视学生，不体罚或变相体罚学生，保护学生的合法权益，促进学生全面、主动、健康地发展。

（4）严谨治学

树立优良学风，刻苦钻研业务，不断学习新知识，探索教育教学规律，改进教育教学方法，提高教育、教学和科研水平。

（5）团结协作

谦虚谨慎、尊重同事，相互学习、相互帮助，维护其他教师在学生中的威信，关心集体，维护学校荣誉，共创文明校风。

（6）尊重家长

教师要主动与学生家长联系，认真听取家长的意见和建议，取得家长的支持与配合。积极宣传科学教育思想和方法，不训斥、指责学生家长。

（7）廉洁从教

教师要坚守高尚情操，发扬奉献精神，自觉抵制社会不良风气影响。不利用职责之便谋取私利。

（8）为人师表

教师要模范遵守社会公德，衣着整洁得体，语言规范健康，举止文明礼貌，严于律已，作风正派，以身作则，注重身教。

作为教师，理当行为世范、为人师表，这是教师的人格魅力，同时，对教育教学也至关重要。学校无小事，处处是教育；教师无小节，言行是楷模。所以，教师若想成为道德楷模应努力做到以上几点。师德建设不是简单的说教，而是丰厚的知识内涵和文化品位的体现，也是教师自我价值的提升。

3. 个别教师职业道德缺失的主要原因

“学高为师，德高为范。”教师不仅要学识渊博，而且要道德高尚。没有高尚的道德，何来德高望重的教师？没有“山高我为峰”的理想，何来功绩卓著的教育家？教育是塑造未来的，教师是为未来社会培养人才的，未来的社会是由未来的人才创造的。怎样才能造就未来的人才？这就要求教师要立足现实，胸怀天下，要有远见卓识，能站在历史的潮头，把握住未来。这也是教育工作者应具有的一种情怀，这种情怀要求教师要认清当前教育的任务，具有高尚的道德情操，拥有远大的社会理想和抱负。然而，当前个别教师缺失的恰恰就是这些。

（1）教师理想的缺失，是造成师德缺失的主要原因

一个社会，如果缺失信仰，就必然会迷失方向，走向混乱；缺失了理想，就必然会停滞不前甚至倒退，走向落后。一个人也是如此，因为信仰和

理想是生命之根、心灵之魂，也是生命的“永动机”，缺失信仰和道德的人生，就会迷失方向，缺少动力，最后必然会走向失败。

信仰和理想的缺失，是一种社会现象，也是一些教师中确实存在的现象。改革开放以来，改革大潮汹涌澎湃，一时间，尘渣泛起，物欲横流。在这种大背景下，人们的思想开始混乱，职业道德也开始滑坡。生活在象牙塔中的教师也不再一味清高，在金钱至上、物质利益高于一切的现实中，教师的职业道德也会被私欲吞噬。有些教师也由理想主义者变为现实主义者。其表现为：这山望着那山高，不安心于教育事业；缺乏职业理想，甘于平庸；知识分子的良知丧失，只考虑一己一时的名利。

在市场经济条件下，个别教师认为：当教师太清苦，说什么“两袖清风，人生就是一场空；人家吃肉，我们闻腥；人家房子几栋，我们无奈仰望星空；人家钱财几辈够用，我们孩子上学告西求东”。于是，个别人丢弃了教师的职业，转为下海经商。

于是，一些教师只看到成功者的辉煌，却忽视失败者的凄凉，人心惶惶，不能下海的就搞兼职。因而，教学成了副业，兼职成了主打。还有一些教师，教学能力不强，就依靠关系跑官，心思却不用在教育教学上。还有一些教师缺乏职业理想，甘于平庸，无所作为。他们仅满足于能教书，至于会教书、教好书从来不是他们考虑的范围。他们认为争取当名教师、教育家的人都是“迂腐”的。更有甚者，公开挑明奖金多就多干，少了就不干。这些教师的境界之所以如此低下，道德之所以如此低劣，是因为缺失了人生的远大理想和职业追求；他们之所以鼠目寸光，心胸狭隘，是因为他们缺乏信仰，缺乏国家情怀。

理想的缺失，是当前师德缺失的主要原因。为人师表者，应当是一个高尚的人，一个纯粹的人，一个脱离了低级趣味的人，一个有所追求的人。

（2）对新课改的误解，是造成师德缺失的重要原因

新课程改革要求：“教师在教学过程中应与学生积极互动，注重培养学生的独立性和自主性，教师应尊重学生的人格，关注个体差异，需要创设引导学生主动参与的教育环境，促进学生在教师指导下主动地、富有个性地学习。”一些教师认为其过于强调了学生的主体地位而非教师的主导作用，教师的合理权威被消解了。于是，他们工作的积极性逐渐削弱乃至丧失，甚至

产生各种报复性的消极无为状态。

教师一旦自我放松，思想之堤和道德之坝就会随之垮塌，进而致使教师职业道德出现滑落。

（3）部分新教师水平下降是造成师德缺失的又一重要原因

近几年，个别师范生新到了教师岗位之后，不懂尊重他人，不懂得工作的意义。晚来早退，想上课就上，不想上课就不上，领导批评几句就认为是不尊重他，侮辱了其个性，限制了其自由。有个别的新教师说话不文明，行为不端正，举止粗野，专业知识不熟练，不写备课笔记，工作思路不清晰，却不虚心学习，自恃才高却学疏识浅。

传道是教师的第一任务，也是其根本任务。这里的“道”自然是指做人的道理和原则，这些道理和原则实际上就是做人的最基本道德。高尚的道德来自于圣贤先哲的经典著作，更来自于教师本身道德的垂范。

要使学生成为一个道德高尚的人，教师必须首先德高为范。那种只有“言传”的教育是一种苍白无力的道德说教，“身教”才能感化人、熏陶人。身教就是要身正，这就要求教师要自觉加强道德修养，提高自己的道德水平，只有成为道德楷模，才能为人师表。

（二）名师道德楷模案例及养成策略

1. 挺身而出，用鲜血谱写道德篇章

张丽莉，黑龙江省佳木斯市第十九中学初三（3）班班主任，一名从业5年的普通教师，但在一场突如其来的车祸面前，非凡的壮举使她成为万众瞩目的“英雄”。2012年5月8日晚，在一辆客车突然失控并冲向学生的危急时刻，张老师挺身而出，为抢救学生被卷入车下遭到碾压，造成双腿粉碎性骨折，高位截肢。

（1）临危不惧，舍己救人

回顾张老师受伤的那一幕，第十九中学教师李金茹老师泣不成声。

那天，距离李老师几米外的张老师站在车旁正在疏导学生。突然，原本停在路旁的客车猛地向学生们冲过来。危急时刻，只见张老师向前一扑，将车前一名吓傻的学生用力推到一边，自己却被无情的车轮碾到了下面。

“我当时第一反应是丽莉完了，大喊快救张老师。孩子们也高喊，张老师怎么了！”李老师说：“其实丽莉当时如果躲开完全有充足的时间，但她把精力都放在救学生上了！”

“丽莉呵护学生胜过自己。”第十九中学副校长靳艳萍老师说，她还有一次保护孩子的故事在学校被传为佳话。2009年冬天，张老师班里有一名学生生病了，她领着几名班干部去看望。过马路时一辆自行车因为坡路太滑，摇摇晃晃地朝学生小闫撞了过来，眼看就要撞上了。这时，张老师猛地一把将小闫揽在怀里。小闫毫发无伤，可是张老师却被自行车撞了个正着，狠狠地摔在了地上。

“丽莉在生命垂危的时候，还惦记着她的学生。”哈尔滨医科大学附属第一医院ICU主任赵鸣雁说：“张老师昏迷许多天后，醒来的第一句话是，那几个孩子没事吧！”

高位截肢后，张老师的亲人和医护人员都不敢想象她知道真相的后果会怎样。出人意料的是，张老师不仅很快接受了事实，还反过来安慰父亲说：“当时车祸的场景我还记得，很幸运，如果车轮从我的头碾过去，你就看不到我了，我救了学生，也保住了命，今后一定会幸福的。”

有人问张老师，“你后悔吗?”她回答：“不后悔。这样做是我的本能。我已经30岁了，我已和父母度过了30年的快乐时光。那些孩子还小，他们的快乐人生才刚刚开始。”

（2）崇尚教师，立志教书

张老师出生在一个教育世家，从小就渴望做教师。

张老师进入依兰师范学校后，不仅学习好，而且思想上积极上进。依兰师范学校的培养，为张老师在日后工作中逐渐显露出的优良品质打下了良好的基础。2004年，张老师顺利通过“专升本”考试，进入了大庆师范学院。

张老师自从读了师范，几乎每次见到当教师的大伯母，都会很认真地向她求教，询问如何当一名好老师，如何教育学生，如何培养学生的学习兴趣，如何让学生喜欢老师……

张老师的大学同学郑海峰回忆说：“丽莉毕业时，她实习过的单位大庆油田宣教中心想留她，被她推辞了。这是我们大家都争着去的好单位，丽莉放弃了很可惜。她只有一个信念，回佳木斯陪爸爸，当教师。”

(3) 关爱学生，无私奉献

“只有有爱心的教师，才能培养出有作为的学生。”张老师时时刻刻用心诠释“师爱”这两个字的真谛，用自己诚挚的爱去温暖每一位学生。

张老师爱笑，她的微笑总能激发学生的“兴奋点”。学生小超不喜欢学习语文，张老师就特意在课堂上让他朗读课文，并当着全班同学的面微笑着夸他“声音有磁性，很好听”。一段时间之后，小超的语文学习成绩有了明显的提高。

张老师还有双会说话的大眼睛。课堂上，她的一双大眼睛从不放过每一个学生，在她的注视下，全班学生都有一种被关注的感觉。“没有教不好的学生，只有当不好的老师。”张老师经常这么说。

在一个个细节之中，张老师从一点一滴中关心着“家”里的每个孩子。体育中考时下起了雨，她把自己的伞给了学生；冬天，有的学生不吃早饭，她就自己掏钱买来一箱桃酥放在班级后面；为了让学生多上一会儿自习，她亲自动手，把班里的卫生整理得干干净净。

学生小张很小就失去父亲，和重病缠身的妈妈靠最低生活保障金维持生活。2009 年，张老师接手小张所在班级的工作，听说小张的遭遇后，她从自己每月不足 1000 元的微薄收入中，拿出 100 元资助他。为了保护孩子的自尊，细心的张老师每次都在没有其他人的时候把钱交给小张。

(4) 勤奋向上，追求卓越

“要么不做，做就做到最好”，这是张老师的人生座右铭。

为了提高教学水平，张老师经常去听课，对每堂课都能找出有效点和无效点，并虚心与老教师探讨交流教学方法。很快，她就在全校 90 名青年教师中脱颖而出，成为学校着力培养的青年教师骨干和最受学生欢迎的教师。

张老师潜心研究教育教学规律，每个年度都制订阶段性发展目标。初一学生刚入校，重点抓学生学习习惯的养成；初二学生进入青春期，着力加强学生的情感教育；等到了初三，学生即将面临中考，开始进行学生心理健康的调适，以减轻中考给学生带来的压力。

作为一名语文教师，张老师十分注重学生语文素养的提升。她对学生完成的每一篇作文都认真批改，并写出大量有针对性的批语。

张老师的家距离学校较远，但每天她都早早地出现在学校，和学生们一起上早自习。2009年，当上班主任后，她每天早晨坚持带领学生出早操，即使怀孕初期也未曾间断。由于运动量过大，身体超负荷工作，导致与家人期盼已久的宝宝“擦肩而过”。在家休产假，身体还没有完全康复，她就重新返回课堂。

(5) 热爱生活，播撒爱心

张老师常说：“无论是亲情、友情、师生情，每一份爱，都需要我们以无私的付出去维系，以真诚的沟通去经营，只要我们用心去关爱每个人，我们的世界就永远充满阳光。”

在丈夫眼里，她是个好妻子，只要她不忙，总是做好饭菜等待丈夫的归来；在父母眼里，她是一个好女儿、好儿媳，每当生日或是重大节日，都能收到张老师精心准备的礼物；在年近九旬的姥姥心里，她是一个好外孙女，无论是换季的衣物，还是最喜欢的食品，张老师总是想着姥姥。

她爱同事，并努力用真挚的友情感染着这个有着共同追求的团结集体。老师们下课了，时常能接到张老师递到手中的一杯热水；午餐的时间到了，经常会看到桌子上张老师为大家打好的饭菜……

在与学生日常相处的过程中，张老师让每一个学生都学会懂得爱。只要班级的学生生病住院，张老师都要到医院去探望，并在下班后抽出时间照料。她还会组织学生集体去医院探望，每个学生只需送上一个水果，上面贴上对患病学生的祝福语和心里话。用她的话说：虽然只是一个水果，但情义无价，它是一份同学的真情，一份真诚的关怀，我要用这样的方式让每一名学生都懂得关心身边的朋友，关爱每一个需要帮助的人，让真爱渗透到每个孩子的心灵。

张丽莉老师的英雄事迹引起社会各界的高度关注，当然，荣誉也接踵而来，面对这些，张老师看得很淡，她说：“不要把我当作英雄，我只是尽了自己能应尽的责任。希望自己赶快好起来，回到讲台，继续为孩子们上课。”

教师是一个神圣、崇高的职业，教书育人，桃李遍天下。许多人成年后回忆学生时代，教师的影响都会伴随一生，师德铭心刻骨，师恩终身不忘。“最美女教师”张丽莉让世人懂得教师对于学生的高尚和无私，甚至有时不惜付出自己的宝贵生命。这对当前一些人对教师职业道德的质疑之声是最有震撼力的驳斥。

每个人都可以高谈勇敢，但并不是每个人在大危大难面前都能做到勇敢。人对生命的渴望是一种本能，然而，张老师的本能不是自己的生命，而是学生的生命。一位柔弱的女性，用阳刚的实际行动诠释了为人师表的深层含义，在这份勇敢背后，彰显的是师德的高尚，张老师当之无愧应成为教师的道德楷模。

道德楷模的动人之处就在于危险到来的一刹那一个人作出的选择，一个人的道德行为不一定可以复制，但他的高尚精神是可以复制的。一个人向善的力量微不足道，但每人把微不足道的力量都贡献出来，就能影响整个社会，这也是张老师被奉为教师道德楷模的意义所在。

许多人都在关注张老师的病情、张老师的生活和张老师的工作，病床上的她也被授予“五一劳动奖章”“三八红旗手”“全国优秀教师”等各种荣誉。但当巨额医疗费摆在面前时，人们却发现这位被树为高尚师德典范的女教师执教 5 年来居然没有正式教师编制，也没有医保，每月的薪水仅为 1000 元人民币，这不禁让人唏嘘感慨。

教师如果要成为张老师一样的道德典范，可以遵循以下一些策略：

（1）具备爱生如子的师者情怀

张老师是平凡的，但她又是不平凡的，因为她爱生如子。为了让学生冬天里能喝到热水，她自己出钱为班级买电水壶烧水；模拟考试中，学生成绩不理想，她会送去妈妈一样的安慰：“孩子，再哭我会心疼的。来，老师帮你分析原因，咱们一起努力把成绩提上来”；担任两个班级的语文教学任务，她把 100 多个学生的学习时刻放在心上，宁可放弃休息时间也不愿一个学生掉队；当肇事客车冲向学生时，她扑向前，推开了陷入危险的学生，自己却倒在了车轮下……一件件感人事迹不胜枚举，都充分展现了她作为道德楷模的典范和爱生如子的师者情怀。

学习张老师，首先要学习她爱生如子的师者情怀。张老师把学生当作自己的孩子一样，给他们以无微不至的关怀和真诚的关爱。用爱温暖学生的心灵，用爱点燃学生的热情，用爱驱散学生的困难，用爱催开成功的花朵。真正将师爱的光芒洒遍每一个学生，让他们沐浴在爱的温情里快乐地成长。

（2）具备默默无闻的奉献精神

张老师从事教师职业已经有 5 年时间了，可每月仅有 1000 元工资。她没有任何怨言，没有一丁点退缩，而是选择了奉献，选择默默无闻地奉献，而且一奉献就是5年。若不是因为这次事故的发生，她依然会坚持奉献第二个5年，第三个5年……这是何等可贵的精神啊！

教育事业是一个充满爱的事业，更是一个奉献的事业。人们常用“春蚕到死丝方尽，蜡炬成灰泪始干”这句诗来赞颂教师，指的就是教师的奉献精神。所以，选择了教师这一职业，踏进了教育的田地，就意味着要具有奉献精神，不仅奉献青春、奉献热情，还要奉献智慧、奉献健康，甚至奉献生命和鲜血。

张老师是默默奉献的师德楷模，要学习她，就需要改变拈轻怕重的工作作风，舍弃追名逐利的不良思想，净化自己的心灵，树立为教育事业奉献一生的信念和决心。无论在工作中，还是生活中，都应当不计报酬高低，不管待遇好坏，不讲条件优劣，不问收获多少，全心全意做好自己的事情。

（3）具备爱岗敬业的工作态度

“要么不做，要做就做到最好。”这句人生座右铭一直激励着张老师，她每天早晨5点多就起床，7点多到校，晚上9点左右才回家，再备课到半夜。工作5年中，她只请了两次假。一次是结婚的时候，另一次是两年前的流产，休息了仅仅两天张老师就又出现在了班级里。可以说，面对工作，她不仅恪尽职守，而且还竭尽全力。正是这样的工作态度，才使得她——一名临时教师所带班级的名次遥遥领先，而且还能在各种赛课、教学比赛中名列前茅，获取“青年骨干教师”“教师新秀”“最受学生喜爱的教师”等诸多荣誉。

因此，不管做什么工作，都要做到爱岗敬业，勤恳努力，因为，这是做好本职工作的前提和保证。有的教师对待工作就像和尚撞钟一样，得过且过；只要事不关己，便高高挂起；不求有功但求无过，完全一副混日子的态度。这样敷衍塞责的工作态度，不仅严重影响了自身的专业成长，也影响了教育事业的发展。

教育乃百年大计，关乎民族复兴，国家强盛。作为教师，不应懈怠，也不该应付。要学习张老师，就需要端正工作态度，扭转工作作风，爱岗敬业，开拓务实，提高工作效率，强化使命意识，竭尽全力，做好每一项教育教学工作。

面对英雄般的道德楷模张老师，普通教师不但需要心怀崇敬、时时仰视，同时，还要学习她身上爱生如子、默默无闻、爱岗敬业的精神，努力工作、奋力拼搏，为教育事业的崛起奉献自己的光和热。

2. 把无悔的青春奉献给山区教育事业

他在山西晋中榆次最偏远的寄宿制学校执教，把青春和爱心全部奉献给了山区的教育事业，谱写了一首动人的奉献之歌，他就是2012年被评为全国教书育人楷模之一的范妹锁。

范老师是本科学历，小学高级教师，山西晋中榆次区长凝镇人，现任山西省晋中市榆次区长凝镇东长凝小学教师。从1985年师范学校毕业至今，他一直在榆次最偏远的寄宿制学校任教。他先后荣获“山西省师德标兵”“山西省模范教师”“山西道德模范”和山西省“五一”劳动奖章等近20项市级以上称号。

(1) 坚守大山教育，铺就山里娃的求学路

为了改变学生不能食宿的状况，范老师利用课余和节假日时间，搞起了勤工俭学：他开垦过荒地20余亩，养过猪，成为远近闻名的种植养殖“专业户”，并在三年内为学生盖起了8间宿舍，让离家较远的56个学生全部都住上了暖炕头。

范老师是学生的“男保姆”。学生住校后，新的问题不断出现：有的学生七、八岁就离开父母，生活自理能力极差，吃、喝、拉、撒，洗脸、梳头、洗衣、叠被等全在范老师照料之内……他从一件一件事情、一个一个学生教起，不厌其烦地教导，无微不至地照料。

1987年冬天的一个早晨，下了一夜的大雪后，学生正陆续入校，突然有学生报告：“三娃他们在后面……掉到地塄下边的雪洼里了，雪很深……，”范老师听到后迅速沿着被雪封盖的山路向洼地找去，在离校一里地、足有3米深的地塄下，发现了两个正在挣扎的学生，他二话不说就跳了下去，费力地把两个学生扛了上来。他的手在向上拖拽荆条时被割伤了，鲜血直流……最后，他与学生相互搀扶着才回到了学校。类似的情景和事件数不胜数，因此，他也被冠之以“男保姆”的称号。

范老师还是学校的“土医生”。从七、八岁到十一、二岁之间的学生多数在学校食宿，感冒、发热、腹泻、头痛是常有的事，但学校坐落在孤山

沟，缺医少药，这不禁使范老师犯了愁。有一次，一名三年级的学生晚上突然肚子疼，疼得满头大汗，叫喊不停，一无药二无医，这可怎么办好？范老师只好跑了五里的山路，雇了一辆三轮车将学生送到离学校最近的 25 里远的石圪塔村卫生院，并到急诊室交钱住院，经过医生的治疗，学生的急性肠炎及时得到控制，此时的他终于松了一口气，当家长赶到医院时，学生已进入了恬静的梦乡……

有了这次经历后，范老师便常在空闲时间阅读医药常识和防治知识，以解决学生出现的常见小病。现在的他对一般小病小痛都已经能应付自如，也能为学生提供及时的医疗服务了，这不仅减轻了学生痛苦，也避免了家长操心。

(2) 挚爱教育事业，为家庭付出太少

毕业时，范老师仅有十八九岁，从那时开始，范老师便在最偏远的永红沟小学任教，这一待就是 20 年，他把青春和精力都献给了山区教育事业。由于忙于照看学校、开垦荒地、养猪种菜、备课教学、照顾学生等事务，他几乎没空回家。

父母到校和他团聚成了常事。范老师姐妹共七个，上有五姐，下有一弟，作为唯一在外工作的孩子，他算得上是家中的“宝贝”。星期六、日不回家，父母可以接受，逢节过年不回家，当家长的肯定接受不了。但在偏远山区，逢年过节反而是学校设施的重点保护期，他更是半步也离不开学校。年迈的父母没办法，只能改变“方向”，扛上吃喝，翻山越岭，到学校和他团圆。在遇到端午节、中秋节等节日时，父母老远地给他带来粽子和月饼，但等父母走后，都成了寄宿学生的美餐。

2001 年，范老师年迈的父亲突患脑血栓，母亲因为感冒没有及时医治导致引起了肺心病。这一切的发生又非常不是时候，那段时间恰巧学校事情繁杂，作为学校主任教师的他根本走不开，看在眼里，却急在心上，由于他没有及时抽时间陪父母看病，让亲人失去了最佳就诊时间。父母经常告诉他要顾全大局，当集体利益与个人利益发生冲突的时候，要无条件地服从集体利益，父母教给他的是工作上要严谨认真，马虎不得。真是为了公家，苦了自家。

贫穷高寒的山区寄宿制学校，冬天生火早，开春熄火晚，开支远远超过收入，从1999年到2003年的5年间，由于连年干旱歉收，四个行政村没给过永红沟学校一分钱的教育附加费，仅靠勤工俭学的收入远远不够支撑学校的开支，因此，常常是入不敷出。当时，学校除范老师之外全部是代课教师，学校校园地也是干旱的，学校的拉煤和办公费用只能靠他微薄的工资来垫付。妻子养家糊口的钱，让他垫支得所剩无几。

2009年，范老师通过多方联系，争取到市里一个公司25万元的爱心资助时，妻子暗地里打着“小算盘”：这下垫出去的钱可以拿点回来了。但她听到的却是：学校不要钱，将25万元资金买成学校急需的图书、仪器、电教器材以及课桌椅。她对有这样无私的丈夫真是“气并快乐着”。

儿子从上小学到高中，范老师也都没有尽过心，没有过问过。临近高考，儿子咨询填报志愿的事，他脱口而出：选择教育学专业吧。高考后，他突然对儿子关爱有加，极力帮助儿子填报志愿，让儿子选择了教育学。拿到师范院校的通知，儿子哭闹着不上师范，不当教师。但一番斗争之后，儿子还是踏上了师范院校的路途。为此，整整半年，儿子没给他打过一个电话。但范老师却很高兴：他为儿子选择了太阳底下最光辉的职业。

(3) 真情对待师生，学生家长安心打工

“我是山里人，我的本色在山里，我爱生我养我的这片土地，胜过爱我的生命。”这是范老师一次次放弃进城的理由，也是他的工作信条。

“我们这些教师没有理由不好好干。”一位刚参加工作不久的外地青年教师，每次谈起范老师都会泪流满面，理由是冬天临近她仍身着单衣，是范老师拿出1000元让她添置冬衣。范老师的话很简单也很暖人，“总不能看着娃娃挨冻吧，谁家大人不心疼呢”。

一次，一位教师身患重病入住县城医院，范老师不顾劳累前往医院探望，问寒问暖，并多次安排学校行政人员、教师探望生病的老师，令生病的老师及其家人深受感动。全校师生都知道范老师对他们是真心和真诚的，他们只有用实际行动、工作业绩以及对学生的爱来回报范老师的关照和厚爱。学校教师始终保持着“心往一处想，劲往一处使”的良好氛围，教学质量一直位于全镇前茅。

范老师还资助了多个家庭经济困难学生完成学业。学生刘某的妈妈去世了，80多岁的奶奶既要照顾生病的儿子，又要抚养小孙子，无奈之下，刘某要辍学了。关键时刻，范老师对刘某的奶奶说："刘某不能走，书费、学费、伙食费我来出"。就这样，刘某3年的费用他全出了。还有母亲痴呆的学生冀某，父亲自杀的学生庞某等，对这些学生，范老师更是毫不吝啬。

他是学校的和事佬和心理健康教师。他对校长信箱中学生提出的问题一事不落，一一解决。对学生住宿问题及时解决，对留守儿童、单亲孩子积极开展心理辅导，让学生们安心读书、舒心生活。

2004年，随着危房改造和布局调整，上级部门将全镇最大的寄宿制学校——石圪塔寄宿制学校交给了范老师。7月份上任时，一没校园，二没学生，为了赶新校园的建设进度，他整整在工地待了58天，白天是工程队的泥水工，晚上是看守工地的门卫，一个人守着工地。由于没时间做饭，也不会做饭，只能一天三顿啃馒头吃咸菜。在这期间，由于饮食不良和劳累过度，造成了他脑供血不足，因此，常常晕倒在校园里。

石圪塔寄宿制学校成立6年来，范老师肯动脑、善总结，又凭借多年的工作经验，结合本校工作实际，在整顿、完善中逐渐形成了寄宿制学校的办学特色。2011年，长凝镇顺利平稳地又将4所小学整合为一所更大的寄宿制学校——东长凝寄宿制小学。这次撤并之所以平稳顺利，最关键的是群众和家长关注的是让谁管理，有很多家长不假思索地说：范老师管理，我们的娃娃受不了罪，我们放心。许多外出借读的学生纷纷返校就读，许多外地外县学生也慕名而来，学生人数由原来的60余名增加到360余名，现在学校寄宿人数已达260多名，80%的家长情愿让孩子在学校食宿。

(4) 痴心教学研究，换得学生全面提高

范老师所在学校的28名专任教师中已有18位教师获得镇、区、市级教学能手、学科带头人和整合能手的荣誉。全校开展的"三步导学"课堂教学模式得到了镇区学校的认可，全校教育教学质量得到了大幅提升。同时，范老师还注重对学生综合素质的培养，在学校开展了"七色"活动：

一是绿色环境。他和教师们积极构建走廊文化、围墙文化、校园宣传文化、宿舍文化、餐厅文化、班级特色文化等校园文化体系，让浓郁快乐的校园文化充斥着学校，在润物细无声中让学生耳濡目染。走在校园中会感觉到空气会开口，墙壁能说话，悠扬的旋律时时沁入人心。"锄禾"诗，提醒大家爱惜粮食，食堂里的"节约用水一点一滴，珍惜粮食一颗一粒"教会学生要节约，课余的每周一歌让学生们受到了本真的熏陶。在范老师的带领下，学校成了学生的家园和乐园。

二是红色活动。“城里孩子有的，咱也得有，不能让咱山里的娃娃不如城市人。”范老师是这样说的，也是这样做的。趁着课程改革的东风，他带领教师开展丰富多彩的综合实践活动。根据学生的年龄特征与兴趣爱好，利用每周四下午的时候，让学生们在自己心仪的小组中放飞梦想。泥塑乐园、阳光棋社、DIY 手工创意、Marching Team、吟韵苑、剪纸、创新小画廊、哆来咪合唱团等兴趣小组，学生们没有一个不乐意参加的。

三是橙色教学。努力实践双语教学，营造良好的双语环境。由于学校地处农村，学生的英语课只是为了学而学。范老师看在眼里，急在心里，营造浓郁的英语氛围成了特色主旋律。他和英语教师共同商讨从一年级就开设英语课。日常礼貌用语，教学的常规，出操、升旗、起床、内务等无不渗透着英语元素。英语长廊、班级英语角、口语赛、英文书法赛、一系列的活动点燃了学生浓厚的语言兴趣。即使不懂英语的人也会产生一种对英语的热情。

四是蓝色经典。国学教育是又一道独具特色的风景。范老师始终坚信国学是最具魅力的，人的品德更高于知识。在课前、操前、饭前、会前、晚归寝前，利用 2～3 分钟时间，诵读国学片段、古诗词文、美文佳段、警句格言。校园内，诵读声爽爽朗朗，声声沁人；就餐前国学吟诵也是此起彼伏、阵阵有声。校本课程《东长凝国学读本》，让学生们“青出于蓝胜于蓝”。

五是紫色管理。以人为本，以情暖人，关爱每一位学生，给留守儿童一个紫色温馨的“家”，这是范老师的管理思想。他告诉老师们，爱的力量是巨大的。学生们一到学校，一切都要靠自己，为打消学生和家长们的顾虑，他执行“全天候管理”制度。从学生起床、上操、就餐、自习、就寝、物品使用等小事入手，教职工既当教师又当保育员，与学生们交朋友，建亲情，手把手教学生叠被、洗衣、打饭，用温和细腻的方法，关怀学生们的方方面面，传统美德和现代教育规律的融合以及人性化的熏陶让学生们在健康中获得发展。

六是黄色家园。黄色是暖色调，温暖、舒适。范老师和其他老师们共同为学生们建立“黄色家园”“亲情电话”“快乐生日”“小故事”“收看少儿节目”等常规活动，让学生们消除了离家的恐惧，弥补了亲情的缺失，营造了家的温馨。每周亲情电话，听听声音，倾诉思念；每逢师生生日，餐厅共唱生日歌，别样的生日宴会让大家感受到独特的甜蜜；就寝前的少儿节目，临睡前值班老师的小小故事，让学生们感受到妈妈一样的关爱……系列活动让学生们体验到了家校共育的魅力所在。

七是青色团队。团队精神是一所学校不可或缺的灵魂，这种灵魂可使整个团队具有极强的向心力和凝聚力，可使这个团队无往不胜。

七种颜色，七种教育内容。范老师希望他的老师和学生们在七色光中健康快乐，幸福成长。

28 年来，范老师把青春、热情、真心都奉献给了山区教育。28 年后，他依然会用自己的心血、汗水、真情，继续耕耘在朴素而平凡的三尺讲台上，培育出朵朵山花。

在社会主义精神文明建设中，“奉献”成为人们具有崇高思想境界的一种标志。作为教师，把自己的爱心和学识奉献给学生，是这种思想境界的表现之一。如今是个讲求经济的时代，范老师能在那个穷山恶水的学校安心教学 20 多年，是常人所不及的，他的各种称号“土医生”“男保姆”“范爸爸”等等，不正是对教师道德楷模的最好诠释吗？正如他的学生所说，范老师用“一颗爱心，一颗责任心，一份坚守，一腔热情，一句承诺，一份大爱”谱写了他对山区教育事业的一曲赞歌。

“我是农民，大山父辈养育了我，我离不开他们。”一句朴素的话语，背后却隐含着高尚的道德情操，同时，也体现了范老师的努力和坚守，执着和勤奋。

作为教师，应努力学习他这种奉献精神，学习他扎根基础教育，忠于职守，不畏艰难的理想追求；学习他志存高远，淡泊名利，无私奉献的崇高品格；学习他潜心教书育人，诲人不倦，刻苦钻研的严谨治学精神；学习他勇于探索，奋发进取，积极投身教育改革实践的创新精神；学习他时刻充满爱心，关爱学生，爱岗敬业的高尚师德。

教育是一个艰巨的事业，教师是一种特殊的职业。有人说教师是园丁，培育着祖国的花朵；有人说教师是红烛，照亮着学生的灵魂；有人说教师是渡工，引领着学生的航程；有人说教师是自我幸福的把握者，是学生幸福的引路人。从范老师的行动中可以看出，教师，是一个奉献心灵的职业，教师应拥有并奉献“五心”——爱心、责任心、恒心、细心和耐心。因此，教师要想达到具备奉献精神的道德修养，应遵循以下“五心”养成策略：

（1）让自己具备奉献的爱心

没有爱心，就没有教育，爱心是教育最基本的前提。苏霍姆林斯基说，他一生中最重要的就是“倾注于儿童的爱”，并“把整个心灵献给孩子们”，师爱与母爱一样，是人类最圣洁、最美好的感情，当教师怀着真诚的师爱去教育他的学生时——对教师而言，可以在教育工作中激发出无穷智慧，缩短与学生的心理距离；对学生而言，他可以沐浴师爱的阳光雨露，享受成长的感动与幸福。

（2）让自己具备奉献的责任心

责任心，是教师的事业心。具有责任心，教师才会与学生融合为一，相悉相长，教育工作才能如鱼得水；具有责任心，教师才会拥有取之不尽、用之不竭的教育资源，如花开四季，清香满园；具有责任心，教师才能创设出一种积极进取、舍我其谁的班级氛围，促进师生的共同成长。

责任心，也是教师的道德心。每一个普通学子都承载着家庭全部的幸福与守望，每一个平凡的教师都在彩排着家乡明日的繁荣与富强。教师就像一位质朴的老农，是身披阳光、肩挑希望、不辍耕耘的拓荒者，只不过耕耘的是儿童的心田，播种的是理想的种子，收获的是职业的幸福。

责任心，也是教师的自信心。有责任心的教师，不仅有能力纠正学生的错误，杜绝粗暴处罚，同时有信心以理服人，赢得信任；有责任心的教师，不仅有能力为学生的短期发展考虑，而且有信心为学生的长远未来负责；有责任心的教师，不仅有能力发挥教书的作用和价值，而且有信心品味育人的乐趣与幸福。

（3）让自己具备奉献的恒心

奉献恒心，需要教师与时俱进。对于一个有师德的教师而言，要敬重教育事业，就要潜心研究业务，不浮躁，不急功近利，要耐得住寂寞，经得住诱惑，要有“十年磨一剑”的恒心。古今中外，教育领域的大师，无一不是潜心研究、追求卓越的敬业者。对于一个新时代的教师而言，“闭门造车”必将“坐井观天”，与时俱进才能有不竭的动力。

奉献恒心，需要教师走近学生。泰戈尔曾说：“向前走吧，沿着你的道路，鲜花将不断开放。”只有当教师热忱地融入班集体时，才能得到学生的信任，才能有利于教师对学生进行养成教育，其他工作也才能顺利开展。教师要有充分的恒心来对待学生那些让人难以预料的行为变化，耐心地谈心、说理、家访……

奉献恒心，需要教师面向全体。《爱心与教育》一书的作者李镇西老师的成功就在于他有恒心，对每一个后进生都没有放弃。“只要功夫深，铁杵磨成针”是李老师最成功的地方，“一个也不能少”应成为每一个道德高尚的为人师者对待学生的座右铭。

奉献恒心，需要教师高瞻远瞩。教育是一个细水长流的工程，是需要时间和过程的，想在短期内出成果是一种奢望。“百年树人”这句话就足见培养一个人是一件多么辛苦的事情，教育是关系一国之本的一项长远事业，教师只有具备献身教育的恒心，才能成为国之幸事、民之福祉。

（4）让自己具备奉献的细心

细心有利于及时发现问题，全面分析问题和正确解决问题。只有细心一些，教师才能发现学生的点滴进步，并及时给予表扬激励，使他们的优点得到肯定；只有细心，教师才能及时发现学生的不良行为，及时给予批评教育，使他们的缺点消失于萌芽状态。细心的教师，在表扬优秀学生时，也一定会指出他细小的不足之处和继续努力的方向；在批评后进学生时，一定会善于发现他们细小的“闪光点”，鼓励他们积极进取，扬长补短。

教师只有拥有一颗细致的心，才能敏锐地洞察学生的思想，捕捉到教育学生的契机，实现问题的突破。例如有段时间，某教师发现班上一名一向活泼的女生上课总是心神不宁，下课也是郁郁寡欢。经过调查得知，她妈妈前不久到国外打工去了，从小到大一直没离开过妈妈的她，心里的思念可想而知。在了解情况之后，这位老师为她建立了学习和生活上的帮扶小组，让她感受到集体的温暖，不久，这名女生性情重归开朗，学习也不断进步。可见，细心犹如春风化雨，润物无声。

（5）让自己具备奉献的耐心

教师担当的是教书育人的重任，较好的个人修养和诲人不倦的耐心也是师德的一个重要体现。教师的日常工作之一就是为一些后进生进行个别辅导，部分学生的不良行为习惯比较让人头疼，但教师应该认识到那是多方面原因造成的：也许是对学习没上心；也许是对学习学科未入门；也许是对内容缺乏兴趣；也许是家庭里面纷扰多……如果此时教师丢失耐心，表现倦怠，或任性疏远、恣情数落，只能助长学生的不良习气。所以，面对后进生的顽固不化时，教师应及时提醒自己：再对他动一番情！当面对后进生反复犯错误，就要灰心丧气、甩手不干时，提醒自己：再对他明一番理！

教师的奉献是幸福的，因为它会结出甜美的果实；教师的奉献是伟大的，因为它会推动文明的进步。在日常工作中，教师应向范老师学习，将自己的青春热血无私地奉献给伟大的教育事业，守护住“五心”，并奉献“五心”。

3. 脚踏实地，坚守岗位，在平凡中彰显道德力量

教师是人类最崇高的职业，教师又是未来最具挑战性的职业，做教师容易，做合格的教师难，做道德高尚的教师更难。宁夏回族自治区固原市回民中学教师何桂琴就是在这个队伍中成长起来的一名普通教师。她每天在平凡中行走，没有惊天动地的事迹，没有至高无上的荣誉，却用自己严谨的工作和生活态度，带领学生不断走向崇高。

在何老师的身上，可以真切地感受到那种扎根山区、坚守岗位的爱岗敬业精神，迎难而上、永不放弃的乐观主义精神，自立自强、不畏艰辛的艰苦奋斗精神，关爱学生、勤奋工作的无私奉献精神。

（1）情系教育，一心选择当教师

何老师出生在固原市原州区三营镇，这个十年九旱、靠天吃饭的地方，时常让人想要逃离。然而，生长于此对何老师来说，却是一次非常有益的人生铺垫。就是在这个贫瘠偏远的地方，何老师知晓了粮食、阳光、雨水对生命而言意味着什么，知晓了知识、善良、义举对灵魂意味着什么。

何老师的父亲秉性耿直，憨厚仁义，母亲心地善良，为人贤淑，经年累月悉心操持着几十亩庄稼，生活本不宽裕，还经常接济贫苦的乡邻。父母的言行，如一江春水浇灌着何老师的内心，让她在成长的岁月里，汲取向内向善的力量，为走好人生的每一步打下了坚实的基础。“我还记得，父亲教我识字时，教的第一个字就是真，他说，身而为人，无论处事做人，凭的就是一个真，真真切切，不哄不骗，脚踏实地。”

何老师从年幼起开始帮助母亲料理庄稼，干农活，进入学校后，专心致志、一丝不苟地读书识字，她通过自己的努力，终于在1987年考入固原师范高等专科学校数学系，作为一名回族女学生，这在当时来说是颇为不易的。

在青春洋溢的大学校园里，与其他同学相比，何老师似乎对自己的人生有着更清醒的认识和详尽的规划，她将青春的每一个白昼与夜晚安放在知识的殿堂中，挑灯熬夜，勤学苦读。1990年，她以优异的成绩毕业，回到故乡三营镇，在三营镇第二中学教书。直到1995年，被选拔进入固原市回民中学，何老师一心扑在教学上，用勤奋与刻苦练就了一身硬功夫，这让她在以后的教学中做到了驾轻就熟，游刃有余。

（2）言传身教，满腔热忱绽杏坛

何老师家中的案头上摆放着一张照片，那是她在三营镇第二中学带完最后一届学生，站在学校的花园前的留影。青春的面庞微笑着，就像一朵花绽放开来，有一种幸福久久地流露着。20多年之后，当另一张照片再次摆到桌前时，岁月已经在何老师的脸上刻写下了时光的沧桑。她站在固原回中校园的树下，依然是微笑的面庞，静静地望着画外，一种沉着与希望从眼中透了出来。教书的20多年间，每当万家灯火淹没在浓重的夜色中，何老师伏案批改完最后一本作业之后，她总要长时间揉搓早已酸痛成疾的脖颈；而到了秋冬之际，伏案做完最后一件工作的她，总会忍受双膝生出的疼痛，风湿一遍遍袭来，让她在夜晚不断地醒来。凭着这种执着与坚韧，她将青春的名字写在了当地民族教育事业的丰碑上。

1994年，固原地区举行了备受社会关注的“第四届教坛新秀”评选活动。当时，何老师的同行几乎都不相信她会报名参赛，何老师却认为不管结果如何都应该敢于参加。因此，她报了名，这对于一个刚出校门的回族青年女教师来讲，困难显而易见，尤其参评的教师多是远近闻名的教学能手。

她开始用心地制作课件，从骨干教师那里取经，从网上找资料，从学生身上找灵感，利用第二课堂反复演练。大赛结束了，她获奖了，同行震惊了。尽管捧回的只是一张获奖证书，但却让她感受到作为一名教师所体现出的个人价值。如今，十几年过去了，何老师先后承担校内外公开课上百次，撰写教学论文十多篇并发表在区内外报刊上，辅导学生百余人。同时，主编宁夏出版社出版的校本教材数学《新课堂》，承担并主持自治区“十二五”

规划课题。

作为一名数学教师，何老师严谨治学；作为一名团委书记，她又以饱满的热情投身于工作。把忠诚镌刻心底，把誓言付诸行动。在她的内心，共青团工作如同一个久久追求的梦想，“既然选择了共青团事业，就要为此付出心血和汗水”，而她却自始至终都无怨无悔。

(3) 漫漫教坛，衣带渐宽终不悔

何老师的眼中总是流露着一种坚定与希望，这种强烈的目光总给人一种力量，这种力量源于她内心生长出来的博爱与善良。曾经有这样一个场景，深秋的一天，一位身着红色衣衫的女生，背着褪色的书包，黯然低着头，跟在衣衫陈旧的母亲身后，在跨出校门的那一瞬，她回头凝望着书声琅琅的校园……这一情景被静静站在教学楼玻璃窗前的何老师看到了，她之前已经听说了这名女生因为家境贫困而无法支付学费的情况。

那一刻，内心柔软的何老师落下了伤痛的泪水，她难以面对那个弱小的身影默然步出校门，而充满渴望的求知之心却依然萦绕在校园。泪水一如决堤的海，冲垮了何老师的眼眶，她飞奔而出，穿过楼道，冲出校门，紧紧拉住了女孩和她母亲的手，她让女生留下来，她答应会尽最大努力争取学费让女生念完书。

固原是一个回族聚集、经济并不发达的地方，在固原市回民中学读书的学生多数来自乡下，学生因贫困而失学的现象严重困扰着学校。作为一位回族女教师，何老师以良好的道德情操和强烈的民族教育责任感，为贫困学生继续接受教育提供帮助，次数已经无法计算。她总是说：“倾心资助事业，这是我的职责，必须负起责任，不得有任何推卸。”

2003届回族女生小花的父母年龄很大且长年卧病在床，家里缺少劳动力，生活十分困难。沉重的心理负担曾导致该生学习成绩一度下滑，曾想退学回家，何老师看在眼里，急在心里，决心帮助她。她多次找该生谈心，鼓励她要勇于在逆境中成长，她拿出自己的工资，为小花交学杂费，同时送她一些书籍和学习用品。小花被何老师感动了，从此发奋学习，顺利完成高中学业，并以优异的成绩考入某重点大学。考入大学的小花在给何老师的感谢信中这样写道：“没有您，我就没有今大，我将终生感激您！”

然而，失学的学生不断在增多，仅凭何老师一己之力，可谓杯水车薪。

于是，在何老师被推选为学校团委书记之后，她多方努力，积极筹备，经校委会同意成立了“贫困生基金会”，使爱心助学活动得到校内外各团体及个人的大力支持。

2004届学生小浩学习很刻苦，但却由于家庭困难而面临辍学。何老师便积极争取资金资助小浩，使这个原本只是英语突出，其他成绩一般的学生，后来学习成绩直线上升，名列年级前茅，并成为2006年宁夏唯一荣获第二届全国中学生正泰品学奖的学生。小浩的父母及乡亲们非常感激何老师，并为她送来了一面写着“情系桑梓，恩重如山”的锦旗。

通过何老师的积极奔走和广泛联系，2003年至2009年，共有30多个单位以及许多热心人与回中542名贫困回汉学生结成帮扶对象，共捐助款项386840元。正是由于何老师的倾心资助，才保证了学校品学兼优的回汉贫困学生进得来，留得住，学得好，既为贫困回汉学生受到良好的教育搭桥铺路，又为民族团结和民族进步搭建了平台。

2010年，何老师被任命为学校妇委会主任。作为学校妇委会主任，要直接面对占学校一半人数的152名女教工，她深知自己工作经验少，理论底子薄，要做好工作必须下一番苦功夫，才能提高业务能力。为了提高广大女教工的政治素质和思想觉悟，增强女教工爱岗敬业、无私奉献的观念，她首先从自身做起，注重学习外地、外单位妇女干部的先进工作经验，并结合自己的工作实际，研究探讨女教工队伍建设的新路子。由于何老师忘我的投入，持之以恒的追求，学校妇委会工作从此打开了崭新的局面。

(4) 桃李芬芳，独醉于精彩人生

当一步一个脚印走到今天时，鲜花和掌声如同潮水一般，涌向了美丽的何老师。执教期间，她先后多次被学校评为先进教师；2012年，她被选为2012年宁夏回族自治区第十一次党代会代表、党的十八大党代表初选人选。

何老师把自己闪光的青春都奉献给了学生，奉献给了她所热爱的民族教育事业，她用自己平凡的行动诠释了道德楷模的真正内涵。

何老师在20年的教学生涯中，用一种执着而严谨的治学精神，向高等院校输送了一批又一批优秀学生，在三尺讲台上挥洒着汗水，实现着自己的人生价值。她是在平凡中实践教师道德楷模的典范。

当好一名教师，改变学生的命运，可以说是何老师矢志不渝的人生追求。她在自己平凡的工作岗位上一直做着不平凡的事情，用高尚的道德良知，时刻帮扶着那些需要帮扶的学生。如学生小郭家里生活困难，沉重的心理负担让他一度想退学回家，何老师多次找她谈心，不仅拿出自己的工资为她交学杂费，还为她联系了助学金。在何老师二十几年的教学生涯中，这样的事例比比皆是。

教师最基本的职业道德就是努力做好本职工作，爱岗敬业，恪尽职守，把工作做得更好，在教师中起到模范带头作用，影响和号召其他教师。何老师认为，爱岗敬业是教师道德垂范的基础，爱岗敬业对教师做好教育工作有十分重要的影响，并有如下重要意义：

首先，爱岗敬业是乐教勤业的动力源泉。何老师认为，教师只有爱岗敬业，把学校教育工作的开展、国家教育事业的兴旺和自己的命运紧密联系在一起，才能兢兢业业、勤于奉献、淡泊名利，默默地耕耘在三尺讲台之上；而且只有在以苦为乐、甘于寂寞、勤勤恳恳、充当人梯的情况下才能领悟从师的乐趣，才能以从师为荣，以从师为自豪。在爱岗敬业这种精神支配下，教师不会视平凡的工作为平凡，不会视琐碎的工作为琐碎，而是会认真对待教育教学过程的每个环节，于细微处显精神，在小事上下功夫，在简单却又伟大的教育工作中体验实现人生价值的满足感。

其次，爱岗敬业是保持教师队伍稳定的基础。古人云："国将兴，必贵师而重傅，国将衰，必贱师而轻傅。"教育事业的发展，直接关系到国家和民族是否能够兴旺发达、立于不败之地。如果说发展教育事业关乎国家、民族命运，那么保证教师队伍的稳定就是其中一个关键因素。教师队伍的稳定是发展教育事业的基础，为此，只有加强师德教育，促使教师着力修养爱岗敬业精神，培养广大教师的职业责任感、义务感、自豪感和荣誉感，只有当所有教师都具有爱岗敬业精神，任劳任怨，奉献和忠诚于教书育人的大业时，才能使教师队伍得到稳定发展。

第三，爱岗敬业是在本职岗位上有所作为的必要前提。教师能否做到爱岗敬业，是决定他工作绩效的主要因素之一，只有爱岗敬业的教师才能在工作岗位上有所作为。因为爱岗敬业的不懈追求能够为教师正确处理和解决教育过程中的诸多矛盾打下良好的基础，也能够提供必要的前提。

1. 只有爱岗敬业，教师才能积极面对自身的社会责任和社会义务。家长把孩子交给教师的那一刻就注定了教师应履行的责任和义务，这些责任和义务是在综合认识教育发展规律的基础上提出的，是对教师道德最严苛的考量。

2. 只有爱岗敬业，教师才能自觉地、不断地完善自我。任何人都能成为一名教师，但并非任何人都能成为一名道德合格的教师。教师应有丰富的学识，合理的知识结构，能力结构，高尚的道德情操、良好的心理修养……这些要求主要是依靠教师的自我教育、自我修养、自我完善达到的。那么，这些做法的动力来自哪里？来自教师对于教育活动的客观要求与自身素质水平之间矛盾的深刻认识，来自解决这一矛盾的不懈追求，来自深层次的爱岗敬业精神。

3. 爱岗敬业能够帮助教师正确处理各种社会关系，化解各种矛盾，提高工作效率。教师要想取得工作成就，必须要有社会的理解、同事的支持、家长的配合和学生的自觉努力，而“爱岗敬业”精神在这些方面有很大的助益，有助于教师提高工作效率，巩固并不断发展教育事业。

可见，爱岗敬业不仅是教师职业道德的基础，更是成为师德楷模的必要条件。教师该如何在爱岗敬业中展现自己高尚的师德水平呢？

1. 安于平凡，淡泊名利，育人为乐

在教师岗位上，没有令人羡慕的地位和权利，没有显赫一时的名声和财富，也没有悠闲自在的舒适和安逸。只有不求闻达，不慕名利，不慕富贵，甘为人梯，乐教勤业，只有平常人的心态，轻轻松松的心情，默默无闻的敬业精神。尤其是实行绩效工资后，学校的教师更应达到这样的境界。

如果一个教师整天在工作岗位上牢骚满腹，只关心个人名利得失、不肯奉献只问索取，那么“师德”就只能是空话。所以，教师只有在平凡的岗位上做到“淡泊名利”，才能让自己具备敬业精神，进而以教育人为乐，展现出高尚的道德情操。

2. 教书育人，尽职尽责的工作态度

教师的本职工作就是教书育人，因此，教书育人也就成了“爱岗敬业”框架下教师应当履行的道德义务。教师能否自觉承担这一道德义务，完成育人大业，是衡量师德修养高下优劣的重要标准。

说到教书育人，教师首先要坚持面向全体学生。教师只有爱护、教育学生的义务和责任，没有喜欢一部分学生，歧视另一部分学生的权利。教师就是一位拥有众多孩子的母亲，每个孩子都是母亲的心头肉，教师的爱要洒向全体学生。

其次是要坚持促进学生在德智体等方面全面发展，这样，学生才能在教师的教育下，成为多方面发展的人才。近年来，教育专家曾一再呼吁：学校轻视教育要出次品，轻视体育要出废品，轻视德育要出危险品。所以，教师的本职便是促进学生全面发展。

最后是要坚持发展学生的自主学习能力和自我发展的能力。人类已经步入学习型社会，学习已经成为拥一个人一生的事情。作为有职业道德的教师，只有使学生“学会学习”，才能让他们在未来社会中拥有独立生存的能力。让学生“学会学习”是当前教育教学改革中的一个重要课题。当学生的学习成为第一需要，知识成为生命价值，创造成为人生最大的快乐的时候，学生就拥有了在社会生存的真正资本。

教师的职业道德离不开尽职尽责和爱岗敬业。有职业道德的教师同时一定也具备认真负责、精心施教的工作态度。教育过程中出现任何的轻率、差错和随意性，都会给学生造成不良的、甚至是终身的影响。

（3）讲究职业良心，科学施教

教师的劳动很平凡，它没有轰轰烈烈、动人心魄的宏大场面，而是在默默无闻、一点一滴中进行的。教师的劳动十分繁重，难以有严格的时空界限，是一种周期长、见效慢的劳动，也没有“立竿见影”的效应，因此经常被一些目光短浅的人所蔑视。

同时，它又是难以被量化和监督的，同样的一节课，同样是40分钟或45分钟，教师是否认真，是否全身心地投入，教学效果会大不一样，学生的受益也不一样。所以，教师唯有不急功近利，时刻不忘责任，一心想着事业，尽职尽责，出色地完成本职岗位上的教育教学工作，才能很好地完成被赋予的神圣职责。

科学施教，是教师应有的道德素质。一个具有道德修养的爱岗敬业的教师，既要依靠经验教书育人，又要着力总结教育规律，并按照教育规律的要求科学施教；无论备课、上课，还是批改作业、管理班级，教师都要将自己的教育行为置于科学认识的观察之下，进行科学的规划、组织和实施，进行因材施教。

教师的工作不仅包含态度问题，同时包含着探索科学、追求最优教育效果的主体性要求以及有效的教育方法。换句话说，教师的敬业作为一种道德选择，体现着动机与效果相统一的综合要求。

4. 唤醒生命意识，提升生命质量，特殊教育战线上的道德楷模

特殊教育不仅是一种生命的精神活动，更是一种文化责任，其根本使命是要唤醒人的生命意识，发挥生命潜能，引导生命发展，提升生命质量，促进生命的解放和实现。这是昆明市五华区新萌学校体育教师代建荣对特殊教育的理解，也是他准备终身从事特教的信念。

代老师从事智障体育教学 19 年。在学校的培养下，他不断钻研业务知识，探讨特教规律，克服学生病因复杂、运动能力极其低下，教材内容满足不了学生特殊需要等困难，成为一名业务突出、师德高尚的教师楷模。

(1) 灵魂的洗礼和信念的考验

刚进新萌学校时，面对不熟悉的特殊学生，因材施教无从谈起。为了真正了解学生，代老师积极与学生交朋友，尽量在课间和学生做游戏，放学后与高能力学生打篮球，午间还监护学生午睡。特别是午睡，让他从此真正地了解了学生。

上午放学后，代老师经常匆匆忙忙赶到 400 米外的云大食堂打饭，回来的路上边走边吃，到校后把同样吃完跑进教室里边的、跑进厕所的学生一个一个请进宿舍午睡。最难的是季节变换的时候，本来睡得好好的，突然有学生癫痫病发作，大叫大嚷之后口吐白沫，大小便失禁，宿舍里经常一片大乱。夏天也好不到哪里去，和这么多一个多月不洗澡、不换鞋袜的学生睡在一起，很远就能闻到一股难闻的气味，更别说和他们躺在一起了。但代老师下午帮学生穿衣、穿鞋，整理床铺后，还得拖着被学生折腾够了的身体迎接下午的两节课。

两千多个中午过去了，代老师不断碰到癫痫病发作、碰到学生不想上厕所把大小便弄到床上、碰到学生打骂自己的情况，次数多得自己都记不清了，但他都一一进行了处理。伴随着这些辛苦的付出，代老师知道了对癫痫病的处理、问题行为的制止、自闭症的教育方法、唐氏综合征学生的特性……

(2) 满足每一个学生的特殊需要

在教学中，代老师注意引导、培养学生对体育的学习兴趣，根据不同学生选择适合他们的教学内容，满足每一个学生的特殊需要。例如，在练习跑步的过程中，丰富练习内容，多次变换练习的方式，培养学生的兴趣；在练习中采用追球跑的方式，教师抛球学生追，对跑得快的学生老师抛球力量大，跑得慢的抛球力量小，学生们不仅品尝到胜利的喜悦，也收获了成就感，树立了自信，开始相信自己可以克服自身障碍进行体育活动，参与体育运动的兴趣被充分调动了起来。

由于学校场地较小，代老师积极拓展教学空间，充分利用操场、花台、墙面、楼梯等进行教学和康复训练。通过有效拓展教学空间，操场上单调的练习格局被打破了，教学与训练得到了有机的结合，训练的效果也有了较大的提高。

有些智障中的唐氏综合征学生经过代老师的脱敏治疗、感统训练，以及在平地上进行平衡练习、10 厘米高度练习、30 厘米高度练习、50 厘米高度练习后，恐高症逐渐消失了，平衡性和协调性变好了，有的成为了乒乓球运动员。自闭症学生经过代老师的拍球、运球、传球、投篮等循序渐进的训练，变得性格开朗、愿意与人交往了，后来成为了篮球运动员。

代老师将一批又一批走不稳路的、有癫痫病的智障学生培养成了特奥运动员，然而，这其中的艰辛，常人却很难体会得到。

(3) 迎难而上，让智障人成为特奥运动员

代老师一直积极进行特奥（智障体育）训练和推广。十几年来，他将特奥开展的内容由单一变得丰富，他所训练的特奥运动员由高能力扩展到低能力、训练项目由少到多、训练方式由课堂教学转变为课堂教学与训练相结合。

代老师还积极争取社会资源开展项目训练，与港龙航空有限公司进行特奥手拉手活动，获得港龙公司三年的资金支持，搜集特奥项目滚球、地板曲棍球的相关资料，配置器材开展训练，进一步增加了训练的项目和人数，让更多的智障人成为了特奥运动员。

代老师积极组织开展特奥运动中的融合运动、领袖计划、培训和志工招募，并在家长会中融入家庭论坛内容。让特奥运动员与伙伴（普通学生）按

照融合运动的规则进行篮球训练，增强特奥运动员的社会融合性，在训练中获得友谊、获得尊重和自信，并取得了一定了效果。

除了在运动场上挖掘特奥运动员的能力外，代老师还创造各种机会，培养运动员领袖，让他们成为助理教练、学校特奥会的组织者、校外特奥的宣传者，让他们做一些从未做过的事，全面提高特奥运动员的综合能力，他提出的“领袖计划”在基层学校得到了落实。

作为国家级讲师，按照中国残联的要求，代老师参与了云南、贵州、广西三地的特奥教练员培训的授课，在培训他人的同时也进一步提高了自己的理论和授课水平，他抓住与国内同行接触的每一次机会，积极探讨特奥的推广以及解决实际困难的方法、技巧。代老师除完成云南、贵州、广西的授课以及本地区、学校的特奥任务外，还注重与云南盘龙区、东川区、文山、曲靖、昭通等地教练员的交流与指导，为特奥运动遍地开花尽了许多个人的努力。

(4) 科教结合，以科研促进教学

在教学中，代老师善于发现问题，并努力把问题转化为课题进行研究。作为课题负责人他开展了《新萌学校低年级重度智障体育校本课程的研究》《五华区新萌学校校本课程的开发与应用》《智障儿童感统训练方法的应用与开发研究》等课题，还作为主要成员参与了教育部立项课题《云南民族地区中重度智障儿童素质提高的方法和研究》和省教科院立项课题《云南智障学校融合教育研究》，其中《云南智障教育学校融合教育研究》获昆明市五华区科技进步一等奖。将体育教学问题转化为课题研究，促进了体育教学质量的不断提高，智障儿童在体育课中身体素质不断发展，运动技能不断提高，社会适应能力也越来越强。

代老师对特殊教育、对智障体育无私地付出着，他为云南残疾人体育事业作出了杰出的贡献。作为一名基层培智学校的体育教师，他深知，智障儿童的生命发展和生命质量，完全可以在学校期间得到改变和提升，尽管所面临的困难是难以想象的，但他决定要像特奥口号一样：“勇敢尝试、争取胜利”，为了智障儿童的明天，在平凡的岗位上继续播种真情，浇灌理想，让生命之火在崇高的特教事业中燃烧得更旺。

“为什么我的眼中常含泪水？因为我对孩子们爱的深沉，”代老师曾用诗人艾青的诗句来表达他对特殊教育这个职业的理解。“特殊教育面对的是一个特殊的群体，刚到学校时，看到学生因腿部无力而走不稳路，因手指无力而不会吃饭和穿衣，我就有一个简单的想法，决不能让他们一辈子不会吃饭穿衣，走不稳路。”代老师如是说。可见，进行特殊教育的教师更应具备高尚的道德情操，这样才能像代老师一样，想学生所想，急学生所急。

不仅是进行特殊教育的教师，普通学校的教师在教学生涯中也难免会遇到一些后进的学生，面对这样的学生，如果教师不具备包容精神，便很难让这些学生融入到班集体中，教师也做不到对这些学生特殊照顾。轻则，使学生更加自卑厌学，重则可能会毁了他们的一生。

因此，一旦已经从事教师这一神圣职业，就应像案例中的代老师那样，融入特殊儿童的生活，进入他们的情感世界，用自己无私的奉献精神，崇高的道德力量，教育好每一个学生，去发现每个学生身上的闪光点。

特殊儿童通常在视觉、听觉和智力发展方面存在一定问题，通常这类学生群体的生活自理能力都相对较差，心理较为敏感，情感较为脆弱，并表现出对教师较强的依恋性。因此，教师除了完成正常的教学任务之外，还需要付出更多的努力和爱心，具有更强的教育动机和更多的工作投入及情感投入，才能保障特殊儿童身心的健康成长。这就对教师的道德素养提出了更高的要求。

为做到这一点，教师不妨遵从以下几点策略循序渐进地进行：

（1）带着放大镜去发现学生的优点和长处

具备职业道德的教师，需要确立这样的教育观：世界上不存在完全一无是处的学生。如果教师认为某个学生浑身都是缺点，那么一定是他缺乏发现学生优点和长处的眼睛，或者是他根本没有想过用放大镜去寻找学生的优点与长处。

用法国著名雕塑家、美学家罗丹的话说，“美是到处都有的。对于我们的眼睛，不是缺少美，而是缺少发现。”具有师德的教师不应轻视任何一位学生，应认为每一位学生都是可造之材。所以，师德高尚的教师要有一双罗丹那样的眼睛，手拿放大镜，努力去发现学生的优点和长处。

（2）表扬和鼓励要着重针对学生的自尊心

在教育教学实践中，教师会经常使用表扬与鼓励这两种教育手段，以至于“多表扬，少批评”已经成为许多教师的教育原则。但是，以分数为基准的表扬，作为具有职业道德的教师却不应特别提倡。因为事事谈分数、人人谈成绩的表扬，会伤害到那些成绩暂时落后但却有上进心的学生。

要想展现教师的师德力量，就需要把表扬和鼓励的着眼点放在激发与保护学生的自尊心上，让它真正成为推动学生自我提高的动力。

（3）以宽容心对待学生的错误

教师如何对待学生所犯的错误，有不少学问。面对学生的错误，教师需要权衡利弊，争取能做到采取的措施既能帮助学生认识错误，又不伤害学生的自尊心。要保持一颗平常心，不大惊小怪、不横加指责，不断然否定学生的羞愧心，要相信学生能够知错就改。

（4）注意对学生的评价

一个学生的自我概念，在很大程度上来自于他所崇拜的人对他的评价。也就是说教师对学生的看法与评价，会影响学生对自己的价值判断。

所以，有职业道德的教师在评价学生时，要注意做到适当和得体：批评、指责时，不说伤害他们自尊心的话；表扬鼓励时，也不轻易拿某个不如他的学生作参照物，以免被参照的学生产生“指桑骂槐”的感觉而使自尊心受到伤害。

（5）要让学生学会保护自己的自尊

保护学生最好的方法，就是要让他们学会自我保护，培养他们的自我保护能力。特别是那些特殊学生，更需要让他们学会保护自己的自尊，这是作为教师最基本的道德素养之一。教师平时要注意教给学生一些缓和不满情绪的方法，教给他们一些适宜的发泄方法，以缓解他人可能对其自尊的伤害程度。

职业操守 三

以身作则为人师，严于律己做模范

职业操守是从事任何职业的人都应具备的基本原则，它也是决定一个人职业发展和职业追求的重要品质。一个具备职业操守的教师更容易在教育教学中认清自己的发展方向，并明确责任、勤于钻研、追求卓越。要具备职业操守就要求教师要严格要求自己，并坚持用职业标准规范自身行为。注重修身养性，塑造高尚人格，才能安身立教。

陈老师是一所中学的班主任，他的班上有将近50名学生。9月份开学以来，就有家长不停地约他见面，谈上几句孩子的学习情况后，就送上一个红包并祝福陈老师教师节快乐。

陈老师初步估算了一下，这个教师节，他收到的家长礼物估计快破万元了。可是面对着这一个个红包，他却一点也快乐不起来。

“拿了人家的东西，就要给人家办事。”陈老师由此想到了一件往事：

有一年，班上孟同学的家长送来一个红包，然后直接对他说，“孩子视力不好，要坐第二、三排，老师你照顾一下。”对此，陈老师说出了学校的规定，要两周轮换一次座位，但家长仍旧打着哈哈说：“所以需要老师你关照啊！”

要求被关照的家长越来越多……全班50个学生，大部分家长都送了礼。不管是购物卡还是红包，起步价500元，这让有着18年教龄的陈老师有点不知如何是好了。

近年来，教育界“送礼怪圈”逐年形成，尤其是在教师节给教师送礼有愈演愈烈的趋势，很多家长和学生为送不送礼、送什么礼而纠结。在不良风气的影响下，一些教师终于抵挡不住诱惑开始收受礼物，忘了自己的职业操守，开始做出违反教育原则的行为，与师德要求相悖，而且破坏了学校教育生态平衡。事实上，教师不只传递知识，也传递着社会主流价值，包括对学生人生观、价值观、世界观的影响。

在官高爵显、名车豪宅成为人们炫耀成功的名片时，身为教师，能否在物欲横流中保持自我、提高自我、完善自我，保持应有的职业操守，是教师师德修养能否取得成功的关键。

诸葛亮在《诫子书》中说：“非淡泊无以明志，非宁静无以致远。夫学须静也，才须学也。非学无以广才，非静无以成学。韬慢则不能研精，显燥则不能理性。”他明确了养德、治学、修身这三者之间的关系。而要使这三者达到和谐统一，教师首先应使自己具备良好的职业操守，才能在面对各种诱惑时做到淡泊名利、内心宁静。

（一）教师职业操守概述

职业操守是指人们在从事职业活动中必须遵从的最低道德底线和行业规范。它具有“基础性”“制约性”的特点，凡从业者必须遵守。

职业操守是个听上去很抽象但实际上很具体的概念，它并不单指一个道德问题。个人道德也是职业操守的来源之一。如果职业操守集体败坏，会成为一种行业现象，成为或明或暗的行业运作规则，其造成的社会负面影响很大。一个人不管从事什么职业，都应具备良好的职业操守。

1. 教师坚守职业操守的重要意义

教师只有具备高尚的道德情操，才能以身作则。恩格斯说：“判断一个人当然不是看他的声名，而要看他的行为；不是看他自称如何如何，而是看他做些什么和实际是怎样的一个人。”对教师来说，在教育教学实践中，能否以身作则，是教育实践成败的关键。

“其身正，不令而行，其身不正，虽令不从。”教师的文化素养、业务水平、工作作风、性格特征、兴趣爱好、言谈举止等都能对学生产生极大的影响。所以，孔子把“以身作则”当作无声之教。教育家加里宁曾说过：“教师的世界观，他的品行、他的生活、他对每一个现象的态度，都这样或那样地影响着全体学生。”所以，教师应严格要求自己，坚守职业操守，把自己置身于学生的监督之下，时刻检察自己，力求成为学生的表率。

（1）淡泊名利

淡泊名利是作为教师的首要条件，只有淡泊名利，才能摒弃诱惑，滤除杂念，完善自我，升华人格。巴金声明“闭门谢客”，费孝通告示“关门盘点”。他们虽身居闹市，却心远地偏，始终坚持不凑热闹，做真人、行正事，终成正果。如果教师不坚守职业操守，为了区区几元奖金而愤懑不满，为了头上的几顶虚帽而寝食不安，为了寥寥几句批评而郁郁满怀……这样，怎么能培养出知书达理的“谦谦君子”呢？

（2）养心

“结庐在人境，而无车马喧。”教师坚守职业操守，可以使自己情绪安宁，心地澄清，做到居陋室而品高文，处闹市而心无旁骛。

为人师者，善于保持心灵这方净土，才能安心从教，潜心钻研，不断学习、不断进取、不断更新，才能适应社会的发展，才能应对教育的变革，才能培育出社会需要的新型人才。试想，那些由思想僵化、知识陈腐的教师培养出的人才，将如何在社会立足。

（3）养性

静心方可养性，性不和、身不静则百病生。轻则脾性暴躁、情绪不安，“迁怒”学生；重则阴阳失调、百病缠身，影响教学。所以，教师要保持一颗平常心，做到“不以物喜，不以己悲”。

在日常工作中，教师要多些豁达、少些埋怨，多些开朗、少些阴郁，多些乐观、少些悲怜，才能走向宽阔的人生路；才能坦然面对人生的挫折，拓展心灵的空间；才能积极进取，达到“无为而无不为”的自然心境。这一切都源于教师要拥有一颗坚守职业操守的心。

既为人师，当可为人师、乐为人师、好为人师，让学生有行可效、有识可师、有性可摹。教师唯有坚守这样的职业操守，才能把学生培养成有德识、有知识、有品位的高尚的人。

2 教师职业操守的基本内容

教师职业操守是教师在职业活动中所遵守的行为规范的总和。它既是教师在职业活动中的行为要求，又是对社会所承担的道德、责任和义务。教师良好的职业操守包括：

（1）自觉履行教师职业责任

教师要把职业责任变成自觉的道德义务，为培养和造就社会主义新人而无私奉献。教师的服务对象是课程、学生、家长和社会。教育产品具有特殊性，它不仅包括有形产品，还包括伦理道德、意志品质、思想观念等无形产品。要有高的服务质量，就要有过硬的本领，这个本领首先是为师者的品格。

首先，对学生负责。教师要塑造学生的健康人格，为学生的发展打好基础。具体来讲，就是让学生的思想品德状况、精神面貌、人生志向、心理素质、探索精神、分析和解决问题的能力、团队精神、可持续发展能力等在教师的教育、引导下得到较好的发展。

其次，对学生家长负责。

第三，对学校负责。教师的职业形象是学校形象的重要组成部分，教师的言谈举止，会给社会传达各种信息。

(2) 具有积极的教师职业态度

首先，教师要有主人翁的责任感。要有“校兴我荣，校衰我辱”的意识。

其次，教师要有肯于吃苦、乐于吃苦的精神。

第三，教师要有平和的心态。

(3) 自觉遵守教师职业纪律

教师职业纪律就是教师在从事教育活动过程中应遵守的规章、条例、守则等。主要应做到以下几点：

①要有教师意识，并不断强化这种意识，教师为人师表、教书育人是一种本质。教师不是人人都可以做好的。

②要认真学习教师职业纪律的有关规定。教师要多向前看，少向“钱”看；要真诚地对待教育，对待教育对象，加强自我修炼；要用平和的心态对待学校里的一切人和事，多一些实干，少一些牢骚。

③教师要虚心接受批评、勇于自我批评、善于改正错误。要正确评价自己，摆正位置。

④不断提高教师职业技能。教师职业技能集中地表现为教书育人的本领，教书育人活动的效果是教师职业技能的直接反映。

(4) 刻苦钻研业务，不断更新知识

具备职业操守的教师应避免妄自尊大，应虚心学习，不断刻苦钻研业务，更新知识。具体应做到以下几点：

①备课要深，上课要实，作业要精，教学要活，手段要新，活动要勤，考核要严，辅导要细，负担要轻，质量要高。课堂上要给学生自由发挥的空间和表现的自由，最大限度地调动学生的积极性和主动性，充分发挥学生的主观能动性。

②积极研究教育教学规律，主动提高课堂教学效果，要向课堂40分钟要质量。教学与教研本身是不可分割的，教学研究要变被动为主动，学习、提高要变为自我需要。教师不应有自满情绪，一个有所追求的教师会时常反思所走过的路，对照目标，找出差距，利用一切时间来学习、充实自己。学习应当成为有职业操守的教师工作和生活的一部分。常言说：坐吃山空。一辈子只用在师范院校学习到的知识是不能适应教育发展的要求的。一个智慧的教师应善于发现自己的不足。

③要勇于实践，不断创新。有职业操守的教师不能固步自封、墨守成规。教师成长的关键在课堂，并在实践中得到磨练。智慧型教师的成长关键在于实践，智慧和知识不是同一个概念，智慧的核心是在实践中创造性运用知识去解决问题。教师需要用科学的方法，通过有效的教学，取得好的教育质量，而不是仅仅靠时间与汗水。教师也需要实干加巧干。

教师职业操守的内容与其他行业基本一致，但教师职业的特殊性却让教师的职业操守有着更深层次的意义，因为教师要以自己模范的品行来教育和影响学生。“捧着一颗心来，不带半根草去”，教师作为传播人类文明的使者，更应为人师表，严格要求自己，其言行要透出真、善、美，要时时做到言行一致，表里一致，更要发扬“落红不是无情物，化作春泥更护花”的献身精神，用以身立教、严于律己等标准要求自己，在思想、道德、学习、生活等各方面，成为学生的表率。

3. 个别教师违背职业操守的原因

教师，曾被认为是太阳底下最神圣的职业。长期以来，广大人民教师在平凡的工作岗位上，怀着对党和人民教育事业的无限忠诚之心，为人师表，率先垂范，不断修炼人格，锤铸师魂，像蜡烛、像孺子牛、乐于奉献。然而，在市场经济高度发达的今天，教师职业受到了严峻的挑战，一些教师不再恪守教师的职业道德规范，在工作、生活和学习中不断犯错。

（1）崇尚金钱，缺乏公德

如今，一些教师越来越讲究实惠，做什么工作都要讲价钱，觉得合适就去做，不合适便讨价还价，谈到奉献却说奉献值几个钱的话。

在学校里，班主任的工作特别重要，没有了班主任，学校工作将无法正常运行，但由于班主任工作量大，回报少，使得在一些农村中小学校出现了班主任短缺的情况。甚至在一些学校里出现这样的现象：精力旺盛的年轻教师退居二线，而一些年老的教师却肩负着班主任的重任。相反，在一些职业学校和高中里，班主任又是“抢手货”，原因就是在这些学校里班主任的补贴高。

应该说，物质是人最基本的需要，教师在有些场合讲讲价钱是情有可原的，但如果任何事都用钱来衡量显然违背了教师职业操守，因为教师的工作是利在子孙后代的良心工程。

（2）安于现状，不思进取

有人说过这样一句话：“一个中小学老师，在中小学教书的时间长了，就逐渐变成了一个中小学生。”这句话虽然有点以偏概全，但也反映了有些教师在工作中不爱学习、得过且过的现状。常言道：“要给学生一碗水，老师须有一桶水。”如今观点变了，教师不仅要有一桶水，还要有长流水，且要教会学生取水之道。这就要求教师要不断加强学习，积极进取，教师只有具备了丰富的知识素养，才有资格为人师表。如果教师总是“昏昏水养昏昏鱼”，很有可能成为历史的罪人。

目前，教师作为一个特殊的职业，虽然相对来说工资不太高，但还算稳定，再加上有些学校管理不严，在这种环境下就容易滋生教师的惰性，从而使一些教师不再遵循职业操守。殊不知，教育也会“生于忧患，死于安乐”。

（3）玩物丧志，敬业精神不强

“一张一弛，文武之道。”会玩儿并非坏事，玩儿是工作中的润滑剂，它能促进教师更好地工作。但是缺乏职业操守的教师往往本末倒置，以玩儿为主，工作为辅。比如，在有些地方打麻将就成了教师的必修课。

（4）疏于学习，敷衍了事

“活到老，学到老”，讲的是做人要长期学习，终身学习。作为教师，学习尤为重要，教育部门也比较重视对教师的培训，各种培训名目繁多，包括校本培训、班主任培训等，并以记学分的形式强制教师学习，其分数还要纳入教师的履职晋级考核当中。尽管如此，一些教师的学习还是流于形式，只要结果，不管过程。

走进一些教师的书房，除学校配给的教辅书外几乎看不到其他书籍，虽然读书与精神缺失不完全有联系，但一个知识匮乏的人，他的精神世界也不会太丰富。有的教师会说现在不需要买书了，只要上上网什么学不到？这话听起来有点道理，但只要深入他们当中就会发现，面对网络，他们主要是上网聊天、玩游戏。这样的教师群体怎么能担当起教书育人的大任？

面对一些教师违反职业操守的诸多怪象，人们不禁疑惑：这个社会怎么了？教师为什么会这样？如果冷静下来认真地思索、分析，就不难发现，教师职业道德之所以出现怪现象，原因是多方面的：

一是学校管理不到位。一些学校对教师的管理很松，只要求教师上课能到位就行，至于上了一两节课之后，教师到哪里去了，做什么去了，学校不闻不问。学校也很少组织面向教师的业务学习，每周一次的政治学习只是讲些鸡毛蒜皮的事，很少组织教师学习教育政策和法规。

二是学校“执法”不严。明知道教师上班时间打牌、搓麻将，学校却视而不见。长此以往，造成了教师为所欲为，其道德素质怎能不滑坡？

三是教育部门在评价学校时，只侧重教学质量，关注学校升学率高不高，重点高中有几个，全校平均分多少等问题。对于教师，只看教学成绩，对师风师德的评价则无具体的操作方法，只停留在不要出问题，出问题才处理的“治标不治本”阶段。

四是社会大环境的影响。行业之间、学校之间收入差距较大，容易导致教师心理不平衡。

虽然以上种种客观原因会导致教师违反职业操守，但最主要的原因还在于教师的自律。教师是一个高尚的职业，也是深受人们尊敬的职业。教师肩负着为国家培养人才、振兴中华民族的重任，是青少年学习知识、拥有知识、进入社会、报效国家的引路人。因此，教师应加强自身修养，自觉遵从教师职业操守。

（二）名师坚守职业操守案例及养成策略

1. 履行教师职业责任，对学生未来负责

湖南长沙一中知名教师许美良是一个“胸有凌云志，腹有万卷书”的名师，他被誉为“教学战线上最坚强的骆驼”。为什么说他是最坚强的骆驼？或者说，到底是什么样的信念或是理念在激励着他？用许老师自己的话说就

是教师职业操守中的“职责”——一个教师的责任，一个“对学生未来负责”的信念支撑着他在不断跋涉。

新疆吐鲁番的夏季是全国最热的地方，冬季却异常寒冷。为了促进少数民族地区教育的发展，为了传播知识的火种，长沙一中派遣一些教师去了吐鲁番。许老师就是其中一个，他没有半点怨言，在这个沙漠深处一待就是整整两年。

两年的时间里，“对学生未来负责”的职业信念一直藏在许老师的心中。他带领吐鲁番语文组的老师大胆开展教学改革，自己上公开课、教研课达80多次，还常常以传、帮、带的方式，热情地辅导当地的青年教师，并给后进生补习功课。两年来，他所带班的教学合格率为100%，学生评教优秀率为100%。这样的成绩在当地是罕见的，为此，他得到了当地教育局和湖南省教育厅的高度评价。

在艰苦的环境中工作，取得了如此卓越的成就，回来后，许老师却只说了一句：“在新疆工作的两年，我没有给组织抹黑，完成了党交给我的支教任务。”这是一个教师职业责任的完美体现，展现了一位名师高尚的职业操守。

在刚刚调进一中的时候，许老师为了做到“对学生未来负责”，经常向老教师请教和学习，并自觉、努力地去传承一中优良的教育教学传统。为了增强自己的学术涵养，他熟背教材里全部的古诗文，遍阅《古文观止》《史记》《资治通鉴》和唐诗宋词等；为能准确把握命题走向，指导学生正确应对高考，他每年寒暑假都认真地研究高考，做试题、研究试题达120多套。特别是每年湖南省语文考试大纲补充细则一出台，他总是抢先一步找来研究，谋求对策，快速调整教学内容。多年来，许老师一直担任备课组长，曾连续三年承担高三的教学任务，与备课组的老师一起潜心研究教学，为长沙一中语文学科高考成绩一直在省内名列前茅作出了重要的贡献。

由于具有职业责任的敏感和道德良知，许老师一直特别关心在班级中可能受到歧视的学生。他常常在课间休息时有意与孤僻的学生进行交谈；在课堂上，经常鼓励基础不太好的学生参与讨论，争取让他们多回答一些问题；面对在语文学习上有“跛脚”问题的学生，他总是不厌其烦地积极引导。

在培优补差方面，许老师倾注了很多心血，因为他心里始终装着“对学生未来负责”的职业责任。例如，理科成绩优秀的小彭同学，平时语文考试经常不及格，但在许老师的精心辅导下，最后高考语文成绩达122分，并以总分662分名列长沙市理科第三名，最后，被清华大学录取。这是对许老师坚定履行教师职业责任最充分的肯定。

除此之外，在教学中许老师还注重渗透思想文化教育，培养学生良好的人生观、价值观，真正做到对学生的未来负责。例如，在学习《阿Q正传》一文时，当讲到阿Q与王胡比咬虱子这一愚昧表现时，他抓住这点因势利导：“这是阿Q‘精神胜利法’中‘以丑为美’的劣根性。然而，至今还有不少人具有这样的特性。不是吗？在教室里吃早点唯恐飘香不远，喝饮料唯恐档次不高，这不是跟阿Q与王胡比咬虱子一样浅薄吗？还有比‘穿戴’的，看谁的鞋子买得更贵，看谁的头发蓄得更长等，这也是如阿Q与王胡比咬虱子一般的愚昧啊！”许老师经常采用这种方式旁敲侧击、循循善诱地教育学生，帮助他们树立正确的世界观，为学生的未来指引方向。

在长沙一中，像许老师一样认真履行教师责任、坚守职业操守的教师有很多，如优秀教师陈奇志，也是一位学而不厌、诲人不倦、专心于语文教学研究的优秀教师。在教育教学过程中，陈老师本着对学生未来负责的职业责任，自觉践行“生命化教育”的理念，不断地为学生点亮生命之灯。

多年来，陈老师一直带理科实验班，并担任班主任工作。而实验班又是长沙一中的“特区”，有许多特色。其中大多数学生来自外地，还有不少是来自农村贫困地区，这也算是实验班的一个特色。面对这些初次远离父母的学生，陈老师及时给他们送去了母亲般的关怀。

学生小曹至今仍然清晰地记得，一天晚上他突然感觉到阴囊剧烈疼痛，还呕吐不止。因为羞涩，他不敢报告老师。可是细心的陈老师最后还是察觉到了，并觉出了病情非常危急，便立刻送他去医院。考虑到小曹家在新化，母亲已经过世了，家庭经济非常困难，父亲一时无法赶到。陈老师和教练便在医院守护着焦急的小曹，安慰他，稳定他的情绪，还千方百计为他筹集手术费用。后来，听医生说，这种病情如果晚来一步，就可能导致精囊内的血管被阻断，最后睾丸就会发生缺血性坏死，生育功能将会丧失。

高三的时候，学生学习非常紧张，学生小周身体比较瘦弱，常常觉得头晕。为此，陈老师便每天早上给他煮两个鸡蛋，直到他的母亲来到长沙照料他为止。这类的事情还有很多很多，学生生病了，她送他们上医院；天冷了，她就把家里的被子、毯子拿给那些来自农村的困难学生……这些是陈老师对教师职业责任的践行，也是她自身崇高职业灵魂的升华。

关爱每一位学生的生命，为他们的健康成长默默地付出——陈老师一直是这样做的，她认为这是教师最基本的职业责任，展现了她作为一名教师最崇高的职业操守。

许美良老师那骆驼般把全部精力都倾注在教书育人事业上的精神，无论在条件艰苦的边疆传播知识的火种，奏响民族团结的音符，还是在长沙一中近十年的工作，都以朴实的为人风格、扎实的教学功底、丰厚的文化底蕴，给学生和其他教师留下了深刻的印象。许老师的这种骆驼精神正是体现了教师职业操守的终极目标：对学生的未来负责。

教师职业是神圣的，也是崇高的，它不仅为学生点亮了知识之灯，也为学生点亮了生命之灯以及希望之灯。在“对学生未来负责”的教师职业责任要求下，陈奇志老师耐心细致地引导学生取得进步，敏感地察觉学生的细微变化，真诚地品味着教书育人的快乐，严格地执行着教师职责的要求。

他们留下的，并没有惊天动地的大事，有的只是些“润物细无声”的温暖、感化和及时的指点。然而，正是这一处处可贵的细节，彰显着教育的智慧，彰显着教育的力量，彰显着教育的精彩，彰显着教育者完美地坚守职业操守的全过程。

教师的责任不仅是教给学生知识，更重要的是树立他们正确的世界观、人生观、价值观，这些同样是学生走向未来人生的永恒的通行证。只有坚守崇高职业操守的教师才能将这些品质完美地教授给学生，真正做到对学生的未来负责。为此，教师应充分了解学生，深入探究学生的心理，让他们在教师的引领下树立正确的人生观，为他们发一张不断进取的永恒的人生通行证。具体来讲，教师可以采取以下一些策略：

（1）从学情入手研究学生

教是为了学，教也要来自学，教的目的就是让学生“学会”和“会学”。所以，教师要从学生学习的兴趣爱好、学习优势、学习风格、学习弱势、同伴关系、个性特点、家庭背景等不同的角度去研究学生，研究学生学习的状况，并在备课、上课、辅导、复习、作业的各个教学环节都把学情分析作为必备的重要程序，掌握班级整体的、学生个体的已有知识与能力的实际水平，瞄准学生的需要和可到达度来制订教学方案。

从学情出发是遵循对“学生未来负责”的教师职业操守的必要途径，教师只有了解了学生，才能更好地做到知己知彼，才能为他们设计出快捷、有效的成长路径。

（2）从辅导入手，强化责任

学生在学习过程中出现学不会或方法不对的情况，是教师的责任，是教的效果和方法的问题。这就要求教师把学生学的问题与教师教的问题联系到一起，对那些学习困难的学生要“开小灶”，切实做到细心、耐心、有信心。

（3）树立正确的教学质量观

社会对学校的优质教育、办学质量的要求越来越高，在功利因素的影响下，片面追求升学率极有可能成为学校追逐的目标。这是严重违背当前素质教育的要求的，强调建立正确的学校教学质量观是学校可持续发展的一个重要因素。

作为教师，应把“对学生未来负责”作为评价教学质量的重要依据之一，作为评价教师职业操守的重要依据之一，从而树立正确的教育教学质量意识，使自己真正能够关注每一位学生，有效地提高教育教学质量。

“对学生未来负责”可以说是教师职业操守所应达到的终极目标，而且不是一个简单的要求，它有着广泛的外延，需要教师在实际教育教学中不断努力、不断实践才能更好地实现，从而完美地履行自己的教师职业责任。

2. 追求卓越，展现积极进取的教师职业态度

在北师大附属实验中学，积极响应“做教育事业的执着追求者”号召的教师比比皆是，最后，他们都成了成绩卓著的名师。宋琳老师就是其中一位。

宋老师是北师大附属实验中学的语文教师，也是校级学科带头人。她知道，当前语文教学处于非常尴尬的境地：缺少良好的语文学习环境，课堂教学效率有待提高，教学改革任重道远。但是，面对这样的窘境，宋老师并没有退缩，而是经过自己的不懈努力和执着追求，提出了一些非常有见地的对策。

2002 年，宋老师开始担任北师大附属实验中学的一个实验班和一个普通班的语文教学工作。通过摸底考试和其他渠道，宋老师对学生的语文学习状况有了初步的了解：普通班基础很差，摸底考试位列年级最后一名；实验班情况好一些，但比起普通班也无明显优势。两个班均有大批学生对语文学习没有兴趣，即便是一些成绩较好的学生也说，是为了考试才硬着头皮学语文。至于成绩不佳的学生，对语文更是怀有畏惧或是反感的心理。学生的作业中频繁出现错别字，不少作文空洞无物，词汇贫乏，言行中表现出对传统文化的无知……

当学生学习语文处于困境时，宋老师首先想到的是一种责任，即对教师职业操守的坚定追求：学校培养的是传承民族文化的现代精英，不了解母体文化，不热爱语文，“传承”“精英”又从何谈起呢？这时宋老师就想到教师应该具备的基本职业操守——做教育事业的执着追求者。具体而言，就是要不断探索语文教学的方法，通过自己的执着追求展现教师高尚的职业操守，让语文走进每一个学生的心里。

开学之初，宋老师要求每节语文课前必须让一名学生作5分钟的演讲，题材上没有太多的限制，选取自己感兴趣的话题即可，在演讲结束后由教师或学生进行点评。就这样，“‘人比黄花瘦’——我眼中的李清照”“我喜欢的三国人物”“志摩的诗”“《魔戒》与《西游记》”“‘二战’题材的电影”“失重现象趣谈”“‘9·11’事件的背后”“杰克逊的歌”“说说刘宝瑞”“姚明现象”等话题层出不穷，包罗万象，内容异彩纷呈。

结果自然是可喜的：每位演讲人都积极准备，删改数稿，反复排练，在文字表达能力和语言表达能力得到充分锻炼的同时，也锻炼了思维能力；“听众”既学会了倾听，又可以获取新知，形成有效的积累；教师的点评则形成了师生互动，同时增强了情感交流。

语文教学如果从一开始便引起学生的兴趣，就意味着迈出了成功的一步。三年来，宋老师掌管着朗诵课、写作课、讨论课、研究成果汇报课……课堂教学形式的丰富，始终激发着学生学习语文的积极性。

在课堂教学之余，宋老师还不断探索，努力拓展课外学习的空间，利用课外语文活动大力度地激发学生的学习兴趣。宋老师先后组织学生排演了话剧《雷雨》《水浒》《红楼梦》等。学生的演出得到了“观众”的一致好评，为此全班还形成了一股读经典名著的热潮。不少学生还自行排演了很多微型话剧，颇具创新精神。

在高二宋词单元的教学中，宋老师组织、带领学生分小组对宋词进行了专题研究。同时还配合年级组和备课组，组织了师生同台的题为“词韵金声”的高二年级唐诗宋词朗诵会。

有时宋老师还组织观摩经典名著改编的影片，探讨语言与文化现象，进行《〈哈里·波特〉魅力之所在》《从服装流行趋势看二十世纪中国社会变迁》《现代人通讯方式的选择》等跨学科的研究性学习……

如此丰富的课外学习活动，让学生在自觉或不自觉中对语文学习产生了兴趣，更有一部分学生深深地爱上了语文。成绩和荣誉的背后，不知倾注了宋老师多少的心血，而这一切都与她对教育事业执着追求的职业操守息息相关。

宋老师的经验固然有她个人学术素养的因素，但更与她对教师职业操守的坚守分不开。“做教育事业的执着追求者”，这是一句多么朴素又多么高要求的话语，这难道不正是每一个教育工作者所应做到、每一个学生乃至家长都希望看到的吗？然而，在现实社会中，有些教师并没有真正认识到这一点，或者只是做表面功夫，并没有从内心去追求这种职业道德境界。

作为教师，要具备良好的职业操守，应忠诚于自己的岗位，忠诚于自己的学校，同时还应忠诚于自己的学科，忠诚于自己的学生及家长。教师应立足于本职工作，埋头苦干，在自己的工作实践中，把积极进取和扎实工作结合起来，把工作热情和科学态度结合起来，让自己的高尚职业操守在追求卓越中得到展现。

（1）爱岗敬业——执着追求的基石

对于教师来说，爱岗敬业是教师职业操守的根本问题。而遵循教师职业操守是教师最重要的素质，也是教师之灵魂。一方面它决定了教师对学生的热爱和对教育事业的忠诚，也决定了教师对教育事业的执着追求和高尚的人格；另一方面，它也直接影响了学生的成长。

做教育事业的执着追求者，首先应做爱岗敬业的模范，带头转变教育思想和观念、更新知识结构、提高教育教学水平，也要自觉加强思想建设，不断提高师德水平，培育高尚的师德。

（2）锐意改革创新——执着追求的展厅

素质教育的重点是培养学生的创新精神和实践能力。要培养创新人才，教师首先就要有创新精神、创新意识。那种因循守旧、按部就班，照搬别人的经验和办法，不注意发现和研究教育工作中的新问题、新现象，不能跳出定式和习惯的教师，是培养不出创新人才的。

教师要做教育事业的执着追求者，应从改革创新做起，在认真贯彻教育方针、依法执教的前提下，带头紧跟时代步伐，解放思想，转变教育观念，积极实施素质教育；在教学活动中努力探索，不断优化教学手段，改进教学方法，更新教学内容，形成独特的教学风格；建立民主、和谐、平等的新型师生关系，尊重学生的个性，保护学生的好奇心、求知欲，培养学生的创新精神和创造能力。

（3）大力团结进取——执着追求的航灯

教师工作的整个过程都体现着一种合作性，包括教师与学校领导的合作，教师与教师之间的合作，师生之间的合作等。教师只有学会合作，才能明确自己进取的方向，才能找到执着的航灯，使自己的追求能为校所用、为师所用、为生所用。

教师要做教育事业的执着追求者，应从团结进取做起。教师应自觉成为团结进取的模范，主动与学校领导做好沟通，勇于承担学校安排的教学任务；与同事相互配合，共同做好对学生的教育，使学生得到全面的发展；取得学生的支持，建设良好的班集体。

教师是人类灵魂的工程师，不仅要有精湛的教育教学艺术，而且要有高尚的职业道德操守；不仅要成为知识的传播者、智慧的启迪者，还要成为精神的熏陶者、人格的影响者和道德的建设者。所有这些的立足点就是教师要“做教育事业的执着追求者”，永远追求卓越。

3. 塑造高尚人格，自觉遵守教师职业纪律

江苏省姜堰市励才实验学校的张瑛老师在拒绝有偿家教，自觉遵守教师纪律方面，为广大教师作出了表率。

张老师认为，从客观上讲，当今社会，一般情形下，只有大学生才可能有发展的天地，而选拔方式又只有一个，于是，“千军万马”必然要去过“独木桥”。面对应试，以班级授课制为唯一教学方式，任何学校都不可能保证学生水平达到统一；可是，考上大学又是每个学生及家长的需要——于是，家教市场应运而生。一对一的面对面教学，尽管也不能保证所有被辅导者都能考上大学，但这种方式确实更能因材施教，因而能让更多的学生考上大学。这一切看起来都是合理的：有偿家教是应市场要求而生的；教师自己获利的同时也帮助了他人，利人利己。然而，事实上，有偿家教的本质是学生把教师请到家里购买他的知识。这就完全违背了教育，特别是义务教育的宗旨。

张老师认为有偿家教的负能量主要体现在以下三个方面：

(1) 影响教师正常的教育教学工作

有偿家教应该是副业而非正业，但如果不予以制止，有的教师则可能将其当作正业，而把完成学校教学任务当成副业。主要表现在：一是利用上班时间搞有偿家教，比如利用晚自习辅导学生的时间搞有偿家教；二是占用大量应该用于备课和批改作业的时间进行有偿家教。有的教师因为搞有偿家教而得不到应有的休息，上班时间精神不佳，影响教学效果。这都是不允许的。

(2) 有偿家教会导致教师职业道德丧失

对教师而言，辅导学生包括在课余时间为后进生补课，都是教师职业范围内的事情。如果允许教师给自己的学生做有偿家教，会使一些师德低下的教师在正常教学时间内不去关注“后进生”，然后在课后通过有偿家教对他们进行个别辅导。甚至还有教师在课堂上不教授相关内容，只在补习时讲，这些让社会逐渐对教师的师德失去信心。

(3) 有偿家教会增加家长经济负担

现在的家教费存在暗箱操作的问题，这为一些教师漫天要价提供了机会。有的人认为，既然是市场经济，那就是“周瑜打黄盖，一个愿打一个愿挨”，两相情愿的事，别人管不着。

事实上，这种看法是不正确的。在市场经济条件下，合理公正的价格体系是建立在良好的多元选择机制之上的。由于种种原因，现在学生对家教老师的选择却是非常有限的，因此，一些高得离谱的家教费是家长“被自愿”付出的。而有偿家教，既增加了家长的经济负担，又妨碍了正常教学秩序，还导致师德的滑坡。

对此，张老师认为，在拒绝有偿家教方面，教师应自觉遵守教师纪律，用正能量体现出教师职业的神圣。

张老师认为，有时生活简单也是一种幸福。人生并不需用太多的装饰来让自己变得富丽堂皇。外在的东西少了，内在的东西自然就会慢慢地丰富。除了上班、娱乐、休息之外，作为教师一定要留点时间给自己的思想。

明亮的教室、和煦的微笑、智慧的谈吐、明亮而专注的眼睛……这就是张老师理想中的课堂。张老师希望在三尺讲台上授人以渔、春风化雨，让学生们在愉悦中得到知识与能力的提升。

从教 12 年来，许多家长向张老师提出过在课外为学生有偿补习的要求，但都被婉拒了。不过，张老师总会用其他方法来帮助那些在语文学习方面真正有欠缺的学生。

有一次，中考一模考试前，学生们都在紧锣密鼓地复习迎考，他们班有一个学生却感冒发热，不得不连续三天用最后一节语文晚自习的时间去医院挂水。耽误了三堂语文课，这个学生和他的家长都非常着急，家长打电话告诉张老师，如果能用周末的时间给孩子补一下课，他们将表示感谢。张老师回绝了他的要求，同时也向家长保证，一定会在学校将他落下的课补回来，请他们放心。

后来，张老师用课余、“晚辅”和晚自习后的时间分四次给这个学生讲完了落下的知识。看着学生整整齐齐的笔记和开心的表情，张老师也松了一口气。

还有一次，一个家长给张老师打来电话，说想在周末将孩子送到张老师家来“开个小灶”补习阅读理解。

张老师为他分析了孩子的学习情况，告诉他没有补习的必要，只要作一些针对性练习就行了。回绝了家长后，张老师在家里找出以往收集的练习题，勾画出一些题目交给这位学生，让他每天抽空完成后交给老师检查、讲解、再订正，反复几次后，他做题的正确率有了很大的提高。他对语文学习也有了更大的兴趣和更加充足的信心。

中考结束那天，送走了学生，整理好教室后，张老师也轻松下来。当她准备回家，走到学校门口时，门卫对张老师说：“张老师，有你的礼物。”

张老师十分惊讶地接过来，打开一看原来是一个紫色的沙漏，盒子里面有一张小小的卡片，卡片上有着工整的字迹：“张老师，您是一个好老师。时光会如这沙一般流逝，但我永远不会忘记您的谆谆教导。”署名是“您的一个学生”。看着这张小小的卡片，那一刻，张老师教学初三一整年累积在心中的辛苦、压力、疲惫和抱怨都消失殆尽，心中只有感动和幸福。

张老师说：“实际上，很多老师做有偿家教是‘身不由己’。是的，我们应该理解家长望子成龙的迫切愿望，我们应该同情学生背负的巨大竞争压力，我们不反对教师满足自己生存需要的同时，有权利追求更好的物质生活享受。但是，我们不能因为理解而去利用这种‘理解’；也不能因为同情而失去应有的理性；更不能因为要追求更好的物质生活享受而不顾原则。正如白岩松所说：面对教育体制的缺陷，我们可以无能为力，但绝不能推波助澜，让家长、学生和教师都成为教育体制的牺牲品。”

作为教师，张老师深深明白，教师的任务是“教书育人”，我们不是教育一个人，一群人，而是这个社会的一代人。教师的职业很特殊，因为他们从事的教育事业，是一项开智启蒙、传承文明、塑造人格的伟大事业，教育是一棵树摇动另一棵树，一朵云推动另一朵云，一个灵魂唤醒另一个灵魂。教师的使命在于用人格孵化人格，用智慧点燃智慧，用生命影响生命。教师要甘为人梯，引领未来。古往今来，一代又一代的教师默默无闻地奉献着，点燃了一盏盏智慧的明灯，照亮了人类历史的进程，教师也因此被赋予了崇高的道德内涵，被誉为“人类灵魂的工程师”“太阳底下最光辉的事业”“辛勤的园丁”。教师的内心应留一方圣土来栽培花朵。

如果教师进行有偿家教，给教育事业涂上功利化、商业化的色彩，使教师职业蒙上“拜金”的阴影，那么我们怎能成为学生精神的导航者呢？我们很有可能会教育出智力上超群但精神上垮掉的一代人，而这一代人将是我们这个社会的未来。

教育是义务而不是有偿，教育是公益而不是功利。作为教师，张老师真诚地希望每一位同行都能对有偿家教说“不”，为社会的未来撑起一片纯净的蓝天。

如今，人们面临越来越多的诱惑，其中多数来自于金钱。关于对待金钱的态度，作为教师，不妨探索一下自己的内心。如果你把金钱看得高于一切，那么最好还是远离与公共利益有直接相关的行业。因为金钱观会使你处于一种危险的状态，就像是一个怀揣火柴和汽油的人走近了干燥的谷草堆。

教育是一个与公众利益密切相关的行业，教师更是这个行业中神圣的职业。所以，社会对教师有着更高的要求。要做一名好教师，首先就要远离铜臭，不要让自己因为金钱而违反了教师职业道德，失去了教师最起码的职业操守。教师只有内心安宁，才是最大的财富。教师也只有怀着这份安宁，才能踏踏实实地在自己的岗位上做出骄人的成绩。

古往今来，无数事实证明，单纯用金钱是不能换来心灵的安宁的。所以，作为教师，要时刻提醒自己做好本职工作，不谋私利，拒绝铜臭的诱惑，做一个高尚的人。

教育是一个长期的过程。在这个过程中，教师的言行举止都会对学生产生影响，无论是正面的还是负面的，这个影响都不可能为“零”。一般情况下，从学生走路、说话、写字等表现中，都能找出某个教师的影子，正如“随风潜入夜，润物细无声”那般。所以，遵守职业操守的教师会非常注重让自己脱离低级趣味，做一个真善美的代言人。

如果教师在教育学生的过程中只是单一地要求学生如何如何，自己却完全不遵守要求，这样是难以令学生信服的，教育效果自然也会大打折扣。

学高为师，身正为范。案例中的张老师正是因为时刻注意遵守教师职业纪律，才能让自己的生命融入教育事业中，使生命和使命同行，才能使其人格散发出耀眼的光辉，成为教师职业道德的楷模。

教师要想不违反职业纪律，做有职业操守的好教师，应做到以下几点：

（1）热爱学生，依法从教

教师只有热爱学生，才会依法执教，无微不至地关心学生的健康成长；才会爱岗敬业，乐于奉献，竭尽全力地去教育学生；才会自觉自愿地约束自己，规范自己的言行，更好地做到为人师表、廉洁从教。

“学高为师，身正为范。”教师的身正，在德育中尤为重要。其身不正，何以为师？教师是文明的使者，是人类灵魂的工程师，作为“授业解惑”之人，更应为人师表，以自己的高尚人格和模范行为来感染、影响并规范学生。教师只有完善自身素质，才能让学生从中吸取有益的营养。

（2）公正执教，关爱学生

教师在教育教学活动中要公平、公正地对待每一个学生，做到公正执教，这是廉洁从教的基础。教师绝不能因学生性别、智力、家庭状况、学生家长情况等差异而采取不同的态度和情感模式。教师从教的公正性，能充分反映教师人格的崇高性。

尤其在对待后进生转化问题时，教师一要有爱心，二要有信心，三要有耐心。只要教师用爱心、宽容、理解、人文关怀去善待学生的每一个错误，适时表扬和鼓励，并教给学生做人的道理，相信每一个学生都会取得成功。

（3）献身教育，为人师表

教师工作的性质是教书育人，每一位教师都应树立正确的幸福观，提高自己的认识能力，把教育作为一种崇高的事业，乐于奉献，为世人作出表率。

陶行知先生一生以“爱满天下”为座右铭，正是为了祖国的未来可以产生无数的“瓦特”“牛顿”“爱迪生”，将满腔的爱都尽情赋予了学生。教师虽然两袖清风，一无所有，但同时教师却又很富有，因为教师拥有无数学生的爱的回报。

（4）自我约束，廉洁从教

教师做到廉洁从教，除了法律法规的约束和社会舆论的监督、引导外，主要靠教师自身用廉洁的标准进行自我约束，自觉保持清廉的作风，这是杜绝教师违反职业纪律最深厚的思想基础。

学生是祖国的花朵，看看他们的眼睛，如星星般明亮，如泉水般清澈，是那样纯洁。在这样的纯洁面前，哪怕说错一句话都是对他们的亵渎；在那清泉般的眼神里，更多的是对教师的无比信任。所以，每一位教师都要廉洁从教，为人师表，以自己的高尚品行和聪明智慧，教书育人，提高学生的全面素质，将自己的美好形象永远留在学生的心里；使学生从小就懂得什么是真善美，什么是假恶丑，从而逐步懂得做什么样的人和怎样做人。

时代在变，观念在变，课程在变，教师工作的行为方式也在变。但是，教师的理想信念却不能变，宗旨意识不能变，职业操守不能变，教师美好的心灵和高尚的人格也不能变。“教育是事业，其意义在于奉献；教育是科学，其价值在于求真；教育是艺术，其生命在于创新。”为了教育的理想，为了理想的教育，教师应积极塑造自己高尚的人格，为彰显师德风范作出自己的贡献。

4. 刻苦钻研业务，不断更新知识

现在的学生最欢迎什么样的老师？这个问题，恐怕没有几个人说得清楚。学生的答案一定形形色色、意见不一，但大致可以概括为两点：教师应具备渊博的知识和高超的教学手段。

渊博的知识和高超的教学手段来自教师平时的积累和刻苦钻研，而要做到这两点，教师就要具备坚定的职业责任、义务和态度，只有具备良好的职业操守，教师才会不满足于现状，从而为更好地为学生服务而努力。清华附小副校长、特级教师窦桂梅在这方面堪称楷模。

窦老师知名度很高，她先后获得全国模范教师、教育系统劳动模范、全国师德标兵、十大杰出教师提名奖等称号。窦老师取得这些成绩，可以说与她坚定的职业操守分不开，因为有了更好的为学生服务的职业理念，她才会形成终身学习的动力。

她认为，教师成长固然有赖于好的环境，但更重要的是取决于自己的心态和作为。社会是课堂，实践是砺石，他人是吾师，自身是关键。只要具备务实肯干、积极进取、开拓创新的教师职业态度，就会在现实生存的土壤中找到自己的生长点，并以自己的成长影响周围的人。从这个意义上说，谁来给教师良好的成长环境？是教师自己的学习力。

窦老师来自农村，是那片沃土把执着追求和脚踏实地的学习精神植入她的生命——她坚信，要自强不息，要奋力拼搏。不管在哪个单位，从事哪门教学，只要对教师这个职业有热爱之心，只要埋下头来认真学习，追求成长，任劳任怨，必能成为业务骨干，做出成绩，彰显存在的价值。

1982 年，15 岁的窦老师走出山村，走进吉林师范学校。4 年后，她以优异的成绩毕业留校做文书工作。同学们很羡慕，她自己却不情愿——既然学习了 4 年的师范，就该成为一名好教师。几经周折，她终于被改派到吉林市第一实验小学。由于分配太晚，她被安排到教务处做辅助工作。在这个岗位，她一干就将近 5 年，先后教过语文、音乐、数学、美术、自然常识、思想品德几门课程。每一次代课，她都全力以赴。代数学课时，她所带班级成绩名列前茅；代音乐课时，上过大型公开课。但她感觉自己还是喜欢语文，而且语文教学也能更好地丰富她的底蕴。所以，几年里她没有停止过恳求领导，要求岗位更换——教她最喜欢的语文。

1991年，窦老师终于如愿以偿。“打杂”的5年，使她开阔了眼界，在学习中积累了经验，综合素质得以全面提升。她也会不自觉地把音乐、美术、多媒体、信息技术等形式整合到语文教学中。

小时候没有读过多少书的窦老师，当上教师以后觉得腹中空空，于是把书籍作为自己成长的养分。后来，上网阅读也成了她学习的一部分。无论工作怎么忙，她都挤出时间学习。教育名著、文学经典等各类书籍占据了窦老师家里四面的墙壁。《南方周末》《人民教育》《书屋》等报纸杂志也成了她生活的伴侣。

从23岁到32岁，是窦老师作为居家女人最为辛劳的时期，但她却利用9年的时间，从函授的专科一直读到师大研究生课程班。记得报考中文函授本科的时候，她每天下午5点钟到师范学院进行补课学习，晚上9点钟到家后，再给自己的孩子做第二天上幼儿园的菜，有时还要备课，或者给学生改作业。之后，她再复习成人高考的内容，直到半夜才睡觉。半年下来，她以第二名的优异成绩考上了中文函授本科。几年来，窦老师记下了20多万字的读书笔记，500多万字的文摘卡片。

日积月累，书读得多了，听得也多了，窦老师越来越感悟到：课堂教学是一门艺术，有领导、专家指导的公开课更是提高教学水平的快车道。于是她找到校长要求上公开课。工作了30多年的李校长，从没有见过自己争取上公开课的教师。他告诉窦老师，要先在年级组内练练再说。于是年级组的教研活动，她都特别积极地参加。除了年级组内老师的帮助外，她还三天两头请领导、专家听课，每一次接受领导评课她都郑重地把本子打开念道：“上节课里您告诉我有以下几条缺点，您看这节课我改了多少。第一条……第二条……”她经常用录音机把自己的教学过程录下来回家细听，把发现的问题记在心里，争取在下堂课改进。

1992年，窦老师终于有了一次上公开课的机会，执教《王二小》。备课时，一次次教学设计，一次次试教，推翻了，再重来……第二天就要上公开课了，下班后她一个人留下来做最后一次试讲。在她眼里，那一排排空空的座位就是她可爱的学生……由于太投入，窦老师竟忘了去托儿所接孩子，托儿所阿姨等不及了，把孩子送来，可是课还没讲完——于是她一手抱着孩子，一手拿着粉笔继续演练……由于巧妙的情境营造，生动的语言感染，真诚的师生交流，加上《歌唱二小放牛郎》的感人歌声，打动了所有学生和听课教师。从此，窦老师一炮打响，于是，她有了更多的机会在市级、省级公开课中去历练。

平时，窦老师都努力把每一节课当作公开课来要求自己。久而久之，她的课堂教学水平明显提高。1995 年和 1997 年，她先后代表吉林省参加全国小学语文教学大赛，均获一等奖。

在学习中不断积累已经成为窦老师的自觉行为。在琐碎繁杂的工作之余，她都会努力挤出时间写教学随笔、教育心得，哪怕是几十个字也赶紧记下来。另外，她在“教育在线”网站经常粘贴自己的“豆腐块”文章，以便和网友交流。几年写下来，积累了 100 多万字的教育教学笔记，出版了《为生命奠基》《我们一起成长》《窦桂梅阅读教学实录》等个人专著。

在清华附小的两年中，窦老师和教师们一起大胆实践、勇于尝试，每一次听课后都给教师评课，努力做到优点说透、缺点不漏、策略给够。到年底听了 500 多节课后，她给 76 位一线教师，每人写了一封长信，结集为《教育的对话》——总结她和教师交流中的收获和思考，并发给他们作为她的工作总结。这种交流的方法让教师有了一些感触和思考，她和他们在对话的过程中彼此了解、共同鼓励、一起成长。

通过自己的实践，窦老师认为教师的专业发展首要的是教师要有自我专业追求，正确的职业信念就是稳定的动力。教师的自我专业追求如果内化为信念，就不会被消解，而会形成坚毅、持恒的职业信念。追求就在自身的土壤中，一旦拥有它，生命的种子就会迸发出无限潜能，生根、发芽、开花，结出丰硕的果实。

窦老师认为，教师仅有专业追求是不够的，还要在行动上拥有专业学习探索的精神。作为语文教师，她认为要冲破以教材为中心，以课堂为中心，以教师为中心的束缚；只有心的樊篱超越教材，超越课堂，超越教师，引导学生进行语言的积累、生活的积累、情感的积累，才能为学生的生命成长奠基，为中华民族的文化复兴奠基，这是语文教师的历史使命。

窦老师在学习中不断超越教材、超越教师、超越课堂，不断积累知识，更新观念，超越习惯，超越传统，超越自我本能的、知识的、智慧的极限，从而实现自我审美、自我创造的过程。凭着全心全力的学习付出，窦老师登上了事业的一个又一个新台阶。1998 年，她被吉林省评为教改典型；2000 年，省教育厅为她召开了“窦桂梅语文教改成果展示会”；2001 年 10 月 24 日，窦老师作为教育部更新教育观念报告团的主讲人，走进人民大会堂，作了《为生命奠基——语文教改的三个超越》的专题报告，《人民教育》对此全篇刊发。

教师的职业特点要求教师不断更新知识以适应时代和学生的需要，教师理想的风筝要想飞得高远，学习实践的绳索就要变得更加柔韧。窦老师说，教师专业探索表现在“思想的技术”也好，“技术的思想”也罢，都必须是“紧贴地面而行”，与其描述千万遍花儿的美，不如让自己在不断学习中一瓣一瓣地开放。唯有脚踏实地地学习，刻苦钻研教学本领，教师才能适应自己的职业，才能不断完善自己的职业操守，在自己的职业天地中游刃有余，并最终成就一番天地。

窦老师认为，教师是否愿意花时间在学习中反思自己的工作，是教师是否具有职业专业素养的标志。没有最好，只有更好，学海无涯，艺无止境。教师的专业追求、专业探索、专业提升，要靠不断的学习与反思实现，教师要学会在言说和行动中思考，在反思批判中成长。她认为，这是需要教师时时温习的功课。为此，窦老师对更新知识的重要性总结出了以下几点：

首先，读书一生。一名具备职业操守的教师的知识结构应当由三块组成，即精深的专业知识，开阔的人文视野，深厚的教育理论功底。古典文学修养和哲学修养的不足，决定了她要以为学生生命奠基为追求，必须靠读书学习进行自身的弥补和进修，要像永不干硬的海绵一样不断地吸收和纳取。

其次，宁静致远。教师职业不是靠培训成长起来的，更不是靠检查、评比造就的。教师很苦很累，各类名目繁多的学历进修，课改通识培训，市级的、省级的甚至国家级的教学比赛等，压得教师喘不过气来。教师自由发展的空间，已被剥夺殆尽——整天忙着读人家的“书”，自己的“书”却没有读。这种过重的外在负担将导致“肤浅后遗症”。因为此，与其忙忙碌碌，不如围绕自己的特色钻研下去，并深化、细化，创造属于自己的心灵财富，在浮躁的现实中寻求一份属于自己的宁静心境，并置身其中，朝着理想的目标默默地努力，静静地成长。

第三，以写促思。写作不仅是教师积累经验的一种方式，更是逼迫自己勤于阅读和思考的强劲动力。因懂得这些，她虽工作辛劳，文笔稚嫩，但仍坚持用文字记录自己的教育生活，让忙碌的她不断与宁静的她进行对话，让冲动的她不断接受理智的她的批判，让实践的她不断接受理论的她的提升。

第四，海纳百川。窦老师认为，无论是现在还是过去，谁走在我的前面，谁就是我的老师，包括学生，尤其是那些老教师——敬业、博学、钻研、激情、严谨、刻苦等教育传家宝，已经成为“通向现在和未来美好教育境界的阶梯”，引领在当今课程改革的前沿。教师应永远铭记他们，同时，在今后的工作中时时记得向周围的教师学习。

教师不可能是全知全能的，尤其是在这个“知识爆炸”的时代里。所以，有职业操守的教师应该是一个不断充实自己、学习新的教育观念和教育方式的勤奋者，是一个使自身素质不断提高的勇攀高峰者。教师只有站得高、看得远，才有可能使自己成为一个有职业素养的教育者。

教师要想让自己的职业有所发展，就应让自己成为一个爱学习、懂学习、善学习的人，并不断刻苦钻研教育教学方法。作为现代教师，在培养职业操守时，不仅要求教师要有渊博丰富的知识，更重要的是要做学习型教师，乐于学习，善于学习，并学以致用。教师只有不断更新自己的知识，才能不断获得营养得以滋养壮大，适应时代飞速发展的需要，永远立于时代的潮头浪尖，只有这样，才能走在教师职业发展的潮头，让自己的职业操守熠熠生辉。

公平公正 四

心底无私，让每个学生都成功

公平公正的教育要求教师一视同仁地对待每一个学生。践行公平公正的理念，要求教师在教育教学中尊重学生个性差异，选择适合学生的教学策略，实施个性化教育。同时，给每个学生同等的教育机会，实现教育起点、过程和结果的公平，从而创造和谐的师生关系、营造和谐的课堂氛围、实现教学的高效化和学生的全面发展。

中午，某老师刚一到校，就接到班长告状，说小月把涂改液往她身上抹。该老师一直不太喜欢小月，因为他是个懒散、废话很多、学习成绩又不好的学生，对班里的事也不关心。于是，老师气不打一处来，抓住小月就严肃地问："小月，你是不是在用涂改液往同学身上抹？"小月说自己用的不是涂改液，是粉笔水，而且是班长先惹他的。

由于老师对他的印象一直不好，认定小月是在狡辩，便厉声地批评道："又和我撒谎，再说不是涂改液！去，叫你家长来！"小月委屈地流下了眼泪，但老师还是不放过他，非要他回去把家长叫来将此事说清楚，事情越闹越大。最终，小月由于受不了老师对他如此不问青红皂白的不公正对待，再也不想上老师的课了，他的父母也只能选择为他转学。

一些教师判断学生时习惯"先入为主"，在好学生与差学生闹矛盾的时候，往往会将"正义"的天平往好学生身上倾，往往不经过调查，只凭自己主观臆断，便将责任都往差学生身上推，因而造成教育的不公平，这样往往会伤害一些学生的自尊。公平公正地对待每一位学生，尊重每一位学生，应该是对每一位教师职业道德最基本的要求。

教育是一种心灵的艺术，教育的对象是学生，是活生生的人，教育过程不仅仅是一种技巧的施展，更是一种充满人情味的心灵交融的过程。有了人情味，教师才不会用学习成绩的好坏来评定学生，才能做到对学生都一视同仁。

由于教师的整体素质参差不齐，使得一部分教师对学生不能做到真正的平等，学生在他们的眼中始终存在着差异。那些学习成绩好、遵守纪律的学生，教师给予的关心较多；而对"后进生"，一些教师往往不是训斥，就是置之不理，不是冷眼，就是放弃。他们对"后进生"缺乏耐心，也没有恒心，也就使得“后进生”变得自我轻视、自暴自弃。如下例：

学生毕业了，最后一次作业是要他们写一封信给自己任教的老师。其中有一封信写到：老师，大概是我变了，才引起了您的注视，在您的眼神中透露出了一种似乎“我太刺眼”的味道，认为我无药可救了！

原来，刚进校时，他喜欢扯老师的头发，那是他喜欢老师的表现。初三来了，学习任务重，作业多，而他仍然是那样顽皮：上课喜欢与同学说话，不爱做的作业不做。老师与他多次谈心后，收效甚微，该教师也就有点心灰意冷，开始对此生不闻不问。一次月考成绩出来，他有了进步，老师召集几个有进步的学生开会，会中老师对几个进步大的学生提出了表扬，他得意地说：“还有我，我也进步了！”望着他，老师觉得如果他努力的话，绝对不只是这个成绩，于是，老师只是淡淡地说：“虽然进步了，但不能骄傲！”

由于老师没有像表扬其他学生一样表扬他，他很失望。后来，他变本加厉，上课都不听讲了，老师也只能叹息。最后一个月，老师一直视他为“眼中钉”。最后几天，他染发，戴耳钉，所以老师不得不再次找他谈话……

正像他在信中所说：大概是我变了，才引起了您的注视……

案例中的男生虽然是一个调皮的学生，但他的改变很大程度上是由于教师的不公正对待深深地挫伤了他的自尊心，所以，他才想让自己变得更“坏”，以引起教师对他的关注。现实中也是一样，有的教师容易忽略后进生，而当优秀的学生成绩下滑了一点时，一些教师会立刻帮他找原因；进步时，教师则会立刻表扬他。

这些教师之所以会对后进生吝啬表扬，归根结底是因为从心里排斥后进生，原因也可能是平时后进生让教师失望的次数太多了。但作为教师，不管学生有多调皮，是否都应该怀有一颗公平的心，让学生都能健康成长呢？如果案例中的教师能够及时表扬、鼓励那个学生，他也许就不会用那种极端的方式来引起教师的注意了。

教师要平等对待每个学生，不歧视任何一个学生，道理可能大家都明白。但在日常的教学实践中，一些教师却往往会“偏心眼”于那些学习成绩好，又聪明乖巧、讨人喜欢的学生，而对那些纪律不好、学习成绩也不好的学生会不够尊重，甚或嗤之以鼻、不予理睬。这种对学生的不公对待，某种程度上讲是对教师职业道德的侮辱。

（一）教师公平公正概述

教育公平公正是社会公平公正的一部分，是人类不断追求的社会理想与教育理想。早在2000多年前，孔子提出的“有教无类”的主张就蕴含着教育公平公正的思想。近年，世界各国也都非常重视教育公平公正问题。

2007年3月5日，时任国务院总理温家宝在第十届人大五次会议上的《政府工作报告》中指出：“教育是国家发展的基石，教育公平是重要的社会公平。”2007年10月15日，时任总书记胡锦涛在党的十七大报告中强调：“教育是民族振兴的基石，教育公平是社会公平的重要基础。”在短短的几个月时间内，在党政最高规格的会议上，党中央国务院最高领导人向全国人民传达了一种强劲的声音，不仅掷地有声地强调了教育的重要性及重视教育的决心，还特别突出了教育公平公正的执政理念，从而使公平公正成为衡量教师道德力的标准之一。

公平公正教育应该是教师教育活动中的一个基本原则，它主张的是一视同仁地对待每一个学生，使每一个学生都享受到阳光般的温暖，让每一个学生都挺起腰杆做人。公平公正的教师对学生能不偏不倚，不厚此薄彼，无亲疏远近之分，无等级高下之别，给学生提供有利于成长的公平和谐的环境。

1. 教师公平公正的重要意义

教师在工作中对教育公平公正的贯彻与实施，体现的是一种公平理念的普及。教育公平公正反映到课堂教育中，就是在课堂教育中以尊重学生的个性为前提，根据学生的不同特点，采取相应的个性化教育策略。在教育态度、活动参与机会、教育资源配置、教育方法选用、教育评价等方面均采取公平合理的行为，一视同仁，为每一位学生的发展提供公平的、与之相适应的、个性充分发展的机会，这不仅是实现教育公平公正的要求，也是教育有效性的客观保证。教育公平公正的实践具有以下几方面的现实意义：

（1）能够以协同性确保教师职责的履行

协同性是教师工作的前提，是使师生属性互相增强、向积极方向发展的保证，也是教育公平的一个重要表现特征。师生的协同性离不开教育公平公正力量的发挥，班级是一个有机的整体，任何有失公平公正的主体性行为都会对整个班级产生或大或小的影响，进而影响教育教学过程的有效性。可以说，师生关系的建立离不开教育公平公正的共振，师生共同进步更是离不开教育公平公正的促进。

所以，教师不仅要有追求公平公正的志向，还要在日常教育教学中坚守公平公正的信念，在教育教学中践行公平公正原则，在公平公正的思想中形成协同的局面，使每个学生都有所提高，使他们实现最大限度的发展。

（2）能够以差异性保障学生合理发展

真正的教育公平公正应是基于差异发展的公平公正，而不是盲目的无差别的对待。差异发展保障了教育有效性的实现，这在追求个性发展的今天显得很重要。教师的教学存在差异，学生的心理特点也存在差异。学生个体在发展的水平、发展的潜能、发展的优势领域、追求的发展方向等方面都存在差异。所以，教师在注重教育统一性的同时，更要重视教育的丰富性和多样性，关注学生的个性差异和智能差异。教师尊重学生的差异，实际上是为学生创造了公平发展的环境和机会。

教师只有理解了真正意义上的教育公平公正，才能正视并尊重差异，并有针对性地采取教育措施，创造适合学生发展的教育，促进学生尽可能充分的发展。教育公平公正可以为学生的发展营造平等的氛围，保障他们的个性化与自主选择，这不仅是教育有效性的前提，也是学生健康发展的必然选择。

（3）能够以整体性保证教育过程和谐

教育教学效果整体功能的发挥离不开以教育公平公正为原则建立的良好的师生相互信任的关系，教育公平公正可以让教师民主平等地对待每一个学生，而且有助于实现学生之间的友好相处，减少因为不公平对待而产生的嫉妒、小团体、冲突等不和谐因素。

这样，可以建立师生之间、学生之间的良好人际关系，促成和谐的课堂环境，保障教育教学过程的和谐。同时，也可以保障学校作为一种有限的社会资源的分配与使用，使有限的资源发挥最大化的效用。

所有这些都将促成良好课堂氛围的产生，为有效的课堂管理、课堂学习提供环境保障。

2. 教师公平公正的基本内容

教师的公平公正包括教育权利平等与教育机会均等两个方面。教育权利平等是政治、经济领域的平等权利在教育领域的延伸，涉及人的基本权利；教育机会均等是指不同人群所获得的教育机会与其在总人口中所占的比例是大致相等的，教育机会的获得不因性别、种族、地区、阶层而不同。

教育公平公正应包括起点公平、过程公平和结果公平。起点公平即学生的入学机会均等，不受经济、文化、阶级、民族、种族、性别、地理等方面的影响而拥有同等的入学机会；过程公平即学生受教育过程中的机会均等；结果公平指学生取得学业成功的机会均等，即每个受教育者都能获得充分的发展。

教育起点的公平是教育公平的基础，教育过程的公平是教育起点公平的延续，也是教育结果公平的保证和前提。作为教育公平的基本内容和重要阶段，教育过程公平可区分为教育外部公平和教育内部公平两个方面。

外部公平也叫宏观公平，包括教育机会均等、教育权利平等、代际转换机遇均衡、教育资源的公正分配等。对于班主任来说，主要涉及的是内部公平，也叫微观公平，是指在教育过程中，班主任要公正地对待每一个学生，让每一个学生都得到充分发展，包括教育观念公平、教育目标公平、课程设置公平、教育过程公平、教育评价公平等。

内部公平是一种质性公平，是教育平等的内质和精髓，体现了教育公平的教育学特征。如果说，教育外部公平可以通过制度行为在较短的时间内解决，那么教育内部公平的许多方面就显得更重要和更艰难，而且，由于主要涉及教育内部实现，因此只能通过从学校尤其是班主任和任课教师这里才可以很好的解决。

教师教育过程中的公平公正应正视个体的差异性，主张人人都受教育，人人都受适当的教育。“适当”就是满足受教育者当前发展水平的教育，符合其认知特点和个性特征的，促进其潜能开发和能力发展的充分的教育。这种教育既不是“拔苗助长”，超越受教育者的智力发展水平的教育，也不是“削高填低”，限制较高智力水平和较好知识基础的受教育者发展的教育。教师应“给每一个学生平等的机会，并不是指名义上的平等，即对每一个学生一视同仁，如目前很多人理解的那样。机会平等是要肯定每一个学生都能受到适当的教育，而且这种教育的进度和方法是适合个人的特点的。”

正如《学会生存》一书所指出的：“教育上的平等，要求一种个人化的教育学，要求对个人的潜在才能进行详细的调查研究。机会平等并不等于把大家拉平，机会平等不是不惜任何代价否认个人的基本自由，攻击一个人的完整性或者滥用专家统治的、官僚主义的权力。”

教育公平公正是教师高尚人格和美好品质的生动体现，是师德的典范，也是教师为人师表、以身作则的重要内容。概括起来，教师在教育教学活动过程中的“公平公正”有着以下几方面内容：

（1）赏罚分明，培养学生的健康心理和人格素质

韩愈曾说：“不平则鸣。”一旦教师播下了“不公平”的种子，就会获得涣散、逆反、抗拒的结果，尤其是对学生的身心发展和人格完善都极为不利。

教师只有做到公正无私，赏罚分明，不偏袒，不歧视，给每一个学生诚恳、公允、积极的评价，用心保护好每一个学生的自尊心，让每个学生都能获得适合其个性发展的空间，才能保持学生的心理平衡，保证学生人格不发生扭曲，保证学生的身心健康发展，培养学生良好、正常的人格心理素质。

（2）正直崇高，培养学生明辨是非的能力

当代青少年犯罪逐渐趋于低龄化，他们的一个重要特征就是不明是非，不懂基本的伦理道德。这是由于在市场经济浪潮的冲击和影响下，那些阅历相对肤浅的青少年，在东西方文化大碰撞之际，在新旧观念交替之时，陷入了迷茫和困惑，甚至混淆了某些“是”与“非”的标准而误入歧途。要想改变这种状况，急需教师、家长和社会的正确引导。尤其是教师，要以自身公平公正的师德影响力，帮助学生确立基本的伦理道德和是非观念。

作为对人的一生影响至深的学校，引导青少年健康发展责无旁贷。教师更要具有良好的师德，做到为人师表，率先垂范，以公平、公正的教育，培养学生公正无私的正直品格，陶冶学生基本的伦理道德观念，养成学生是非分明的智慧品质。要做到这点，教师自身的公正无私、正直崇高是一个基本条件。

“打铁还需自身硬。”实践证明：公正无私的伟大心灵，其光辉能照亮一群人的一生，甚至有“隔代效应”，尤其是那种示范于“持之以恒”，寓教于“说教无形”的公平公正的言行，更能以“润物细无声”的方式，将公平公正的道德观渗透到每一个学生的心田。

（3）开阔胸怀，增强学生个人修养

一个学生如果胸怀狭隘，欠缺修养，时时处处从自私心理出发，那么在观察、分析、处理问题时就会境界低下，做事就容易偏激，长期下去就会做出违反社会公德的事情，甚至还会犯罪。公平公正的教师在平时的教育教学活动中，会用其公平公正的言行去诠释社会的正义，树立起胸怀开阔、境界高远、公正无私的形象，从而以自身崇高的人格力量去影响和教育学生，养其崇高，祛其偏狭，健全其人格，提高其修养。这样，学生在以后处理社会问题时，才会有崇高的思想境界，开阔的胸襟，才会技高一筹，才会成为真正的“服务者”。

（4）弘扬榜样力量，增强信任度、感召力和凝聚力

教师坚持公平公正教育，就能养成良好的师德风范，就会赢得全体学生的尊重，就可以更好地完成教书育人的任务。教师在教育教学过程中，无论自觉与否，经常是按照自己的世界观、人生观、思维方法和道德面貌去影响学生和感化学生，因而，教师的思想与行为、作风和品质，在感染、熏陶和影响学生的同时，也在接受学生和社会的评判。所以，教师在教育教学活动中的公平公正，将直接影响教师在学生心目中的形象。

教师只有最大限度地做到教育的公平公正，才能与学生达到心灵相通，才能收获崇高的威信，也只有如此，教师的一言一行、一举一动，才会被学生视为榜样，并在他们的心灵上产生积极的影响，甚至会影响他们的一生。也只有如此，才能增强班级和学校的凝聚力，培育良好的学风、班风、校风，营造有利于学生健康成长的环境。

赞科夫曾经说过：“请你不要忘记，孩子们受到不公平的待遇，特别是这种待遇来自一个亲近的人，如教师、父母的时候，他的痛苦心情会在心里留下一个长久的痕迹。”作为承担素质教育重任的教师，在面对着更多的考验和挑战时，更应该严格要求自己，明白公平公正育人的必要性和紧迫性，树立公平与公正的育人意识，并检讨自己以往在育人过程中不公平、不公正的做法，努力使自己成为公平公正教育的践行者。

3. 个别教师不能做到公平公正的原因

教师在教育过程中的不公平表现在很多方面，包括教学目标、评价手段、课堂教学、师生关系、座位编排等。教师是教育的具体实施者，是影响

教育过程公平公正实现的决定因素。所以，教师应努力规避以下教育造成的对学生不公平公正的原因：

（1）由于性别不同而导致教育不公平公正

社会心理学研究表明，在人际关系中，异性接触会产生一种特殊的相互吸引力和激发力，又称之为“异性效应”，所以个别教师会对异性学生存在潜意识中的更多的关心与照顾。

对于一些教师而言，他们可能认为男生心理更加叛逆，更加难以管理，而且受社会大环境的影响，男生往往生龙活虎、淘气顽皮，不如女生那么可爱乖巧，这些教师可能会更喜欢更关心女生，而且这种偏爱一旦表现出来，会让男生感觉到教师是对男生的一种“放羊”暗示，便会纵容他们产生更大的逆反心理。

对于另一些教师而言，他们认为男生比女生聪明，认真学习起来进步会更大，而且受一些传统思想的影响，往往对女生不够关心，因为女生的心理比男生脆弱。一旦感觉到教师的不公平对待，女生通常会产生一些心理阴影，甚至导致性格孤僻。

（2）由于成绩好坏而导致教育不公平公正

个别教师在教育教学过程中会存在偏见，这种偏见直接影响到教育教学的公平公正性。这些教师往往会对基础好的、表现优秀的学生给予特殊优待，用学生的话来说就是“老师喜欢好学生，不喜欢成绩差的，一碗水端不平，一把尺子量不到底”。这就是说，教师在有意无意地给学生贴上高低标签，有意无意地将学生分为“好学生”和“差学生”，严重影响着教师在教育教学中的公平公正。

以成绩论英雄的这种心理可以用“马太效应”来解释，包括教师对待优等生和后进生的不同。马太效应是指好的愈好，坏的愈坏，多的愈多，少的愈少的现象。在教育教学过程中，个别教师因为对优等生的偏爱，经常会给予他们更多的机遇、更多的夸奖，比如组建班委时，只有成绩好的学生才能做班委，从而导致各种荣誉集成绩好的学生于一身；反过来，对后进生关心不足，而且经常对他们提出批评。

这样不公平公正的教育教学表现，会使一些优等生产生自负、自傲、目中无人的陋习，同时，也会使后进生的自尊受到伤害而开始自暴自弃，最终使教育教学进入一种恶性循环。

（3）由于座位安排不合理而导致教育不公平公正

课堂是整个教育教学过程的浓缩，也是教师工作的核心。就一个班级而言，教育教学对学生影响力的大小往往与座位的分布有关，与距离教师的远近有关。现在，由于小班教学的班级模式还没有完全普及，所以课堂座位的安排一般采用“插秧式”编排。

一些教师在编排座位的时候，经常会将学习成绩好、家庭社会地位高或与自己有着较好社会关系的学生安排在较好的位置，而将成绩不好、调皮捣蛋的学生安排在最后或者最偏僻的位置，甚至偏僻到他们连黑板都看不清。而有些天生个子高的学生，可能每个学期都只能坐在最后一排，因为与讲台、黑板距离过远，这种状况不仅影响学生听课学习，对他们也是一种精神上的体罚与歧视，因而，影响这部分学生学习的积极性。

（4）由于师生交往差异引起的教育不公平公正

教育教学活动是在一定的师生关系维系下共同参与的活动。教育教学实践表明，师生交往被忽视的原因就是学生通常因为喜欢某个教师而更容易接受积极的教育教学影响或者更加喜欢他的课。教师与学生交往存在着差异的主要原因有：

首先，教师与不同能力水平的学生在交往上存在差异。教师与学业成绩突出且担任学生干部的学生的互动明显多于学业成绩不理想、非学生干部学生的互动。

其次，教师与不同成就水平的学生在交往上也存在差异。教师与那些成就水平高的学生互动时，往往更倾向于采取民主、肯定、充分考虑学生个性的方式；在与那些成就水平低的学生互动时，则更倾向于采取专制、否定、控制的方式，并且很少给学生思考的时间，通常教育方法也比较简单粗暴，“语言暴力”司空见惯。

第三，教师与不同性格、相貌、家庭背景的学生交往存在差异。据调查，教师通常更乐意与性格外向、相貌较好、出生环境好的学生交往。受市场经济的影响，功利主义已经渗透进教育领域，个别教师比较注重实惠，在接受过家长的请客、送礼之后，就会给这部分学生特殊的优待。

作为教师，应认清教育教学中的不公平不公正现象，这样才能更好地解决这些方面的不公平不公正，才能更好地促进学生全面发展，有效地促进教育教学过程中的公平公正。否则，教师的教育不公平公正现象会对学生产生一些不良影响。

首先，会伤害学生的身心发展。学生正处在成长发育的旺盛阶段，心灵的空白渴求着学校这座圣洁殿堂的充实。然而，因为某些人为因素，影响了学生心理，一些教师对一些学生的漠视甚至歧视使学生感觉压抑。由于教师的不公平对待，意志薄弱一点的学生会感到越来越抬不起头，学习情绪开始低落，与成绩好的学生的差距也会越来越大；意志稍强一点的学生会强打精神，想要展示一下自己的力量，但由于缺乏较好的环境，心绪处在焦虑之中，结果往往不太理想；还有一部分学生则产生了强烈的逆反心理，出现顶撞教师，毁坏公物，旷课、逃课、考试作弊等现象。

其次，会抑制学生的发展。当前，有些教师把学习成绩的高低作为衡量学生素质高低的唯一标准，导致其他具有天赋的学生，其爱好不得不被“扼杀”在摇篮里。这种教育不公平公正现象抑制了学生个性的发展，非常不利于提高学生的综合素质。进入新世纪，社会所需要的不仅是知识型人才，还有更高综合素质的复合型人才，如果教师还是用历史上的应试教育方法去培养人才，教育将会出现很大的失误。因此，作为教师，要让学生得到全面的发展，不能只顾短期行为而抑制学生的发展。

无论社会的文化价值如何，有一样东西是每个社会成员都应该得到以及给予的，这就是公平公正的待遇。教育公平公正是社会公平公正价值观念在教育系统中的衍生与体现，教师有责任和义务为学生提供更多的教育公平公正。

（二）名师公平公正案例及养成策略

1. 实施公平之爱，相信每个学生都能成功

北京教科院基础教育研究中心小学数学教研室主任吴正宪是全国著名的数学特级教师，她热爱教育事业，坚持教书育人应该实施公平之爱，她尊重每一位学生，真心与学生做朋友，并创造了学生们喜爱的数学课堂。

从吴老师的教育生涯中，可以看到一位教师对教育事业的热爱，对教书

育人这一神圣事业的不懈追求。吴老师友善地走进学生的心灵世界，尊重每一位学生，公平地爱着每一位学生，用教师的人格魅力和教学智慧激发了学生对数学的喜爱。她帮助学生实践了“想学——爱学——学会——会学”的良性循环。多年来，她认认真真上好每一节课，创造了学生们喜爱的数学课堂，成为学生真诚的朋友。

在《吴正宪的儿童数学教育》一书中记载的两个小故事展示了吴老师是如何把公平之爱的教育融入具体的教学实践中，并体现在她与每一个学生真诚的交流中的。教书育人，要让每一个学生都能得到成功。吴老师相信，“爱的核心是公平，公平是更高层次的热爱、教育和保护。爱从公平对待每一个学生开始。”

故事一：那是在一次大规模的教学研讨会上，可容纳1000多人的礼堂座无虚席。上课前，细心的吴老师突然发现礼堂门口有个男孩的身影在晃动。她就悄悄地问来上课的学生：“他是谁?”几位学生异口同声：“他是我们班的差生。”

一个学生补充到：“老师没选他来上课，是他自己跟着我们队伍后面偷偷跑来的。”吴老师的脸上掠过一丝凝重，心想小小的年纪就戴上了“差生”的帽子，漫漫的人生路以后该怎么往下走啊！她生怕这不经意的举动伤害了孩子，于是，她走过去亲切地问那个学生：“你想做什么?”

这位学生抬起头看看吴老师，小声地说：“我也想和同学们一起上课。”

吴老师毫不犹豫地牵起学生的手走走进了礼堂。她知道这是一棵受了伤的小苗，因此在课堂上给了他特别的关照，多次请他回答问题并及时给予鼓励。他第一次感到在众人面前挺起了胸脯，感受到了“我也能行!”吴老师还特意拉着他当着全班同学的面合了影。

下课了，吴老师与这位学生的年轻班主任谈了许久。一年过去了，吴老师收到了这位学生的一封特殊来信——一张得了100分的试卷，上面清晰地写着教师的评语“进步真大!”看着学生的变化，看着青年教师的成长，吴老师感到由衷的欣慰。

吴老师就是用这样的方式表达着对每一位学生的尊重与公平之爱，表达着对每一位青年教师的关注与期待。

故事二：吴老师曾教过一位留级生小A，小A小时候得过脑膜炎，妈妈说他脑子有毛病，不是学习的料，他自己也对学习失去了兴趣和信心。但在吴老师的眼里没有教不好的学生，她相信每个学生都能成功，都可以在原来的基础上获得进步。于是，她开始想办法让小A体验成功，让他感受教师的公平之爱。

如在学习“乘数是三位数的乘法”之前，吴老师特意先给他补“乘数是两位数的乘法”。上课了，吴老师指着黑板上的“123×23”提问“谁会做?”小A主动举手，并很快完成。吴老师借此机会请同学们向他提问，小A有条有理地将“课前获得”全盘端出，同学们都为小A鼓掌。小A第一次感受到了在同学面前被认可的感觉，找回了失去的尊严。

吴老师不断地激励小A，及时地给他补课，持续地给他关注。后来，小A慢慢地变了，他开始喜欢数学课了，爱提问题了，爱思考了，学习成绩也越来越好。

案例中，吴老师教育教学成功的奥秘来自哪里？首先来自于她对每位学生的尊重、信任和爱。吴老师对学生的爱是从公平对待开始的，她公平地爱着每一位学生，所以在她眼里没有“好”“差”之分，有的只是如何去尊重学生的人格，尊重学生的基础和经验，关注每个学生的感受，关注学生对数学的理解，为每一个学生创造体验成功的机会，让每一个学生都能抬起头来有尊严地生活在班集体中。

吴老师的课“教”的色彩很淡，“商量”的气氛很浓，“为什么”很多，留给学生的“空间”很大，这是一个容易让人产生亲切感的环境。吴老师虽是名师，但从不居高临下，她总是把学生看成一个个有尊严的个体，看成一个个可以平等交流的伙伴，她的每一节数学课都充满情感和智慧，使得每一个学生都全身心地投入数学学习活动之中。无论是学习优秀的学生，还是学习上暂时有困难的学生，都会在吴老师的课堂中得到满足，并有所收获，都会对数学学习产生兴趣和期待。吴老师就是用这样公平的方式表达她对每一个学生的关注、对每一个学生的爱的。

可见，教师爱学生就应该公平地对待每一个学生，一视同仁，把每个学生都看作自己的孩子，让每个学生都能享受到教师的“阳光雨露”。然而，如此简单的道理却并不是每个教师都能理解并做到的，例如：

有一位教师上公开课时，提出了一个问题，让学生思考后回答。班上有一位成绩不算好的学生首先把手举了起来，而且举得很高，神情充满自信，于是教师迅速让这名学生回答这个问题。然而，这名学生却答非所问，破坏了教师预先设计好的教学思路。气愤之余，教师脱口而出说了一句："今后举手要慎重，不要一瓶不满半瓶摇。"这句话产生的消极影响是很大的，不仅这个学生以后不再举手了，其余成绩中等以下的学生也不敢举手发言了。这一来，不仅没有给不愿举手发言的学生制造出宽松的环境，反而敲山震虎，使一些本来就不愿举手的学生更生畏惧心理。课堂上从此出现了"万马齐喑"的沉闷局面。

表面上看，教师似乎是公平的，因为他并没有因学生成绩不好而不让他回答问题，然而机会虽然是给了，但给予的评价却是不恰当的。首先，这名学生发言的积极性是可嘉的，这点教师应给予肯定。每个学生都存在着一定的差异，教师不能要求后进生像优秀生一样回答问题那么精准，况且优秀生也有回答不对的时候。如果教师因为学生成绩不好，问题回答错了，打乱了自己的教学计划，就对学生作出不恰当的评价，会严重伤害学生的人格和自尊，打击其课堂发言的积极性，甚至会影响师生关系。

正确的做法是，教师可以在肯定学生敢于发言的基础上，指出他的不足，这样学生就会感受到教师对他人格的尊重，就会保持愉快的心情、健康的心理，从乐学变成会学。同时，教师创设的这种宽松的环境也会带动其他学生，激发他们学习的积极性，营造出良好的课堂氛围。

所以，教师在课堂上要多营造民主、平等、宽容、尊重、和谐的教学氛围，努力公平公正地对待每一位学生，在课堂上让每一个学生都感受到教师的关注，尤其是在课堂提问时，实行"对口"式提问，或者"宽容"式问答。这样，才有助于减少学生的紧张和焦虑心态，有助于学生积极地参与课堂教学活动，让师生感情越来越好，师生关系越来越和谐。

一些教师的课堂经常是属于个别学生的，更多的学生则会"被遗忘在角落"。怎样才能改变这种不良现象，让全体学生都参与到课堂教学活动中来呢？这就要求教师要公平公正地对待每一个学生，要求课堂教学面向全体学生，唤起所有学生的学习兴趣和参与意识。

教师要做到实施公平之爱，可以依据以下几点策略进行：

(1) 平等地爱每一位学生

教师首先要学会推心置腹地与每一位学生交流，让他们懂得失败的痛苦和成功的喜悦，让他们在学习、生活过程中时刻体验到教师对他们的爱。当教师公平地去爱每一个学生时，会发现每个学生都有其可爱之处，每个学生都有其独特的情感世界，每一个学生都希望得到教师的公平对待。

教师不应只偏爱那些聪明乖巧的学生而厌恶、歧视有缺点的学生，而要平等地爱每一个学生，让每一个学生都能感受到教师的爱。在爱的指引下，让每一个学生都积极投入学习中，体验到学习所带来的乐趣，让每一个学生都走向成功。教师应懂得成功的含义不仅是指学生取得优异的成绩，还包含让学生养成良好的习惯，形成健康的心理，懂得做人的准则，获得强健的体魄，形成优良的品质。

(2) 建立互信，树立学生的自信心

师生之间有了信任，教师才可能深入学生的内心世界；把握了学生的心理状态，教师才能与学生进行心灵沟通，才能取得良好的教育教学效果。

具备公平之爱的教师，相对比较宽容、豁达，更会同情那些缺少天赋，或在生理上有缺陷的学生，更容易去帮助那些学业成绩差或者犯了错误的学生，帮助他们树立上进心、自信心和自尊心，帮助他们消除自卑感，排除烦恼和悲伤，用热情和温暖鼓励学生充满信心地面对学习和生活。

互相信任是师生实现感情沟通的基础。只有师生之间取得了彼此信任，才能让学生感受到教师的公平之爱，教师也才能感受到学生的爱。

(3) 推广爱心教育，塑造学生美好的心灵

爱心教育是最好的教育，是塑造人格的教育。教师对每一个学生必须做到认可、信任和尊重，让他们的爱心、善心不断地被强化，他们的自尊也就会逐渐提升。

当学生有了自尊、自信时，他就会走向真、善、美的境界。“好学生是夸出来的”，道理也就在于此。“爱心教育”既是教师实施公平教育的一种工作方式，也是一种公平教育的工作理念。所以，教师在日常工作中要通过潜移默化的影响，使学生接受爱的理念，学会真正关心身边的人。

(4) 让后进生也能感受到教师的爱

教育离不开情感。近代著名教育家夏丏尊先生说过：“教育之没有情感，

没有爱，如同池塘没有水一样。没有水不能称其为池塘，没有情感，没有爱，也就没有教育。”罗素也曾说过：“凡是教师缺乏爱的地方，无论是品格还是智慧，都不能充分自由地发展。”正是缺乏教师公平的爱，使得很多后进生不愿意参与到课堂教学活动中来。

所以，教师在课堂上要对学生一视同仁，关爱每一个学生，让后进生也能感受到，其实自己在教师心中也占有一定的位置，而且已经引起了教师的注意，他们和优秀生一样得到了教师的爱。这种关怀和爱能够在教师和后进生之间架起一座感情的桥梁，可以鼓舞后进生积极向上、奋发图强。

（5）给每位学生回答问题的机会，让他们都能体验到成功感

心理学研究表明，智力因素差的学生一般都有自卑感、无助感和孤独感，容易意志消沉，无所作为。要想让全体学生都参与到课堂活动中来，教师不应该淡忘后进学生，要给他们创造成功的机会，满足他们的表现欲。而课堂提问是给后进生创造成功机会的一种比较好的形式。

针对学生成绩参差不齐的现象，教师在备课时要因人而异，“因材施问”，设计出不同难度的问题。对于后进生，教师可以让他们提前做好充分准备，或者在课堂上提一些简单问题让他们回答。他们回答上来后，教师应及时给予表扬和肯定，让他们认识到自己并不比别人差，别人能做到的，自己经过努力也可以做到。对优秀生，教师则应提出一些难度较大的问题，让他们“吃好吃饱”，同样感受到“跳一跳摘果子”的成功的喜悦。

苏霍姆林斯基说：“在学习中获得成功，是学生精神动力的唯一源泉。”有了这样的精神动力，等待学生的，必然是一次又一次的成功，而这也必将激起全体学生的参与热情。

（6）公平之爱是不吝惜微笑

教师若始终以微笑面对学生，师生关系就会融洽，课堂气氛也会很活跃。如果教师为了自己的威严，不苟言笑，一进班级就不由自主地板起面孔，课堂气氛势必会变得很严肃，也会变得毫无生气。当教师把微笑还给学生，教师就会同样看到一张张灿烂的笑脸，充满教室里的也会是讨论问题的声音和朗朗的读书声。

（7）呵护每一位学生的心灵

苏霍姆林斯基曾经这样比喻：“要像对待荷叶上的露珠一样，去呵护学

生幼小的心灵。”晶莹透亮的露珠美丽可爱，却十分脆弱，一不小心，露珠滚落就会破碎。当教师想要批评学生时，应先想到如何使他幼小的心灵不受伤害。这种呵护是让学生觉得教师看到了他的不足，却没有给他难堪，而是给他一个台阶。心理学认为：“每个孩子都有成为好孩子的愿望。”所以，公平地爱学生，就要呵护学生的这种愿望。如下例：

一天，上课预备铃声响后，某老师班上的一位学生哭丧着脸，找到他说：“老师，我的校服丢了。”老师马上就想到了班里的另一位学生，他小学时就有偷拿别人东西的习惯，他是个单亲家庭的孩子，家里经济困难。

于是，老师走到教室里对同学们说：“我们班有一位同学的校服找不到了，他很着急，也许是同寝室的哪位同学不小心装错了，我想请一位同学同我一起到寝室找找看，谁愿意和我一起去呢?”自然是那位学生举起了手。老师就让他和自己一起去。

过了一会儿，他从自己包里拿出了一件校服。老师就故作糊涂地说：“这一定是哪位同学故意搞恶作剧，凭我对你的观察、了解，你一定不会做出这样大家都不愿做的事情，我谢谢你帮老师找到这件校服。”于是，他们一起回到了教室。

回到教室后，老师对同学们说：“校服找到了，不知道哪位同学故意张冠李戴搞恶作剧，这种行为多不文明啊，既会给别人带来麻烦，也会引起同学之间的误会。同学们，我们既要学会尊重自己，也要学会尊重他人，这才是有教养的表现，不乱放自己的东西，不乱拿别人的东西，更不要把张三的东西装在李四的包里。”

大概是这位学生自己心知肚明，感激老师保护了他的尊严，让他躲过了这次难堪，直到毕业他再也没犯过类似的错误。学习成绩也从原来的四十名跃居到前十名，运动场上他每次都能为班争光，值日也认真负责，从此，成了老师心目中的好学生。

呵护不是一切顺着学生，更不是放手不管，而是欲擒故纵、旁敲侧击、宽中有严，给学生提供一个宽松的学习和生活环境。

(8) 因材施教，让每个学生都得到发展

因材施教，就是教师在教育过程中，要从学生的实际出发，使教育教学的深度、广度、进度适合学生的知识水平和接受能力，同时，考虑学生的个性特点和个性差异，使每个学生的才能都得到发展。如果说区别对待主要着眼于对学业不良学生的补偿的话，那么，因材施教则主要着眼于全体学生，它体现了教育教学的公平公正性。

在教学中，因材施教最重要的依据是学生的身心发展规律。一定年龄阶段学生的心理特点和智力水平既有一定的普遍性，又有一定的特殊性，教学中应把握学生的共同特点和个别差异。因材施教，就是要针对不同智力、不同知识基础、不同发展水平的学生，给予其“适当”的教育。所谓“适当”，就是满足学生当前发展水平的、符合其认知特点和个性特征的、促进其潜能开发和能力发展的充分的教育。

近几年，教育界总结出了一系列因材施教的方法，其中“培优补差，查缺补漏”就是比较典型的案例。所谓“培优补差，查缺补漏”，就是把不同成绩水平的学生编入不同的学习小组，再根据其知识状况和智能水平分别提出不同的学习目标和施以不同的教学。“培优”就是培养“尖子生”，“补差”就是为“差生”补习，“查缺”即查找知识能力缺陷，“补漏”即弥补遗漏的知识点和能力点。

“培优补差，查缺补漏”原本是一个源于应试教育的教学举措，但是这一措施中却蕴含了重要的“因材施教”思想，充分体现了教育的公平性：第一，分层教学，即把不同知识水平的学生分成不同的组别，根据组别的实际水平提出教学目标，拟定教学措施；第二，区别对待，在教学实践中，各校“培优补差”的对象是落实到每一个学生的，然后根据学生的实际情况提出具体的发展日标和发展方向，力求使每一个学生都得到发展，都有所提高，体现教育公平的原则。教师贯彻因材施教要做到以下几点：

第一，教师对学生的一般知识水平、接受能力、学习风气、学习态度和每个学生的兴趣、爱好、知识储备、智力水平以及思想、身体等方面的特点，都要有充分了解，以便从实际出发，有针对性地进行教学。

第二，教学中既要把主要精力放在面向全班集体教学上，又要善于兼顾个别学生，使每个学生都得到相应的、适当的发展。

第三，针对学生的个性特点、智力发展水平和能力状况，提出不同的要求，设计和推行针对不同个性特点和能力状况的学生成才的最优方案。

2. 秉持公正，做学生心目中的天平

深圳小学特级教师王纯旗老师一向认为：“对学生要一视同仁，对不同性别、年龄、出身、智力、个性、相貌以及关系密切程度不同的学生要能够做到同等对待。”所以，他在工作中，就以公平公正的态度引导、教育学生，这也使他受到了学生的广泛欢迎。

“上学期，我没有得到‘三好学生’的光荣称号，因为我不像别的同学那么主动地学习，而只是完成老师布置的学习任务罢了。这学期，我要尽心尽力地为班级这个大家庭服务，更要主动学习……”听着阿峰真诚的新学期感言，看着他那激动的小脸，上学期末评选“三好学生”的一幕又浮现在王老师的眼前……

由于名额的限制，班里每学期“三好学生”评比竞争总是很激烈。王老师用投票的方法，听取全班学生的意见，力求选出最令大家信服的榜样。评比进行到现在，还剩9个学生，可名额只有8个，最后的两位得票相同，该去掉谁呢？只能用排除法了。

“请同学们就阿峰和阿佳两位同学谈谈自己的看法。”

阿峰是王老师同事的孩子，聪明活泼，这次考试成绩很出色，从一年级起每学期都是“三好学生”，王老师想，这学期也不会例外吧。瞧，他一脸自信，大概正想着他爸爸的“奖金”呢！不过平心而论，阿峰这孩子较以前相比，有些骄傲，做事没那么踏实认真了，从这次的得票情况也可见一斑，以往他都是首选，又怎会面临这般尴尬的局面。

其实，王老师心里更偏向勤奋好学的阿佳，虽然因为他对待同学不够谦让而从未得到过“三好学生”的殊荣，但这学期，他在这方面改善较大，所以，这次评比他也很有实力。不过，王老师尊重学生们的意见，如果最终被选上的还是阿峰的话，王老师打算跟他个别谈谈老师的看法，提醒他不要辜负同学的信任，以后要做得更出色。

“我觉得阿峰在劳动这方面做得不够好，老师在的时候很卖力，老师不在时总和几个男生边吵边玩儿！”一位女生发表了自己的意见，大家都在点头，可见这是实情。

阿峰的铁哥们阿杰举手了。王老师想，他肯定是要为好友打抱不平了。

“阿峰没以前爱学习了，他在办公室做完作业后，经常打电脑游戏，还说最好天天没有作业，这样就可以尽情玩儿了。”阿杰的话令大家大吃一惊。阿峰更是不可思议地盯着自己的好朋友，简直怀疑自己的耳朵听错了。

“这些都是真的吗？”王老师把目光投向阿峰，轻轻地询问道。阿峰“腾”地一下站了起来，脸涨得通红，鼻子里“嗯”了一声。“你很诚实。同学们把这些作为意见提出来，可见大家都知道这样是不对的，你说呢？”阿峰没作声，在王老师示意之后坐下了。

评选结果不言而喻。王老师把入选同学的优点在学生们面前一一列举，希望大家向榜样学习，同学们见到自己的意见得到了王老师的尊重，都很满意，尤其是阿佳，喜悦之情溢于言表，他或许压根儿都没想到自己竟能战胜阿峰。王老师知道阿峰的心里一定是很难受的，失望是不用说的，而且他对好朋友的“背叛”也难以接受吧。但是他却很坚强，使劲地眨着眼睛，强忍着不让泪水流下来。王老师见了心里也很不是滋味，怀疑自己是不是太残忍了，是不是应该宽容些呢？应该给阿峰一个教训还是一次机会呢？评选结果又该怎么办？

王老师一边犹豫着一边朝办公室走去。过了一会儿，就有同事来向他打听评选“三好学生”的事，王老师很惊讶，怎么这么快就有人知道了呢？原来阿峰已经在他妈妈的办公室里向好朋友阿杰开火了，甚至要孤立阿杰。“唉，阿峰心里还是不服气呀，我得跟他谈谈。”王老师默默地想。

王老师找到了阿峰，“老师不是来批评你的，我想听听你的真心话。”王老师轻声对他说。阿峰犹豫了一会儿，鼓起勇气，很委屈地说：“我觉得完成学习任务之后玩游戏是可以的，阿杰是落井下石！”

原来他认为落选的原因是这个。“是的，完成学习任务之后玩一些益智游戏未尝不可，可你错不在这儿，而是你所说的话，从那些话中老师知道你在学习上有责任心，但缺乏的是主动学习的精神，阿佳同学作业、成绩与你相当，但他勤奋好学、热衷阅读、知识广博，这是你所欠缺的。说起劳动，你可曾看见劳动委员阿琳人前背后偷懒了吗？她学习成绩不如你出色，但她身上最宝贵的是那颗真诚的、乐意为大家服务的心，不管老师有没有见到她在忙碌，不管老师是否表扬夸奖她，她都一如既往，这不也正是你所欠缺的吗？‘三好学生’是荣誉，但也应该是榜样，你觉得呢？”

在王老师的轻声细语中，阿峰平静了许多。王老师继续说道：“这次评选老师也感到遗憾，但老师应该是公正的，我不能不尊重大家的意见。正因为老师是公正的，所以，当下学期你能改正缺点、取得进步时，我和同学们一定会肯定你！另外，你应该谅解阿杰，‘忠言逆耳利于行’，他一定会督促你进步的。”听了这些话，阿峰轻轻地点了点头。

转眼新学期又到了，在开学报到的那天下午，阿峰主动来为班级出黑板报，又和同学一起用板刷和肥皂把“花了脸”的讲台刷得雪白雪白的，满头大汗的他是那么卖力、那么专注。上课第一天，王老师就在班里表扬了他，阿峰为得到了大家的肯定而高兴不已。

“在这个崭新的学期里，我一定会改正以前的错误，向同学取长补短，再拿一个‘三好学生’！”阿峰话音刚落，教室里骤然响起热烈的掌声。

王老师情不自禁地走到阿峰面前，抚摸着他的头，说：“阿峰，言必信，行必果！请你相信，老师是公正的，同学是公正的，你的决心和行动我们有目共睹，我们为你喝彩，我们为你加油！”

苏霍姆林斯基曾深刻地指出：“所谓公正，就是尊重和严格要求相结合。”在上述案例中，王老师对学生的评价和奖励，都做到了实事求是、赏罚分明、公平公正。其实，赏罚本身是次要的，学生更加在意的往往是教师能否秉公处理，阿峰也是因为王老师对他公平公正的态度和评价，承认了自己的错误与不足，进而下决心改正不足的。

《公正是最大的动力》一书中写到：公正是人类社会发展进步的保证和目标。公正是对人格的尊重，它可以使一个人最大限度地释放自己的能量。不公正则是对心灵的一种践踏，是对文明的一种挑衅，是对社会的一种犯罪。所以，坚持公正的管理和处事原则，是每一位教师都应履行的责任和义务。

教师公平公正是教育公正的核心内容，是至关重要的职业道德，也是形成良好师德典范的关键因素。教师的公平公正有利于良好教育环境的形成，有利于教师威信的提高，有利于学生学习积极性的发挥。

一句话，真爱学生，就要公平公正地对待学生，而要在教育教学中做到公平公正，教师可以采取以下一些策略：

（1）树立正确师生观，平等对待学生

平等地对待学生，实际上就是教育学所倡导的要树立正确的师生观问题。从伦理学的角度看，教师要公平公正地对待学生，首先要真正地尊重和信赖学生。

人与人之间是平等的，这种平等的一个突出表现就是，人人都应该受到别人的尊重，学生也是独立的个体，他们也是有尊严的，也应该受到别人的尊重，特别是来自于教师与家长的尊重。对学生来说，教师是与其关系最亲密的人之一，教师对学生的态度，有着举足轻重的作用，因此教师要平等、公正地对待所有学生，尊重每一个学生。

（2）遵循爱无差等原则

所谓爱无差等，指的主要是教师不能以自己的私利和好恶作标准来处理师生关系，而应当为所有的学生提供平等的学习机会。

由于人的审美倾向不同，往往容易形成不同的偏好，教师也不例外。当他面对一批又一批学生时，很可能会对某位学生产生好感，而对另一位学生产生厌恶之情。虽然，这种现象完全可以理解，但对教师来说如果任其发展，则预示着偏心现象发生。

教师要对学生一视同仁，就要像天平一样，不偏不移，不能因为某个学生成绩好或听话，就对他在其他方面的缺点放松或者偏袒；也不能因为某个学生成绩差，或比较调皮，就对他在其他方面的优点不以为然，或者故意抹杀。如果那样，学生就会感到教师厚此薄彼，处理不公平、不公正，这不仅影响教师的威信，也难以建立亲密的师生关系。

（3）坚持公平、公正的评价

学生是从周围成人的反应——肯定或否定、奖励或惩罚、赞许或批评中，逐步形成道德认识的。因此，教师应该认真对待学生的每个行为，作出公平、公正的评价。

教师一方面要根据学生的实际情况因材施教，另一方面在制度上又不能允许有特殊学生的存在。对此，教师正确的做法应是对事不对人。学生犯了错误，不论他是成绩优秀的还是较差的，该批评的都要批评；学生做了好事，不论他平时是调皮的还是听话的，该表扬的都要表扬，应一视同仁，不带偏见。

（4）确保长善救失

教师公正地对待每一个学生，还应给每一个学生以同样的发展机会，长善救失，因材施教。有些学生不善于发言，教师不能因此就不让他发言，相反，应鼓励他多发言，多锻炼表达能力，并耐心指导，帮他树立信心。

而有些学生虽然学习成绩差，但肯为同学服务，或爱好体育活动，教师就不能因为他成绩差就剥夺他参加体育活动的权利。相反，要让他的长处和其他同学的长处得到同样的发展机会，并引导其把这方面的积极性迁移到学习上来。

(5) 做到点面结合

教师要想在个别教学和集体教育中做到教育教学的公平公正，就应做到面向全体，点面结合。

学生之间是有差异性的，对后进的学生，教师应适当为其补课，给予其特别的关照，促使其进步。对特别聪慧的优秀生，教师可以给他们创造进步的条件，此时就算适度地“开小灶”也是公正的，因为只有因人而异教学，教师才能更好地促进每个学生的发展，这是教育实质意义上的公正。

当前，公平公正教育已成为学生、家庭、社会关注的热点，尤其是那些正在接受教育的学生，都希望自己在公平公正的环境里成长，他们都渴望得到与别人等量的“阳光”。所以，教师应做一个公平公正教育的坚决捍卫者，展现自己良好的师德风范，对任何一个学生都不吝惜自己的光和热。

3. 赏罚分明，坚持一碗水端平

在注重培养学生能力的今天，各方面能力相对较强的学生，理所当然地受到各科老师的青睐，成为老师心目中的“好学生”。教师有需要的时候都会找他，同样，有什么“好处”也会第一个想到他。但是，久而久之，这样的“好学生”就会有一种优越感，也会渐渐地“不拘小节”起来，尤其是那些家长有权或有钱的“好学生”、班干部，更容易受到一些教师的青睐。这时老师可能因为“他是好学生，就原谅他一次算了”“如果在班级里批评他，他会没面子的，以后他说的话学生也不听了，会影响他的工作”之类的理由轻易原谅了学生。

小梅就是这样一个女孩子，她的爸爸是个领导，自己也是班干部，而且各科成绩和综合技能在全班都是数一数二的，因此很得老师的器重与信任，无论是课堂提问，还是参加比赛，王老师最先想到的总是她。

与小梅相反，小宁则是双差生，不但学习很差，还经常惹是生非，久而久之，他成了老师的一块心病。

他们升入初二后，班主任换成了杨老师。她和其他班主任不一样，在对小梅积极鼓励的同时，也总是在寻找小宁身上的闪光点，并对他关爱有加。

小梅认为杨老师的鼓励是理所应当的，而小宁则认为杨老师对自己是在虚情假意，他心里始终认为，同样的一件错事，发生在“好学生”和“差学生”身上，老师常常会用不同的对待方式，对“好学生”会轻易原谅，对“差学生”总是“不依不饶”。

不久，有一件事验证了杨老师是否公正对待学生，是否真的一碗水端平。

那天放学后，小梅和对绘画有天赋的小宁一起在办教室后面的宣传栏。小宁把自己精心制作的各种图片贴好后，小梅批评他画的图画太烂，影响班级形象，而要把自己的画放在显著位置上。小宁不服气，两人起了争执。一向自负的小梅生气地把小宁的图片全给撕了，小宁则把小梅写好的文字全给擦掉了。

第二天，杨老师看到“惨不忍睹”的宣传栏，就把小梅和小宁叫到办公室问情况。小梅仗着老师的一贯宠爱，来了个“恶人先告状”，把罪过全部推到小宁身上。小宁因原来的老师总是不由分说便会批评他而沉默不语，等待杨老师的批评。

杨老师仔细地帮小宁把那些被撕碎的图片拼接起来，认真看了以后，连夸小宁真是画的不错，最起码很用心，然后问他事情的经过。

小宁听到杨老师的夸奖，很不好意思地叙说了事情的经过。

杨老师见小梅羞愧地低下了头，已经明白了原委，她先表扬了小宁为班级宣传栏所作的努力，要他好好努力，争取为班级画出最美的图画，接着批评了小梅火气太大，没有和小宁好好沟通就撕碎他的图片是不对的，是有损班干部的形象的，并让她跟小宁赔礼道歉。

小梅自觉理亏，诚恳地向小宁道了歉。小宁在接受道歉的同时，也很庆幸自己遇到了一位处理事情公平公正的好老师。他向杨老师表示，以后自己不但要好好改正错误，也要做一名品学兼优的好学生。

孔子在《论语·子路》中说道：“其身正，不令而行；其身不正，虽令不从。”当管理者自身端正，作出表率时，不用下命令，被管理者也会跟着行动起来；相反，如果管理者自身不端正，却严厉地要求被管理者端正，即便是三令五申，被管理者也不会甘心服从的。

教师作为班级的管理者，首先自己的行为就一定要做到公平、公正，要依“法”行事，做到赏罚分明，尤其对待班干部与后进生，更要一视同仁，严格按照班规制度进行管理，而不能因个人喜好出现偏袒，这样学生才会信服，才会学着老师的样子严格地按照制度行事。这样，班级管理会变得轻松、高效得多。

赫拉克利特曾说过这样一句名言：“公正，一定会打倒那些说假话和作假证的人。”人与人之间之所以会产生矛盾，就是因为有不公现象的存在。为了得到某种利益，有些人不惜侵犯他人利益。如果事情没有得到公正处理，就会产生并加剧矛盾，如果将事物处理得公平、公正，这种矛盾就会自然消失。

班级中出现矛盾也是如此。小梅和小宁之间的矛盾，就是因为小梅面对身为后进生的小宁时，总有一种优越感，认为自己比他们学习好，教师更喜欢自己，所以自己有特权；而小宁则因为学习不好，总觉得自己不如班干部，有一种自卑感，会觉得教师不会站在自己这边。

此时，教师的一举一动都牵动着双方将来的利益与地位问题。

面对这样的问题，只要教师严格按照各项规章制度处理，本着就事论事，赏罚分明，一碗水端平的原则，公平、公正地处理，无论结果如何，任何一方都不会找到继续发生矛盾的借口，也不会因怀疑教师的不公平公正处理而产生反抗心理。

该如何让自己依照学校各项规章制度做到赏罚分明，养成公平公正的赏罚态度呢？作为教师，不妨践行以下策略：

（1）尊重学生差异，公平公正地制订赏罚制度

教师在制订各项规章制度时，首先就要绝对民主，要让全体学生都加入规章制度的制订行列中，要征集所有学生的意见，然后通过研究，做出最后的结论。只有这样，当教师用规章制度对学生进行约束、管制和赏罚的时候，才能做到公平公正，也才能让学生自愿地毫无怨言地接受处罚。

如果规章制度只是教师和少数优秀生参与制订的话，一旦有矛盾发生，恰好又是那些没参与制订制度的学生犯错误的话，即使规章制度做到绝对的公正，那些没参与的学生也会从心理上认为，规章制度只是为了维护少数学生的利益而制订的。

同时，优秀生和后进生又存在着明显的差异，例如，他们的学习能力和心理承受能力是不同的。所以，教师要想公平地执行赏罚制度，解决他们之间的矛盾，在制订各项规章制度时，就要注意优秀生与后进生之间存在的差异，不可偏袒任何一方。尽量将赏罚制度制订得更加开放，不仅要对优秀生的特长进行表扬，同时也要对后进生的特长进行表扬。

（2）给所有学生同等权利，公平公正地执行赏罚制度

当优秀生与后进生发生矛盾时，表面上看是两个人的矛盾，但如果处理不当就会上升为两种类型学生之间的矛盾。所以，教师为了体现赏罚的绝对平等、公正，在执行赏罚的时候，可以让更多的学生参与进来，大家可以根据自己的不同观点发表自己的想法，让赏罚制度的执行更加透明化。这样，每一个环节都在大家的注视下进行，也就大大增加了学生对赏罚结果的信任度。

让更多的学生参与到讨论赏罚中，不仅体现了对后进生的尊重，同时也为所有参与的学生上了一堂很好的教育课。通过讨论，让他们深刻地明白，每个学生都是平等的，大家应该互相帮助，而不是为一些不必要的事情产生矛盾，既影响感情，又影响学习。

（3）让学生之间加深理解，实行角色互换、互助

学生之间产生矛盾，很大程度上是因为不能互相理解，遇事总是以对立的心理思考问题。所以，教师可以利用赏罚制度让他们有更多的机会相互理解，从根本上杜绝矛盾产生的根源。在制订赏罚制度的时候，可以制订一些有针对性的条款，帮助学生之间进行互相了解。

①实行班干部轮换制。这一制度可以让后进生也有机会当一次班干部，通过这种经历，让他们有机会感受班干部在辅助教师执行赏罚制度时的压力与所遇到的困难，从中达到教育与自我检查的目的。后进生有了当班干部的经历，不仅可以增加他们的责任感，当他们处理事情时也能站在班干部的角度去思考，重新认识自己的价值，也会变得更加关心、热爱班集体。

②形成一对一互助式。在制订赏罚制度时，可以有意安排优秀生与后进生结成一对一的朋友式关系，让优秀生以一个好朋友的身份去帮助、开导、影响后进生，从中建立友情，感受对方的心理，从而杜绝矛盾的产生。

(4) 灵活执行赏罚制度

灵活执行赏罚制度是教师教育公平公正的另一方面。虽然一再强调教师在处理问题时，要依据规章制度公平公正地处理，在对学生的爱护、帮助、评价和奖惩上应当一视同仁，但是，教师也不能把一视同仁理解为一种刻板机械的公平公正形式。在落实一视同仁、爱无差等原则时，教师要考虑到学生在个性、知识水平和智力程度等方面的差异，灵活执行赏罚制度，不要拘泥于规章制度的条条框框。

有一个例子可以很好地说明这个问题。两个成绩比较差的学生在宿舍里为了争夺一把吉他而扭打起来，最后去找班主任评理。班主任听后，并没有批评他们，而是对他们说，依据学校规章制度应该罚你们打扫明天的卫生，但因为你们这次有了进步，免于惩罚。这两个学生听了感到很惊讶，自己打架怎么还有进步呢？班主任给他们讲了三个理由：第一，这次是为了吉他而打架，比上次为抢帽子而打架要好多了，因为想弹吉他是好事；第二，动手打人不对，但没有上次厉害；第三，最重要的是，两个人想到了解决问题的新方式——找老师，而不是像以前那样非打出一个输赢不可。之后，班主任提出让他们凭借自己的智慧而理智、友好地解决类似问题的要求。最后，两个学生手拉着手、心悦诚服地离开了。

打架反而受表扬，表面上看似乎不公正，但对于这两个差生来说，这也许才是真正的教育公正，它使赏罚真正起到了规范学生行为的作用。所以，教师在处理类似问题时，既要公平、公正地对待每一个学生，将赏罚制度落到实处，也要学会灵活运用赏罚手段，真正做到公平公正，以便达到更好的教育目的。

爱心是教师教育学生的基础，只有真正把每一个学生都当成自己的孩子去教育，才能实现公平公正。不管在什么样的学校，不管带什么样的班级，教师都不可避免地会遇到一些后进生、一些调皮的学生。面对矛盾，教师不仅要坚持公平、公正的原则，更要关爱每一个学生，关爱与尊重每一个后进生，使他们在赏罚中与优秀生拥有平等的地位。

正如莎士比亚所说：“教育的根须是苦的，而教育的果实是甜的。”只要教师对学生怀有真挚的爱心和“铁杵磨成针”的耐心，就能在赏罚时做到公平、公正地对待每一个学生。

4. 不让情绪所左右，公平公正对待优差生

学生之间相处时，常会因为一些小事产生矛盾，脾气暴躁的甚至还会动手打人，每当面对这些班级问题的时候，江西省抚州市第一中学特级教师冯松林总是以宽容、公正的态度来处理问题，用教育公平慢慢转化学生的过激情绪和行为。

有一次上体育课，冯老师正指导学生进行投篮练习时，体育委员匆匆忙忙地跑过来，“老师，快，快……出事了！”边说边拉冯老师的胳膊。这突然的“袭击”让冯老师愣了一下，但随即他便跟着体育委员急忙跑向铅球场地。

来到铅球场地，冯老师分开围在一起的人群，发现班里有名的“淘气鬼”小军正脸红脖子粗地抓着学习委员小宇的衣服，攥紧拳头准备打下去。看到这个场面，冯老师的第一反应就是急忙上前制止，于是大喝一声：“住手！”

没想到冯老师的暴喝反而让小军情绪更加激动，他就像被点燃的爆竹，大声吼道：“关你什么事！”在场的学生被这突如其来的吼声惊呆了，眼睛齐刷刷地望向冯老师。

冯老师还是第一次受到学生如此直接的顶撞，那一刻，他觉得自己很没面子，因此火气一下就上来了，不由得攥紧了拳头：真该狠狠地教训这小子一顿，太不把老师放在眼里了！但这种想法转瞬即逝，他知道如果这时候教训小军只能解了自己一时的火气，而且在不明情况下教训学生还会使师生之间产生隔阂，这对班级管理不利。想到这里，冯老师缓和了一下自己的情绪，尽量用平静的语气对小军说：“不管发生什么事，先松开手好不好?”说着顺手还拍了拍他胖胖的、鼓起来的小肚子，轻松地开着玩笑：“哎哟，看来你小子早饭吃了不少气，肚子都鼓起来了。”

冯老师的态度让小军感到很意外，他吃惊地看着冯老师，最终憋不住“噗哧”一声笑了，抓衣服的手也慢慢地滑落了……

“好了，现在大家都继续练习动作吧。”冯老师并没有深究，而是走向女生练习场地，继续上课。此时，周围静悄悄的，学生默不作声地继续练习。

快下课时，小军和小宇主动来到冯老师面前，低着头抢着说：“老师，是我错了。”“不是的，是我错了，是我先动的手，我还骂了老师，老师原谅

我吧！”

听到两人的道歉，冯老师笑着说：“老师早就原谅你们了，不过……”冯老师话题一转，严肃起来，“作为学生，我们应该尊师敬长，团结同学，不打架、不骂人、不顶撞老师、不讲脏话，做文明学生，你们今天的表现可不太好。特别是小宇，你是学习委员，班里的干部，更应该带头遵守纪律。而小军爱打架的毛病以后也要改一改。”

“老师，我会改的。”小军保证道。

“老师，我以后也会起到班干部的带头作用的。”小宇也信誓旦旦。

“好，老师相信你们。只不过老师想知道你们为什么一下子都觉得是自己错了呢？”

小军抢着说：“刚才见老师过来，我以为您肯定要先批评我了，因为小宇学习成绩好，老师都喜欢他，老师肯定不会批评他的，于是一见到您过来我就先顶撞您，没想到……”小军不好意思地挠了挠头。

此时，小宇也忙着解释说：“今天确实是我错了，违反了纪律，因为我没有按秩序进行练习，而是抢先了，小军拉住我也是应该的。”

“你们能主动认错，老师很高兴。但不管怎样，你们这次都违反了纪律，要受到小小的惩罚——下次上课帮老师搬体育器材，可以吗？”

“行，没问题，保证完成任务。”说着，两人调皮地做了个鬼脸。

“哈哈……”冯老师笑着轻轻拍了拍两人的头，一种和谐的气氛顿时洋溢在师生之间，洋溢在了整个班级里。

从此之后，调皮的小军规矩多了，淘气的事也少了不少。而小宇也自觉地担负起了班干部的责任，不时地提醒犯错的同学。在冯老师的课堂上，再没有出现过打架、骂人等违反纪律的事情。

“尊敬师长、团结同学，不打架、不骂人、不讲脏话、不顶撞老师，做文明学生”，这是很多学生守则里的基本内容，但并不是每个教师都能让学生做到这些，而案例中的冯老师却做到了。究其原因，是因为冯老师能以公平公正的态度和行动赢得学生的尊敬，从而让学生心甘情愿地遵守规定。

案例中，当冯老师看到小军正抓住学习委员小宇的衣服准备打架时，立即上前予以制止，但小军见冯老师过来，以为冯老师肯定要先批评自己，因而火气更大了，于是强硬地顶撞了冯老师。为什么他会有这种想法呢？因为他是有名的“淘气鬼”，学习成绩又比较差，而小宇不但是班里的干部，学习成绩还非常优秀，教师都喜欢这样的学生，所以他理所当然地认为冯老师会偏袒小宇，训斥自己。

对于小军的顶撞，冯老师开始也很生气，但他却克制住了自己的情绪，以轻松幽默的话语打消了小军的疑虑，使其松开了抓住小宇的手。接下来，冯老师的举动更让小军意外，冯老师竟然没有作任何批评，像任何事都没发生一样继续上课。冯老师的宽容让打架的当事人——小军和小宇受到了震动，所以下课前他们主动向冯老师道了歉，而冯老师也趁机公平公正地对两人进行了批评教育，既没有偏袒优秀生小宇，也没有因为小军成绩差、淘气而作出过分的批评，而是一视同仁，同时指出了两人的错误之处。冯老师的公平公正让两名学生都心悦诚服，最后心甘情愿地接受了冯老师的“惩罚”。

从案例可以看出，冯老师掌握着很高超的教育技能和方法。当学生处于激动状态时，他没有立即提出批评，因为这时无论班主任处理问题有多公平，学生都听不进去，此时，学生已经被愤怒充斥了头脑，失去了理智。所以，冯老师暂时搁置了事情，先让两个打架学生的情绪稳定下来。之后，冯老师再通过摆道理、讲事实对他们进行批评教育，并依据规定做出了公平、公正的处罚，最后取得了满意的教育效果。

学生是合法的个体，他们有享受同等待遇的权利，有享受公平的权利。所以，作为教师，应该公平、公正地对待所有的学生，但要真正践行公平公正并不是件容易的事，因为教师也是人，在主观上很容易受到自己情绪好坏的影响，客观上容易受到问题的情境性等因素的影响。那么，教师如何才能不受情绪的影响，真正做到公平公正地对待学生呢?

（1）加强人格修养，以涵养控制情绪

教师要做到公平公正地对待学生，就应加强自身的人格修养，这是由公平公正的情绪依赖性决定的。也就是说，教师如果没有价值观上的必要修养，遇到问题时，就容易为情绪所左右，理解和践行公平公正也就成了不容易做到的事情。

教育公平公正对于教师而言，就是如何适当地对人对己。公平公正地对人对己要求教师首先要有宽阔的胸怀和高度的使命感，同时还要有一定的自制力和抵制力，以便具备坚持公平公正的勇气。公平公正看起来是一个很容易实现的道德原则，实际上，没有对教育意义的深刻领悟或强烈的使命感，没有无私奉献的情怀，不具有较高人生境界的人，很难完全践行公平公正原则。

所以，要实现教育公平公正，首先要求教师进行道德和心性的修养，成为一个能够很好控制自己情绪的有涵养的人。

（2）提高教育素养，完善自身行为

教育公平公正的实现不能仅仅是一种心理上追求的东西，而是同时要在教育实践中落实的实践法则。所以，教师要真正做到公平公正，不受情绪所控制，还需要有较高的教育素养。

实施素质教育的关键是提高教师素养，作为“人类灵魂工程师”的教师应该是教育专家、思想家和心理学家。只有这样，才能从真正意义上认识教育的公平公正，使受教育者在教育过程中享受到真正的公平和公正。

（3）站在客观的角度公正合理地评价学生

当学生违反纪律的时候，教师在评价学生的错误行为或观念时，首先要站在客观的角度对学生的行为给予正确的分析和评价，错了就是错了，对了就是对了，不管是班里的优秀生还是后进生，教师都要秉承一种客观的态度，只有这样才不至于出现学生情绪失控的场面。

如果教师因为偏爱优秀生而在语言评价上给予其袒护，不但会伤害后进生的自尊心，还会影响教师评价的效力，从此很难再真正起到教育学生的作用。因为，后进生在教师的评价中并没有看到公正性，对于他们来说，这样的评价就是一个摆设，是空洞的毫无说服力的苍白语言，没有任何教育作用。所以，教师在评价学生时，要站在客观的角度，控制好自己的情绪，不抱成见、不徇私情地对学生做出正确的评价。

教师要想做到公平公正地对待学生，首先不能以自己的私利和好恶以及情绪作为处理问题的标准，而要对学生持民主与尊重的态度，从而对不同性别、年龄、出身、智力、个性、相貌、学习成绩等各类学生能够做到一视同仁、同等对待。

五 爱满天下

播种爱，传递爱，化身爱的使者

成功的教育应该是充满爱心的教育，教育的本质和灵魂就是爱。师爱蕴含着对社会的责任和对学生的责任，教师充满爱心能让教育教学产生事半功倍的效果，教师的爱对于学生的学习和成长具有不可替代的作用。真正的教师应时刻饱含情感，为学生倾注真诚的爱，以爱育爱不仅有利于学生积极、主动地追求学业的进步，而且有利于学生养成高尚的道德品质、塑造完善的人格。因此，教师应时刻提醒自己做个充满爱心的“灵魂工程师”。

案例 1

王老师非常爱学生，对他们管教很严厉，遇到学生课堂捣乱，他会非常严厉地进行批评。遇到学生没有完成家庭作业，他就会把学生留下来，在放学后以多于作业三倍的量来要求他们做好，否则就不让回家。

这天，小文被留下后，面对难以完成的作业，头痛欲裂。跟王老师申请要回家，但王老师没有批准，并斥责他不要找借口为自己开脱。但随后不久，小文出现了不良反应，出现呕吐、头晕目眩的症状，最后在送往医院途中死亡。

为此，家长把王老师和学校告上了法庭。王老师觉得很冤枉，自己分明很负责任，很爱学生，却出现了这样的结果，让他很烦恼。

案例 2

李老师认为爱学生，就是要多赞美学生，多按照学生的意愿办事，以为这样做就是发扬了民主，还学生以主体地位，真正做到了以生为本。学生不愿留作业，他从来不留；学生对批评反感，他就从来不批评，即便学生出现错误，他也听之任之。结果搞得课堂纪律一团糟，其他任课老师都怨声载道。

为此，校领导找他谈话，要他停职反省：如何做，才是称职的教师，怎么做，才是真正爱学生。

教师爱学生，是天经地义的，但凡事都要有度，过多的爱、过少的爱和不恰当的爱，都不是真正意义上的师爱。以上两个案例中的老师，在对师爱的最起码的把握上，都犯了不同程度的错误，也都造成了不良后果。

教师在积极践行良好师德、“爱满天下”时，一定要深入学习教师法，深谙师爱内涵，掌握师爱的具体方法，准确把握师爱的度，把师爱确实用在正确的行动上，促使自己的教育教学再上一个新的台阶。

（一）教师爱满天下概述

热爱学生是师德之魂。

师爱不同于母爱，它是一种出于对民族、对社会、对国家的责任感而产生的对教育的爱。

苏霍姆林斯基说过："一个好教师意味着什么？首先意味着他是这样的人，他热爱孩子，感到和孩子交往是一种乐趣，相信每个孩子都能成为一个好人，善于跟他们交朋友，关心孩子的快乐和悲伤，了解孩子的心灵，时刻都不忘记自己也曾是个孩子。"

爱满天下是陶行知先生一生奉行的座右铭，他说："我们深信如果全国教师对于儿童教育都有'鞠躬尽瘁死而后已'的决心，必能为我们民族创造一个伟大的新生命。"

教育的本质和灵魂就是爱。教育主要通过教师对学生的爱得以实现，爱在词典里的解释有喜爱，对人或事物有深挚的感情；喜好；爱惜、爱护等。

师爱，是指教师对学生的热爱之情，它除了具有爱的一般诠释之外，还有其独特的含义，它是在学校这个特定的教育环境中孕育而成的，因此，不可避免地沾染着学校的精神气息与风貌，表现出一定的超脱世俗的品性，同时，它又是与社会性需要相联系的事业心和责任感、道德感等凝聚而成的一种崇高的情感，它蕴含着教师对社会的责任、对学生的期望。师爱是教师职业道德的核心内容，是教师高尚思想情感的突出表现。

以学生为本的师爱，是在尊重学生个性、理解学生差异的基础上，对学生给予人性化的关怀、爱护。教师在关爱学生时，要超越个人的偏见，冲破对学生的束缚，引导学生去自我塑造、自我完善，而不是限制学生的自我生成，同时，在这个过程中注入真诚的"爱心"，实现师生双方关系的和谐统一。这样，师生才能由传统的"对立"关系走向"统一"。

因为师爱产生于特殊的场所——教育领域，又有其特定的要素构成——教师与学生，因此，表现出一些不同于其他的一般爱的特征。

师爱与亲子之爱、友爱相比，多了完整性、全面性。父母对孩子更多的关注体现在生理上，孩子的身体发育状况是父母最容易观察到的，却难以照顾到孩子的心理，更多的只是对孩子生理上的呵护，一日三餐营养均衡就是父母对孩子施爱的主要表现及主要范围。

而教师关注的不仅有学生的学业成绩，还包括学生的身体健康、情感变化等方面。教师要在学习上、生活上、心理上与学生进行多方面的沟通，帮助学生顺利完成学业，要关心学生的身体健康，引导学生消除不良心理，帮助学生养成良好的行为习惯等。因此，教师对学生的爱是完整的、全方位的、多角度的关心和爱护。

如今，“为了一切学生，一切为了学生”的教育口号已经渗入到各级各类学校，爱学生已经是教育的大势所趋。《教师法》第八条中明确规定：“关心、爱护全体学生，尊重学生人格，促进学生在品德、智力、体质等方面全面发展。”尤其是在2008年，我国再次修订了《中小学教师职业道德规范》，在“规范”中对关爱学生提出了许多新的建议。

为了更好地落实“爱学生”的教育思想，各级各类师范学校培养准教师时，包括在各类教师培训考核机构中，都十分明确教师不能只用“舌头”讲话，而要用情感讲话，不能只是冷冰冰地进行灌输知识、“法官”似地指责学生，而要倾注内心的挚爱，温暖学生的心灵，用一颗炽热的心去感染学生。因为热爱学生是教师最宝贵的职业情感，是一切优秀教师最为珍惜的一笔精神财富，有了这样深刻的思想认识，教师在具体的工作中就会调动起热情去关爱学生。

1. 教师爱满天下的重要意义

教师的爱，对学生的终生发展具有深远的意义。

（1）以爱育爱，引领学生学会爱、释放爱

新课程改革把知、情、意、行放到了教学的重要位置，对学生的情感教育是每位教师都不能忽视的课题。通过哪些途径对学生进行爱心、善心的培养，如何才能让学生开启自己的善心、爱心是教师必须面对的课题。

在与学生的日常学习交往中，教师点点滴滴地倾注爱心，学生就能感受到这种温暖，认识到爱心的美好，学生会自觉不自觉地激发自己内心深处的爱心、善心，并自然而然地把它释放出来。因此，教师的爱可以以爱育爱，引导学生开启爱心、释放爱心。

（2）师爱是特殊群体学生向上的“太阳”

现实中，并非每个学生都是活泼开朗、衣食无忧的。家庭困难、性格存在问题、学习能力较弱的学生也是客观存在而又庞大的一个群体。这些学生往往存在一些心理问题，认为自己不如别人，因此，与人交往时心理紧张、思想压力大，自尊心、自信心容易受到伤害。而教师的爱却可以“润物无声”地消除这类学生的消极心理，让他们积极学习，开朗地面对生活。因此，教师的爱是化解这类学生紧张、自卑、急躁、焦虑等不良情绪的良药秘方，是照耀他们消极心理的“太阳”。

（3）师爱可以促进公平公正，释放正能量

师爱是打开学生心灵、理解教育奥秘的钥匙。正确合理的师爱是一种成熟的爱，它是一种积极的活动，它能让教师正确处理师生关系，使教师公平公正地对待每一位学生，从而在学生心中播撒正义、正直的种子，并让它们生根、开花。

（4）师爱可以调动学生的学习积极性、主动性，提高学习效率

“亲其师，信其道。”人是有感情的动物，教师对学生的爱会让他们产生“老师很可敬、可爱”的感受，他们也容易将这种纯真的感情转化为愿意听其教育，愿意上其课的意愿，激发出好好学习，努力报恩的热情，从而大大提高教育教学效率。

2. 教师爱满天下的主要内容

教师爱满天下的主要内容表现在以下几个方面：

（1）心系学生，发自内心爱学生

心系学生，关注学生的疾苦，洞悉他们的内心世界，并在此基础上，想方设法关爱学生，是教师必须牢牢记住，也是必须时刻践行的准则。

这种爱，是发自内心的，而不是虚假的，是实实在在的，而不是挂在嘴边的。

（2）既爱优秀学生，也关爱问题学生、学困生

教师要提升自己的思想境界，提高自己的认识水平，要坚持“有教无类”的教育思想，秉持公平公正的立场，既要把爱传给优秀学生，更要把无私的爱献给问题学生和学困生。教师不应该因为学生的学习情况、家庭情况，人为地把学生划分为三六九等，而要一视同仁，一碗水端平，多给后进生创造成功的机会，让他们享受到师爱的温暖。

(3) 树立崇高使命感，为学生终生发展尽心尽力

教师要境界高远、心胸宽广，要心存“学生是祖国未来”的大局意识，不管是在学生的学业，还是在他们的思想道德上，都要从学生终身发展的目标出发，让他们成为爱学习、会学习、有理想、讲道德的人。

(4) 传递爱，让学生学会爱

“爱生如子”是执业教师的崇高目标。勇于奉献、不求回报的教师，才会对学生传递无私的爱。当学生出现困难、面临危急时，教师表现出的挺身而出，毫不犹豫地为学生奉献自己的爱心、耐心和青春的行为，也会让学生理解爱的真谛，从而学会爱。

3. 教师不正确师爱的原因

教育领域里的师爱是一种丰富的情感，是教师产生教育行为的源头活水。但是一部分教师虽然对学生充满了热情与期望，满怀“爱心”，却也会犯下“爱错了地方，用错了方式”的错误，这些教师爱得很苦、爱得很累，但学生却感受不到，甚至排斥、反感，结果非但没有达到预期的效果，反而产生了一些负面的影响。其原因大致如下：

(1) 走入极端的师爱

教师对学生的关爱要有度，只有教师付出的爱恰如其分，对学生来讲才是最为恰当的。教师的爱太过，会变成一种过分保护和控制，对学生来说会成为一种负担；爱的太少，极易变成冷漠和麻木，对学生来说又失去了该有的温度。一些教师由于把握不好度，导致了对学生走向极端的爱。

(2)“一刀切”与“等级分”

如今，有些教师为了追求所谓的教育平等，就试图对每位学生都施以“绝对相等”的爱。其实，这种“一刀切”式的爱看似平等却造成了另外一种不平等。因为每个学生都是极具个性的“这一个”，不同的学生对爱的需求不同，对爱的接受方式、接受能力也不同，有“无须扬鞭自奋蹄”的“自觉的一代”，也有“乱花渐欲迷人眼”的“迷惘的一代”；有“千锤百炼浑不觉”的坚强型“骄子”，也有“弱不禁风”、“吹弹可破”的脆弱型“娇子”。教育是一项“个性化工程”，教育是一种“科学”的艺术。因此，对不同的学生要施以不同的师爱——合适的才是最好的。

“等级分”是体育比赛中经常使用的一种参数，它用数字来说明运动员

的运动水平、竞技状态等。有些教师在教育教学中也有一份“等级分”的列表，他们按照学生的学习成绩、学习习惯、学习态度，甚至与学生家长的关系等，人为地将学生分成三六九等。对不同的学生施以不同的爱，处理不好将会给学生带来极大的伤害。

（3）偏离正确理念的师爱

有些教师表达爱心时用错了方式，结果变成了“残酷”的爱。他们仍相信“打是亲、骂是爱，不打不骂不成才！”的陈腐观点。如果学生没有如他们所愿完成学习任务，少不了的就是体罚与变相体罚。另外，有些教师虽然没有对学生进行直接的体罚，却惯于在精神上对学生进行严惩，经常对成绩差的学生言词侮辱，或对犯错误的学生不闻不问、置之不理，这些看似没有体罚来得直接，实则给学生带来的伤害更深更持久。

（4）忽冷忽热的师爱

一些教师，尤其是刚走向工作岗位的年轻教师，往往怀揣着教育理想，带着一腔热情，不遗余力地投注到教育工作中。然而，随着工作热情的慢慢退却、教学成绩的不够理想、学生的配合度不高以及个人家庭因素等问题的困扰，一些教师很难保持对学生一如既往的爱，因此，学生感受到的往往是随教师情绪波动而产生的忽冷忽热的爱。

（5）“零批评”与“廉价表扬”

现在，在一片“赏识”声中，在学校教育中，“批评”的缺失已成惯常之事，有些教师错误地理解新课程理念，认为“一切以学生为本”就是“学生永远是对的，学生是批评不得的”。爱学生就必须坚持“零批评”。事实上，没有批评的教育是不完整的教育，缺少批评的教育是苍白的教育，失去批评的教育是不可想象的教育。教育的“零批评”只是远离教育第一线的“幻想家”对教育所持的美好愿望，完全“零批评”的教育模式只能是“乌托邦”式的自我安慰。

“零批评”是育人过程中一个不容忽视也不该忽视的盲区，它掩盖了学生的思想缺陷，扭曲了育人的终极目标，折射了教育者的急功近利。因为它看似赏识优点，实则忽视缺陷；表面上激励鼓舞，实质上讨好绥靖。既然教育是一种唤醒、是一种激励、是一种约束和规范，那么教育就应该是表扬、批评、肯定、否定、鼓励、惩罚，什么都有。“零批评”是对师爱的一种错误理解。

与“零批评”相伴而来的就是“铺天盖地”的“廉价表扬”——“你真棒!”“你最棒!”“表扬他（她）!”……最可怕的是，在课堂上有些学生的回答明明是偏颇的，是需要教师纠正的，有的教师竟然也会说“你的想法真特别，给你一颗智慧星!”殊不知，这样会害了全班的学生——课堂可以是开放的，但知识还是要保持科学性的。学生在校园里的言行举止，如果违反了中小学生日常行为规范的要求，违反了校纪校规时，教师也轻描淡写地给予“毒品”般的表扬——“你真勇敢!”“你真有主见!”就可能会将学生引入歧途，甚至走向犯罪的边缘。

教师的爱，是一种强大的教育力，它能为学生带来催人奋进的力量，也是教师必须具备的崇高师德。每一位教师都应储蓄爱、挥洒爱、传递爱，让教育事业真正成为充满阳光的事业、充满爱的事业。

（二）名师爱满天下案例及养成策略

1. 心中有大爱，甘心奉献爱

2009 年夏天，在河南郑州的大街上，一个衣着朴素的女孩边嚼着干粮，边奋力蹬着三轮车，她专门收购小学教辅图书，而且给出的价钱也比一般“破烂王”高得多。收书时，她饿了就啃干馍，渴了就喝白开水。

网友“莫笑书生无情”看到这个场景很受感动。于是，他拍下女孩骑车收书的照片，发到了网上。

“希望每一个曾经有过这种经历的人，可以稍稍给女孩尽一点力量……”写有简短文字的照片在网上传播后，迅速引起巨大反响。很快，人们知道了这个女孩叫李灵，是淮阳县一所农村希望小学的校长、教师；为了让几百名孩子有书可读，27 岁的她只身来到省城收购旧书。

收书，一个源于普通乡村教师质朴心愿而发生的举动，让无数人为之动容。李灵的事迹也赢得了由贾平凹、闫肃、崔永元、于丹、金庸、冯骥才、喻国明等 35 位各界名流组成的“感动中国”推举委员会的喝彩。因此，她被评选为 CCTV“感动中国”2009 年度人物。

2002 年，李灵从淮阳师范学校毕业后，看到很多留守孩子上学困难，就和父母商量，打算办一所小学。“孩子想办学，我当然支持。”教了近40年政治课的中学教师李丙兴对女儿李灵当初的决定立即表示支持，并和她结成了“同盟”。他帮助李灵租用校址，借遍所有亲朋好友的钱建起了校舍，又聘来10多名老教师。

学校办起来了，油印机、大喇叭、书桌、教具等是李灵从其他学校淘汰的旧物件中买来的，她和家人一起，将这些东西经过简单翻修后派上了用场。学生数量不断增多，民办学校无法享受国家免费教育，教辅材料匮乏成了李灵的心病，这困扰着她，让她寝食难安。

面对前所未有的困难，她经常躲到屋子里、厕所里哭。父母心疼地劝她，说：“实在不中，学校就散了吧。”可李灵说：“再难也要办下去，村里很多人出门打工了，留家的孩子不上学不行。”看李灵态度那么坚决，父母也只好在学校搭了个窝棚，吃住都在学校，陪着女儿。

李灵的学校紧挨着村子的主干道，校名简单，只在门楣上写了“希望小学”四个字。

学校很小。从只有一间办公室的办公区到教学区，只有十几步距离，8间教室分属五个年级，容纳了460多个孩子。教学区最南端的一间屋子辟作了“希望书屋”，存放着学校最近几个月以来受赠的数万册图书。

学校没有操场，教室门前一块三四百平方米的空地，就是学生们活动的场所。空地的角落里放着一个单杠、一个滑梯和一个旋转木马，它们是李灵前几年收购的旧物件，也是学校日常使用的全部体育器械。

李灵时刻想着每一位学生。四年级有个学生叫小森，家住许湾乡高庄村。几年前，小森的妈妈不幸去世，爸爸患了精神病，去年，爷爷和叔叔也相继离世，小森只好和年迈多病的奶奶相依为命，因此，李灵对他格外关爱。

天气渐渐地变冷，为了让他过一个温暖的冬天，李灵特意给他买了一件崭新的蓝色鸭绒袄，“这孩子太可怜了。”李灵决定要亲自把衣服送给他。

小森长得虎头虎脑的，看见李灵就跑过来抓住她的手，叫了声“大姨”。李灵亲切地把孩子揽在怀里，给他穿上鸭绒袄，替他整理好红领巾，上下打量着：“嗯，大姨买的衣服正合身呢！今儿风大，出门别忘戴上帽子。”

小森摸着新衣服，眼睛里忽然涌出泪水，他赶紧低头用手背抹了下去。

李灵对学生的爱，换回了他们对自己的爱。平日里，他们就像一家人一样亲热、友爱、温馨。

下课了，学生们飞跑出教室，只要看到李灵站在操场上，便会潮水般围拢过来，有的拉胳膊，有的抱着腿，“大姨、大姨”的叫喊声，立即在小小的校园里四处飘荡。“这些学生呐，真是缠人。”好不容易“挣脱”了孩子们，“诉苦”的李灵脸上却洋溢着幸福的快乐。

在这个学校，孩子们不喊李灵“老师”或“校长”，他们叫李灵“大姨”。按当地民俗，这个称呼几乎等同于“妈妈”。

“李灵是个心地善良的好女孩，把孩子交给她，我们放心。”这是村民对李灵的评价。他们说李灵打心眼里喜欢孩子，孩子们当然也亲近她。“等俺孩子长大了，就送到李灵的学校。”是很多村民的心声。

李灵的希望小学现有460多名学生，80%的孩子是留守儿童。为了让这些孩子增长见识，李灵曾带着4个学生乘坐D字头火车，到北京游览长城、鸟巢，参观北大、清华。一个星期的北京之旅，让这些之前连县城都没去过的孩子大开眼界。回校后，4个孩子的学习成绩突飞猛进，有3个孩子名列班级第一名，一个二年级的学生是班级第三名。孩子们的经历和巨大变化，轰动了十里八村。

“9月份开学一下增加了100多个学生。”李灵说，乡亲们越喜欢她，她越感到责任重大，越觉得不能让孩子们在学校有任何闪失，也期望他们个个成绩优异，首先顺利升入中学，然后，考上大学。

得知李灵的困难，社会各界纷纷伸出援助之手：捐赠书籍6万多册、书柜20个、电脑8部、钢琴一部、电子琴4部、衣物和体育器材若干、捐款11万余元……这些来自社会各界的捐赠，被李灵一一登记并珍藏起来。

“我们缺什么，社会就给什么，这逼着我们要有更大的提高。做不好，良心上过不去！”李灵在郑州收书的时候，许多送书给她的人没有留下名字，这让她觉得很遗憾。后来，只要有人给学校捐款捐物，不管捐多少，李灵一律记在本子上。

李灵经常翻看这个小本子。有空的时候，她会一一打电话或者发短信，向每一个帮助她的人说“谢谢”，有时她还登门拜访。一个叫陈万春的老人捐了20000元，老人家住在新密市，李灵选了一个周末，带上两个学生和一些土特产，坐车到新密看望陈万春。

每收到一笔捐款，李灵都会主动询问捐赠人这笔钱想怎么用。一个在外地打工的人每个月给学校捐200元钱，李灵在电话里和他商议好，用这笔钱批发桶装水，解决孩子们喝水的问题。

后来，捐款人给李灵发来一条短信："你念念不忘别人的恩惠，心中常怀感激之情，足以为人师表、学生楷模。"李灵说，将来有了新校舍，一定要立一块碑，刻上所有捐助人的名字，一块碑不够用，就再立一块。

李灵之所以要这么做，是想把自己对捐助者的感恩，化为对孩子们的爱。

按规定，在学校吃饭的学生一顿饭要交一元钱。"四五年级的孩子，一顿能吃三四个馒头，一块钱根本不够。"尽管如此，李灵还是让食堂尽量把伙食办得好一点，除了馒头，还有包子，每周孩子们还能吃上一次煮鸡蛋和油炸丸子。

有一段时间闹"甲流"，李灵买来十几支温度计和一堆备用药，分发给每位班主任，并叮嘱说："小孩有病直接送医院，不管家长来不来，医药费记到学校账上。"

尽管是民办学校，但李灵没有把学校当作"私产"。这学期，李灵还准备把一部分图书借给其他学校用，"必须保管好，再旧的书我也不能让它丢了。"她说。

淮阳县已经批了12亩地，准备扩建李灵的希望小学。尽管建校资金还是个大问题，但李灵已经在规划新学校："新学校想建成'品'字形，在门口设个文化长廊，里面是文化大院，除了标准化教室，还要有图书室、电脑室、音乐教室和学生宿舍。用不完的地，可以种点菜，让孩子们自己劳动。到时候，孩子们就会感觉更幸福了。"

关于李灵希望小学的报道占据了许多媒体的重要版面，网友好评如潮，称赞李灵是"最美乡村女校长"。对这些，李灵看得很淡："我不想看那些报道，也不上网。我不在乎别人咋说，只想尽量排除干扰，做好该做的事儿，让孩子们快乐地学习。"

2009年度感动中国人物评选组委会授予李灵的颁奖辞：一切从零开始，从乡村开始，从识字和算术开始。别人离开的时候，她留下来；别人收获的时候，她还在耕作。她挑着孩子沉甸甸的梦想，她在春天播下希望的种子。她是八零后。

教师是太阳底下最光辉的职业，教师职业的崇高之处就在于像太阳般温暖照耀着学生的心灵，给予学生最无私、最伟大的关爱。李灵，燃烧着青春热血的爱，帮助那些农村孩子和留守孩子，让他们感受到来自学校、来自教师的爱。

教育是一个有爱心的人所从事的事业。但是，并不是单纯具有爱心就能做好教育工作，教师对学生的爱是教育中最为核心的部分。然而，教师的爱只有被学生接受并产生共鸣时才能完满，这时，师生双方才能体验到沐浴着爱的那种喜悦。教师要消除对爱的误读，找到适合的施爱路径，具体可以从以下几个方面着手：

（1）要给学生最需要的爱

有些学校的教育教学始终围绕着升学和考试转，并没有对教师关爱学生的方式提出质疑或进行深思，教师完全按照自己的意愿关爱学生，学生也是被动接受，师爱成了一种“上施下受”的东西。教师拥有如何施爱及何时施爱的自主权，学生却缺少是否接受师爱及接受何种师爱的发言权。

教师在关爱学生之前，应转换以往那种知识权威者、课堂主控者以及学生操纵者的错误角色认知，应认识到教师与学生是在一种共生共在、相互依存、平等民主的体系中。在这样的一个体系中，教师不应妄自尊大，借关爱学生、帮助学生之名而强制学生按照自己的意愿去思考和行动。教师应认识到，即使是在关怀、导引学生的时候，学生也有权利按照自己的方式思考、做事。教师不是“大家长”，不是学生精神的独裁者，而是学生心灵的守护者。

教师对学生进行关爱的目的不是为了掌控学生，而是尽力让学生更加自由地呼吸、自由地成长。爱是人类心灵的一种自然状态，师爱应是教师在最真实状态下的释放，也是学生在最自由放松状态下体验到的一种爱。这样的爱，才是学生最需要的。

（2）施爱方式有讲究

关怀是人类最深刻的内心渴望，师爱是学生在学习阶段最深切的渴望。然而，有的时候教师发出的爱心却未必能传达到学生的内心，因为学生的意愿不是教师靠权威能左右的。虽然教师可以利用课堂上的权利让学生遵从，但学生对这样的爱只能顺从而不能反抗，虽质疑而不认同，因此，难以心悦诚服地接受。

一旦教师出现了强迫和专制，学生就有了质疑和逆反心理，这份师爱就不容易被学生体验到了。因此，教师在施爱时，要注意倾听学生的心声，了解进而理解学生的心态，以免好心做了坏事。也就是说，教师的爱心同样不能超越价值引导的尺度，“大包大揽”地过度关心，容易激起学生的抵触情绪，结果往往适得其反。

（3）既要有大爱，更要有小爱

教师的大爱，是只求奉献、不求回报的爱，是教师对学生关爱的最高境界。大爱无声，教师在必要的时刻需要用生命去诠释一个师者对学生最诚挚的爱。比如，在危难之中挺身而出，用自己的生命呵护学生的生命，它闪现出的人性光辉，足以穿透那几秒钟的灾难阴影。教师的这种大爱，最能震动学生的心灵。

更多的时候，教师对学生的关爱是不会显性地表达出来的。正如李镇西、斯霞那样点点滴滴，数十年如一日地关心爱护学生的教师，都是在日常工作中，将“小爱”不断地、悄悄地渗入到每个教学环节，滋润学生于无声，鼓励学生积极上进的。

因此，教师要用最淳朴的爱心滋养学生，帮助他们获得健康发展，除课堂教学以外，教师在课下要多与学生进行一些接触，对学生的身心发展多一些关心和了解，对学生的过失多一些宽容，以朋友般的挚爱给学生一些帮助和支持，多投入一些自己的真情，关爱每个学生的成长，并且始终用期待的心情去关爱每个学生的个体成长。对学生的耐心多一点，期望久一点，不忽略课堂内外的小事件，在细节中温暖学生的内心。

（4）热爱学生要从赏识做起

赏识是对学生的一种信任、关爱和鼓励，是爱的代名词。教师对学生的赏识，也是师爱的充分体现。教师应该关爱每个学生的心灵，适时给学生一些赞赏。

学生的思想认识和行为的可塑性很强，自我评价能力却很低，他们往往通过别人对自己的评价来认识自己。给予学生赏识，实际上就是给学生一种积极的心理暗示，使学生在某方面乐于做出努力，从而做得更好。经常给予学生赏识，他们的自信心就会建立起来。

（5）把爱落实在“因生施教”上

爱的实质就是尊重学生的自身发展需求。同一个班级里的学生会存在很大的个体差异。作为教师，一定要考虑到学生的特点和基础，不能一味地拿学生的缺点和不足去跟别人的长处比，那只会使他们丧失自尊心和自信心。

教师的爱，应更多地体现在“因生施教”上，要根据学生的差别，有的放矢地予以关爱，让每个学生都能发展。这才是“一切为了学生，一切为了学生的发展”。

2. 给予爱的启迪，让学生学会爱

甄珍，北京市德育特级教师、“首都劳动奖章”获得者、“全国模范教师”“全国优秀班主任”等荣誉称号的获得者。

甄老师不仅名和姓都和“真”字同音，而且她做人求“真”，做事也认真，还善于用“真”字来思考教育，关爱学生。

26年的班主任工作经历，形成了她以“真”为本的教育思想：用“真”做文化底蕴，把自己特有的文化感悟化作爱，去滋润学生，去关爱、培养学生，从而培育“真”人，同时使自己的教育人生日臻完善。

有一年的感恩节，正赶上大风降温，北京出奇地寒冷。可是，班里的学生们却坐在温暖的教室里，因为热有的在撕扯毛衣的领子，有的在抱怨爸妈给自己穿得太多……甄老师见状心里很不是滋味。于是，给学生讲述了美国著名女作家 Pearl · S · Buck（赛珍珠）在她著名的散文《圣诞前夕》中记叙的一个动人的故事：

一个少年生活在一个贫寒的家庭，爸爸妈妈非常爱他，虽然生活拮据，但总要让孩子得到一份圣诞礼物，孩子也从不多想，一直觉得这是理所当然的。有一年圣诞前夕，他无意中听到爸爸妈妈在卧室的谈话，才知道父母为维持一个家庭付出了多大的艰辛。于是，他决定送给爸爸妈妈一份特殊的圣诞礼物，那就是在圣诞节让爸爸妈妈休息一下，自己悄悄在半夜起来喂奶牛，挤奶，将农场的活也全部干完了。当爸爸妈妈清早起床准备像往常一样劳作时，他们吃惊地发现孩子已将一切收拾好了。他们激动地拥抱着儿子，孩子也倾诉了自己的心声：“爸爸妈妈，我今天也能给你们一份礼物了！”

讲到这里，学生们陷入了沉思。望着窗外的阴霾，摸着自己穿得厚厚的衣服，他们渐渐感受到了爸爸妈妈带给自己的疼爱与温暖，也想起了寒风中，骑自行车送自己上学的爸爸还没有顾得上戴手套，妈妈给孩子穿上了棉鞋，自己却还穿着丝袜……

这时候，有学生提议全班学生进行一次给爸爸妈妈准备“温暖牌”衣服的秘密行动。当天晚上，许多家长在床头看到了孩子翻箱倒柜给自己准备的毛衣、保暖裤，读到了孩子写下的感恩的话语……

第二天，一位家长给甄老师发来了短信：“甄老师，我们全家向您致以迟到的感恩节的祝福。尽管我的孩子时常让您操心，让我们着急，但是他的感恩节礼物着实让我们感动。昨晚回到家，看到鞋柜里的鞋被翻了出来，我火冒三丈，心想：孩子淘气得出圈了。当看到他举起两双擦得干干净净的棉靴嘱咐我们明天穿上，并祝我们感恩节快乐的时候，我知道我错怪了孩子。那一刻，我真的高兴极了，这对我儿子来说是从来没有的。孩子长大了，知道爱父母，懂得感恩了。谢谢老师的培养，谢谢学校的教育！”

甄老师在回复的信息中这样写道：“常怀一颗感恩之心，教育力量会更加神奇。”

接下来，甄老师指导学生进一步观察父母的生活习惯，了解他们的需求，给自己设立一个“家庭敬长岗”，并要求他们长期坚持做下去。

过了一段时间，有的学生发现，每天早上爸爸总是在做好早餐后才舍得唤醒熟睡的女儿。当她尽情享用的时候，顾不上吃饭的爸爸已经到楼下发动车子准备送孩子上学了。从此，她会早起一点，坚持每天给爸爸的包里装好早点；有的学生发现，妈妈有失眠的毛病，每天晚上需要药物和大量阅读才能渐渐入睡。从此，他不但坚持按时给妈妈备好药和水，还把自己阅读后感觉有意思的书刊放在妈妈床头……

甄老师说：“爱过节是孩子的天性。把节日从文化的视角做大、做深、做足，并赋予它中国传统文化的内涵，使学生经历着、享受着平凡而又真实的生活，就会让他们懂得学会做人，这些是从孝敬父母开始的。”

有一年的六一儿童节前夕，学生们正在兴高采烈地谈论即将到来的节日会得到怎样的礼物，参加怎样的活动，享受怎样的大餐时。甄老师宣布了带他们回幼儿园过节的消息。兴奋之余，学生们和她一起商量使这次幼儿园之行更有趣也更有意义的好办法。

节日这一天，学生们兴致勃勃地来到了幼儿园，用丰富多彩的形式向老师们汇报了自己一年来的成长和收获，每人还为小弟弟、小妹妹送上了自己亲手制作的小玩具，向他们表达了节日的祝福，并且高兴地和他们玩儿了起来。

这个节日学生们过得很开心，没有人再向家长索要什么礼物，而且明白了接受爱是快乐的，同时，也体验到了给予爱更是快乐的……

作为班主任，甄老师常想，能让孩子们感受爱、理解爱、接受爱，只是"师爱"定义的一部分。孩子的心像广袤的土地，播下仁爱的种子，便会收获尊重、理解、关心、宽容和感恩。面对多元的社会价值观，新时期的教师就要用真爱滋润学生，在日复一日的校园生活、家庭生活乃至社会生活中，给予他们健康的精神培育，用自己的真爱唤醒学生爱的意识，让他们不仅要学会感受爱，还要学会感谢爱、给予爱、奉献爱。

甄老师曾经感言："做教师最大的价值就是让爱传递。"甄老师留有一本感动日记，它是一个再普通不过的双线本，没有任何华丽的外表，但翻开每一页，都留有学生用彩色铅笔绘制的红心。他们用捕捉爱的眼睛，记录生活的点点滴滴。在这一过程中，他们学会发现爱、感受爱、懂得爱、传递爱，并拥有了一颗感恩的心。

小东为吃中午饭的同学提前码放好椅子，以此帮助动作慢的伙伴节约时间；小军每节课间都站在教室的前方提醒同学准备好下一节课的用具，三年来从未间断；班级的生物园地，摆放着一个游动着可爱小鱼的鱼缸，这是娟娟从家一路捧来的，满头的汗水与打湿的衣衫让娟娟的笑容分外美丽。阳阳突然抱怨："在午餐的时候，同学还要对我吃些什么'指手画脚'，我烦透了！"甄老师说："你问问她，那是为什么？"阳阳没有再找老师，而是把故事写进了日记："同学是觉得我只吃一种菜营养不够。听到伙伴的话，我很惭愧。"

"想让孩子成为怎样的人，就给他怎样的生活。"甄老师在班级建设时，始终坚持"记住一个字、佩戴一枚班徽、组建一个编辑部、开设一个班级网页……"让学生在文化浸润中成长。学生是喜欢创作的，他们把班徽设计成太阳的轮廓，并动情地讲述："太阳光芒万丈，代表我们的集体是温暖的；

中间有一条乘风破浪的船，说明我们是勇敢的；船头叠放着几本书，代表我们是睿智的；岸上葱茏的大树，象征集体是充满生机的；飞扬的五线乐谱，唱响我们快乐的生活。”

甄老师认为，孩子的心就像广袤的土地，在他们的心中播撒爱的种子，就会培植出爱的品质。甄老师带领学生开启“现代班级阅读生活”，通过个性化阅读、合作阅读、亲子阅读，以及文化剧场表演、课堂辩论大赛等活动方式，让智育和德育有机融合，令教育的价值最大化。

“三·八”妇女节到来时，甄老师让学生们以“我给妈妈讲故事”的形式，为母亲献上了一份特殊的节日祝福，并在“阅读花园”中留下自己的成长足迹：“小的时候，都是妈妈给我讲故事，今天我也要给妈妈读故事。夜幕降临了，我让妈妈躺在床上闭上眼睛，开始给妈妈讲故事：小莎捧着一大束花，走在回家的路上，打算送给妈妈。一路上她把花分给同样也想为妈妈献花的小朋友，到家后手里只剩下一枝花，可妈妈说，‘这是世界上最美的一枝花。’”

平时，甄老师还让学生们经过民主讨论，为自己的班级活动角赋予“爱称”：“丝路花语”“吉祥多宝”“知识快递”“艺术乐园”……这些丰富多彩的名字，是甄珍老师和学生一起在为教室做精心“装扮”，这一过程，不仅唤醒了学生们对“雅”的追求，而且净化了学生的成长环境，拓展了学生发展的空间，更重要的是，让学生逐渐学会了欣赏美、创造美，为成长的心灵不断“补氧”。

甄老师的班级组建了不同类型的学习型小组，她还让学生给它们赋予了雅致而又充满童趣的名称——“音乐蝌蚪”“舞蹈天使”“英语比萨”等。

“真水无香，真爱无痕”，甄老师就是用这种“润物细无声”的爱滋养着每一个学生，用自身的内涵之“雅”影响着每一个生命。在甄老师的心中，教育永远只有目标，没有终点。在未来的教育之旅中，甄老师将不辍地耕耘，与学生们共同续写爱的故事。

教师的一颦一笑，一举手一投足，都应该充满爱心，使自己成为爱的使者和心与心的桥梁。“爱是教师最美丽的语言”，作为教师，不仅仅要把知识传授给学生，同时还要教育学生成人、成才。教师对学生的爱不是一个抽象的名词，而是一种具体的教育过程，是在教师对学生的理解、宽容、原谅、赏识、信任的基础上所形成的一种心理相容。只有这样，师生关系才能体现出平等和尊重，才能体现出人民教师优秀的师德，那么教育的效果也就会达到“随风潜入夜，润物细无声”的境界。

列宁曾说过，“人的思想只有被浓厚的情感渗透时，才能得到力量，引起积极的注意、记忆和思维”，因此一切都离不开爱。师爱是教师对学生进行有效教育的前提条件，对搞好班级管理，促进教育教学工作都能起到积极的作用，而且对学生良好性格和高尚情操的培养，也会产生深远的影响。

在工作中，教师要努力创设一种民主、平等、和谐的新型师生关系。要创设这种关系，教师就必须善待学生，视学生为与自己平等合作的伙伴，处处关心学生，一个眼神、一个手势都给予学生慈爱的感觉。特别是对于有缺点和失误的学生，不应粗暴地批评和指责，而要循循善诱，对学生的进步及时给予鼓励，帮助他们树立信心。课堂上尽量使用诸如“你还有什么需要帮助吗?”“你还有什么想问老师吗?”等一些尊重学生的语言，激发他们多思、善思，课后要与学生打成一片。这样，一种新型的、和谐的师生关系也就随之产生，师生之间的“墙垛”就会自然拆除。在宽松、融洽的教学氛围中，学生也就能自由地说出自己的所思、所感了。

教师应该带着一颗童心去热爱、尊重、信任和理解学生，形成团结融洽的师生关系，教学相长，启迪学生的心灵，使教育教学工作永远富有朝气。

关爱学生容易，但做到对学生真正的关爱，是一种境界，更是表现在教育上的一种远见卓识。上面案例中的甄珍老师，将自己对学生的爱渗透到教育教学的方方面面，让学生幼小的心灵能够时刻感受到爱，从而也真正理解爱、学会爱，并开始传递爱。

关爱学生，首先需要更新教育观念。教师需要进行一次彻底的教育观念的改变。教育观念不仅直接影响教师的教育行为，也间接影响着教师的道德行为，它既表现在教师对待学生的态度、行为和方法上，又表现在教育、教学的具体行为上；教师的教育观影响着教师对教育地位和作用的认识，教师的学生观也影响着其对学生的评价，影响着教师对学生成长的关注程度，同时，也显示出教师的师德水准。

关爱学生，需要落实以生为本。在教师心里，每一个学生都应是有尊严的、鲜活的生命体，并以此为指导，将这种意识贯穿于教育的进程中，让学生从小就具有“人”的尊严。

关爱学生，需要体现对生命的敬畏。学校不只是知识的殿堂，还是品德的高地。教育的任务，不仅是传授学生知识，还应有关于生命安全、生命价值的教育。在教学过程中，教师要引导学生认识生命、珍惜生命、尊重生命和热爱生命，提升学生对生命意义的认识，让学生树立“生命高于一切”的观念，从而尊重生命，热爱生命。

教师传递爱，并让学生学会爱的具体策略如下：

(1) 让学生感到自身价值，帮其树立信心

每个班级都或多或少存在一些学习基础差、不会学习、思想品德不健康等有缺陷的学生，相对好学生来说，他们更需要关爱，教师更不能排斥他们。因为他们已经开始认为自己什么都做不好，长此以往，他们对学习就会失去兴趣，对做任何事都将失去信心。

对此，教师要有意安排他们多参加一些有意义的活动，在课堂上用简单的问题有意地多提问他们，有意让学习好的同学帮助他们，让他们觉得班集体需要他们，在老师眼里，他们同样很重要，很有价值，是班集体很重要的一员，从而让他们对自己有信心。为此，教师要点燃他们希望的火花，激发他们自信的热情，尽可能张扬他们的个性，让他们健康地成长。

(2) 拿放大镜找优点，从而激发学生潜能

好学生是夸出来的。每个人都爱听表扬的话，学生更是如此。当他们听到老师表扬时，他们会继续做下去，甚至做得更出色。因此，当一名好老师，要养成善于表扬学生的习惯，要舍得夸他们，特别是面对缺点很多的学生时，更需要教师带放大镜寻找孩子的优点加以表扬，加以鼓励，让学生获得一种信心，得到一种被关爱、被肯定的感觉。事实证明，只要教师善于夸赞，学生身上的特长、聪明才智等就会发挥出来，他们的德、智、体、美等方面就能获得全面发展。

(3) 要“亲民”，构建民主、平等、和谐的师生关系

新课标要求教师要彻底改变“师道尊严”的传统观念，以平等的身份尊重学生。只有教师做到“亲民”，才能构建民主、平等的师生关系。

教师首先要关注学生的生活世界，做学生的知心朋友，学生做什么、想什么，生活上有什么困难，教师应该做到心中有数。比如，学生喜欢什么活

动，喜欢唱谁的歌，喜欢看什么书和动画片，教师也应一清二楚。只有这样，师生之间才会有共同语言，学生才会觉得你什么都懂一些，你批评、开导他们，他们才能乐于接受，所以，才会因为喜欢你而爱上你的课，完成你布置的作业。这种融洽的、民主的、平等的师生关系，最终会促进教学任务的完成，提高学生的学习成绩。

教师要把关爱学生落到实处，践行到课堂中，爱心只是前提，教师还必须善于了解学生，把握学生的思想、心理动态及心理规律，要讲究引导和解决问题的方法。

（4）要以崇高理想为导向，追求师德高境界

要培养合格的社会主义事业的建设者和接班人，就要求教师不仅要树立实现我国社会主义现代化、振兴中华的共同理想，而且要信仰共产主义，把对共产主义的追求作为自己的崇高理想，这是对学生无限爱心的源泉。有了这种崇高理想，就可以把自己的教书育人的事业与共产主义的远大目标自觉地联系起来，把培养学生成才视为为共产主义奋斗的一部分。

在社会主义市场经济和改革开放的背景下，虽然所有制多元化、利益主体多元化、价值观念多元化是一种客观事实，但教师应当始终用马克思主义世界观、价值观来要求自己，克服利己主义、拜金主义、享乐主义的侵蚀和影响，在执业道路上追求更高的目标。

（5）肩负起教师的使命感和责任感

教书育人是教育事业的本质，也是教师的崇高使命和历史责任。教师是培养人才的主力军，因此教师责任重大。教师要把培养人才的责任感、使命感转化为自己教书育人的动力，落实在教育教学工作的各个方面、各个环节，满腔热情地关爱学生、教育学生。

教师要掌握师爱的技巧，真心实意地对待学生，提高师爱的品质。教师的爱可以感染学生，同时，应让学生也爱自己的老师，这种情感互动一旦形成良性循环，学生的人格品质就会不断地上升，一种和谐的、积极的、充满活力的教育氛围就会形成，并发挥积极的作用。

3. 教坛写大爱，一切为了学生

“37 年讲台人生，你感受最深的是什么？”

“是爱，没有爱就没有教育，只有用心爱学生，用心爱事业，才算尽到

了一个教师的职责。”

回答这个问题的，是全国优秀教师、山东省特级教师，青州市王坟小学的教师尹德玲。她是这么说的，也是这么做的。自从1974年初登上讲台，迄今已有38个年头了。38年来，她扎根山区，以苦为乐，把自己的青春和满腔的爱都奉献给了大山里的孩子，奉献给了她所钟爱的教育事业。

尹老师认为，爱学生是教师的天职，只有把爱生的情感投射到学生的心田，才能把殷殷的期盼变成美好的现实。

在尹老师眼里，没有优生和差生之分，她把每一个学生都当作自己的孩子去疼、去爱。

2001年，新学期开始，尹老师接手了一个五年级班，班里有个学生叫小林，他一天到晚总显得心事重重，课堂上不发言，课下也沉默不语。通过家访尹老师得知，两年前小林的父亲得绝症去世了，随后母亲也改嫁了。面对这个孤苦的学生，尹老师马上做出决定，要全力帮助小林，让他享受到和普通孩子一样的幸福。

责任涌动爱心。从那时起，每天尹老师都带小林回家一起吃午饭，并抓住一切机会开导他，鼓励他。2001年10月7日是小林的生日。那天晚上，尹老师把小林带回家中，给他做了好吃的，买了生日蛋糕，比自己的孩子过生日还隆重。

看着生日蛋糕上那11根燃烧的红蜡烛，小林终于敞开了心扉，哽咽着说：“老师，我爸爸没有了，爷爷、奶奶都70多岁了，没有钱供我上学，您身体也有病，还要给我拿书费、学费，我心里很难受。我真的不想再上学了……”小林边说边掉眼泪，一向刚强的尹老师也流下了眼泪。她坚定地对他说：“现在退学，将会成为你一生的遗憾，人的一辈子，谁也不能保证事事顺心，有困难是暂时的，我会帮你到底的！”

听了这些话以后，也就是从那个晚上开始，小林变了，脸上开始有了笑容，话也多了，班会、校会上没有了往日的自卑，敢于大胆地上台高歌了……

其实，像小林这样的学生，尹老师已挽救过多名，其中两名学生大学毕业后，为了感恩，还给尹老师送来了相当于当初救助金几倍的钱，都被尹老师婉言谢绝了。

2005 年 3 月 16 日，尹老师把省里面给优秀教师的 1000 元奖金，奖给了王坟镇初三年级和小学六年级的 10 名优等生，鼓励他们认真学习，其中王坟初中初三的小明、小亮，孙旺初中初三的小新、小梅，白羊初中初三的小玉、小臻同学在当年的中考中都以优秀的成绩进入了全市优秀生的行列，分别被青州一中、二中、实验中学录取。尹老师说："真爱是无私的，是不需要物质回报的。"

尹老师对学生的爱，对事业无私的付出，打动了每一位学生的心，学生都亲切地叫她"老师妈妈"。

尹老师认为，当一名人民教师，就要有一颗火热的事业心，就要爱讲台，把讲台当作自己的生命。

对工作，尹老师是总有一股拼劲，一份执着。她对讲台的爱就如同画家爱自己的画笔，音乐家爱自己的钢琴。

2003 年春天，尹老师的左脚长了一个肿瘤，疼痛难忍，但她仍坚持给学生上课，汗水不断顺着她的脸往下淌。下课铃声一响，学生们便围住她，眼含热泪，异口同声地喊："老师，快休息吧！"

一个星期过后，她的脚疼得实在走不动了，校长和老师们把她送到医院做了手术。术后第四天，她就请求出院了。回到家中，学生们一天两次到家中看望她。每天下午带着在自主学习中遇到的疑难问题来到她家，围在她的床前，与她一起讨论解决。有一次，家电维修部的一个工作人员推门进来，这动人的场面，使他深受感动，他立刻回到维修部拿来了他的录像机，录下了这动人的一幕，他激动地说："以前我不太了解教师，这次我发现教师的确辛苦，的确伟大。"

尹老师的同事对她更是赞不绝口："尹德玲老师几乎没有星期天和节假日，有时为了准备一节课，她常常钻研到深夜，她对事业简直到了痴迷的程度。"

尹老师说："当一名教师，就要做一个教育家，而不能做一个教书匠。"

为了给学生更多的知识，她教学不止，学习不息，探索不停。尹老师也一直这样要求自己。38 年来，她先后自学了中外教育史等 22 门课程，研究了著名教育改革家的现代教育理论，做了 20 多万字的学习笔记。

深厚的理论功底，为她改革课堂教学奠定了基础。尹老师说："没有激情的课堂，就是失败的课堂。”为了让学生更喜欢上课，她的每一节课都力争上得生动、活泼。

听过她课的学生和老师都赞扬说：“听尹老师的课，真是一种美好的享受。”她讲课那样带有激情，学生的积极性、创新性都被尹老师调动起来了，师生关系十分融洽。精彩的课堂教学，新颖、独特的教学方法，使尹老师的教学质量，一直在全镇保持不败的地位。即使接教的班级再差，也会由“后进”变“先进”。38 年中，尹德玲的教学成绩有 34 年获全镇检测第一名，年度考核中年年为全镇第一名。

为了给学生创造更加精彩的课堂，她打破陈旧的教学模式，把现代教育技术广泛引进课堂，加强媒体组合教学，体现课堂教学的完美效果。

为了让学生成为有用的人才，她还进行了“自主探究”教学法实验，以学生探究为基本特征，为学生提供充分的自由表达、质疑、探究、讨论问题的机会，使学生在生动活泼的学习环境中乐思、乐学、大胆思维、敢于创新，给了学生一片广阔的天地，使学生成为课堂学习的主人，让和谐的课堂成为学生放飞创造性思维的舞台。

2007 年 9 月，尹老师被教育部评为“全国中小学优秀班主任”；2007 年 12 月，她被推选为青州市第十六届人大代表；2008 年 1 月，被中国教育学会授予“中国教育学会新课堂教学研究课题研究员”称号；2008 年 11 月，被评为“2008 中国教育管理杰出人物”。

在别人的眼里，尹老师是一个成功者。然而，尹老师依旧还是那样朴实，那样深爱着她的学生，深爱着她的事业，那样忘我地工作。“我愿在教育这座大厦中继续做一块负重的基石，把我全部的爱奉献给山里的孩子们。”

这不是动人的誓言，这是一个普通的山区农村小学教师发自肺腑的真情表达。

“没有爱就没有教育”，这是尹德玲老师从事教育教学活动的座右铭。她认为，一个教师必须热爱学生，才能教好他们。她强调教育者要首先受教育，塑造灵魂者要先做到心灵美，这是真、善、美的先决条件。尹德玲老师正是凭着这份真挚的爱，在教学活动中，总是首先进入角色，把作者的思想感情以自己富有情感的讲述加以渲染，伴以扣人心弦的启智提问，适时辅以直观教具等教学方法传导给学生，引起学生的深思与共鸣，使学生受到思想的启迪、形象的感染、情感的熏陶和精神的愉悦。在她的课上，学生们不仅学到了知识，更重要的是学会了分辨真、假，善、恶，美、丑，学会了珍爱与憎恨。

尹德玲老师认为，教育学生不仅要靠教师的说教，还要靠教师以身作则。教师要用自己的言行去感染学生，教师的一言一行、一举一动对学生都是潜移默化的教育，忽视不得。因而，她非常注意规范自己的言行举止。每次上课之前，她总要先将头发理齐，衣服理好，面带微笑地走进课堂。教学几十年，她从来没跟学生发过火，更没有大声呵斥过学生……遇到一些淘气的学生，她就采取冷处理的方式，等自己冷静下来再解决。她说："对学生要严格，但不是严厉，教师向学生发火，是不尊重学生的表现，是绝对不应该出现的。"

在 30 多年的从教历程中，教育是她的事业，学生是她的最爱。她具有高尚的师德修养和人格魅力，爱校如家，爱生如子。尹德玲老师总是细心地针对每一个学生的特点进行因材施教；她尽可能多地给学生们创造成功的机会，使每一个学生都能经过努力而有所进步，使每一个学生都能品尝到成功的喜悦。小学阶段的学生富于想象，喜欢新奇，喜欢多变，喜欢参加各种丰富多彩的活动。尹德玲老师不顾劳碌，尽一己之能，经常开展各种生动活泼的班队活动，利用一切机会教育学生、锻炼学生，为他们的健康成长打下了良好的基础。在她从教的几十年中，不管多调皮的学生，只要进入尹德玲的班，都会很快转变过来。她所教的班级经常被评为优秀班集体。

她经常用自己的工资买教具，救助贫困生。尹老师先后 6 次将自己获得的奖金全部捐出，资助贫困生、奖励优秀师生。从教以来，尹老师累计捐出现金两万余元，她这种无私的付出，数不胜数，学生们都亲切地称她"老师妈妈"。虽然没有巨额的捐助，但尹老师崇高的师德却永远闪耀着无限的光芒。

面对尹德玲老师这样的模范——一个把自己的青春、智慧和爱都奉献给学生的老教师，每位教师心灵深处都会涌现出无比的敬意。从而，都更珍重自己，尊重"人民教师"这一称号，正确处理自己的名、利和对教学工作无私奉献的关系，把自己的心血撒播在学生身上，使之茁壮成长。

师爱是师德之魂。在一定程度上热爱学生，就是热爱教育事业，但热爱学生不容易，让学生体会到教师的爱更不容易。有一位教育学家说过："爱自己的孩子是人，爱别人的孩子是神。"

疼爱自己的孩子是本能，而爱别人的孩子则是神圣的，这是一种无私的、广博的、没有血缘关系的爱，又是一种严慈相济的爱。也正是这种爱，可以促进学生的成长，影响学生的身心发展和人格塑造，甚至使学生受益终生。

教师践行这种师爱的策略如下：

（1）要以宽容和耐心为基础，给学生以深厚的爱

教师对学生的爱很多时候体现在对他们的宽容和耐心方面。尽管教师有"恨铁不成钢"的心，但也不能急于求成，更不能因学生一时的错误而施加压力。要把爱体现在信任、宽容、耐心上，要学会等待，等待学生去努力获得成功。尤其是对后进生，要耐心细致地进行说服教育工作，消除他们思想上的种种顾虑，要建立他们的自尊心和上进心才是关键。对他们的教育仅有严格要求是不够的，还必须讲究教育的方式、方法。对后进生要充分肯定他们的长处和优点，理解他们的处境和感受，在思想上、感情上与他们产生共鸣，要像父母对待子女那样对待他们，切忌简单粗暴，更不能嘲笑挖苦，要给他们最深厚的爱，这样，教育才有可能收到良好的效果。

（2）热爱学生，目标要落实在培养良好的习惯上

在学校期间帮助学生培养良好习惯，可以使学生终生受益。爱学生的教师，都会尽可能地培养学生的好习惯。应根据不同年龄的学生提出具体的要求，并持之以恒、坚持培养，同时，让学生知道怎样做和为什么这样做，以提高其自觉性。

对自己提出的要求，教师必须坚持落实到每天的教学活动中去，使学生由不自觉变得自觉。对按要求达到目标的学生要及时进行表扬，并给予鼓励；对没有达到要求的学生，教师要以爱心为前提，严格、耐心地纠正他们的不良习惯，并坚持不懈，反复强化，培养他们的良好习惯。

（3）保持一颗童心，让师爱更贴近学生心灵

"爱"是一个博大的字，师爱可以为学生健康成长创造良好的情境，可以在师生之间架起畅通的桥梁，爱可以转化为学生学习和进步的内在动因。爱可以改变一切。

教师要清楚，教育的对象是一群天真活泼的孩子，他们的性格特点、喜怒哀乐都跟成年人不同，要想教好他们，首先必须熟悉他们、了解他们，跟他们做朋友，这就要求教师必须要有一颗童心，这样才能理解学生的所作所为，才能原谅他们，才能恰到好处地教育他们。只有有了一颗童心，教师才会认为他们是一群充满朝气的异想天开的孩子，才会真心地喜爱他们，为他们的一点点进步而大声喝彩。学生才会更亲近教师，真正地把教师当成他们的良师益友。

“教育的核心是人格心灵的唤醒。”当教师固然要有灵活的知识，但对于学生来说，更重要的是教师要富有“童心慈爱”。因为爱心能使教师宽容、耐心；爱心，让教师对每一位学生都给予同样的期待和关怀。

（4）关爱学生就要学会倾听他们的声音

倾听学生的心声，是了解学生内心世界的一个重要途径，同时，也是学生自我表现的机会。教师通常在讲台上滔滔不绝地讲个不停，即使师生个别交流时，也总是说得多，听得少，总是不厌其烦地告诉学生应该如何如何去做，很少听听学生是如何想又是如何做的。“人只有一张嘴，却有两只耳朵”，意即人们可以适当少说点，用耳朵多听点。当学生情绪低落有心事时，考试受打击状态低迷时，学生反常出现违纪时，教师先别忙着进行暴风骤雨般的批评指责，或先入为主地下结论，而应让学生自己先说一说心里的想法，再分析一下事情的来龙去脉，之后再引导学生进行反思。很多时候，学生的行为都有他自己认同的理由，很多学生内心都想做好，希望得到表扬，只是有时想法过于简单，没有充分考虑后果才导致犯下错误。如果教师能静下心来耐心地倾听学生的声音，他们会觉得你很信任和尊重他们，也容易接受你的观点，从而达到教育的目的。

（5）关爱学生就要加强与学生的沟通

现在，学生的个性和主体意识越来越强；随着年龄的增长，学生的成长烦恼也随之而来；另外，由于学习负担越来越重，学生出现各种各样的心理问题，都亟须教师来帮助解决；再如，计算机的大量出现，要求教师要指导学生在纷繁复杂的网络世界中如何汲取营养，从而避免不良思想的侵蚀等。

教师想要妥善解决这些问题，必须真正了解学生的看法和认识，要“蹲下来与学生谈话”，与学生平等相处，与学生像朋友般地交换彼此的看法和意见，让双方认识到共同点和差异性，求同存异，相互理解。

教师要多与学生进行交流，与学生建立亲密的关系，建立信任，从而相机诱导，促其奋进、促其成才。加强与学生的沟通，就是要走进学生的心灵，了解学生的所思所想，所爱所恨。教师多与学生进行交流，了解他们内心的真实想法，坦诚地交换意见，学生更会真实地感觉到老师是在关心自己的成长，教育的效果也会更好。

从教育和影响学生的角度来说，教师的德、才、识、能都很重要，但起灵魂作用的是一个关键的“情”字，它是一个爱的综合体。而“爱”要让学生读懂，又是需要一个过程的。面对学生时，教师一定要有充足的耐心，只有脸上始终充满阳光，心中装满学生，满怀激情地去爱学生，从他们成长的角度出发，尊重他们的人格和个性品质，信任和赏识他们，教师才能真正地走进学生的心灵，获得学生的信任和支持。

4. 爱就是提高自身修养，造福学生

张思明，北京大学附属中学教师、副校长，数学特级教师，享受国务院政府特殊津贴。曾获“北京市十大杰出青年”“全国优秀教师”等称号，并获得苏步青数学教育奖一等奖、胡楚南优秀教学成果奖，曾被评为全国模范教师。

张老师说：“师德，是教师素质的灵魂；师爱，又是师德的灵魂。教育的最高境界是不留痕迹的爱，我希望自己能够达到这个境界。”

“数学好玩”，是数学家陈省身致中国少年数学论坛开幕式的题词。跟着张老师学数学，北大附中的学生们真的感受到了数学的“好玩”。学生能从数学中学到什么？这看似有明确答案的问题曾困扰了张老师很久。有一次他在班里搞了一项调查，题目是“数学是什么？”

一个学生写道：“数学是一些居心叵测的成年人为学生挖的陷阱！”另一个学生也说：“数学是一些仅仅出现在课本和试卷上的，让某些老师看着学生崴脚而感到窃喜的东西。”学生的幽默却令他感到悲哀，原来他们这些用尽心力教学的老师，在学生心目中无非是一些挖坑布雷的高手，而数学竟成为老师惩治学生的工具。他开始思考，我们的中学数学到底怎么了？

张老师反思后认为：“我们的数学忽视了对学生内动力的培养，忽视了对学生广泛的数学能力和全面的数学文化素养的养成。我们必须要让数学回归生活，让学生了解数学的源和流，要让学生感觉数学可亲、可用。”

对数学教学的反思促使张老师不断尝试对中学数学教育进行改革，从1993年起，他开始尝试数学建模、数学课题学习的科研实践和探索。张老师请学生安排期末考试的座位，用计算机随机函数设计全年级的考场，要求每个学生的四周都不是同班同学。学生们经过讨论思考发现，如果班数是素数，蛇形排列就可以满足要求。

每年，张老师都要组织学生出去玩儿。在北京近郊有一条名叫关沟的山谷，张老师把学生带到那里，让他们测量山谷里奇形怪状的大石头的体积、采集中草药，利用数学中的分形知识，找出具有“生物全息现象”的植物……他们既体验了游玩儿的快乐，也培养了解决实际问题的能力。

张老师说：“我不企盼每个学生都成为数学家，但如果通过我的教学，能使学生有一种在生活中应用数学去思维的习惯，使他们终生受益，我就很满足。”

在他的引领下，学生们掌握了从生活中发现数学问题的本领，提出并解决了一大批生活中的数学问题。他的中学数学建模和数学课题学习的教学模式在全国中学数学教育界引起了极大反响，他的学生先后在全国创新大赛中6次获奖，极大地鼓舞了学生学习探究数学的热情。

班主任是世界上级别最低的主任，但也是世界上最重要的主任。在29年的从教生涯中，张老师大部分时间在当班主任，先后送走了9个班。张老师的为师、做人，都不着痕迹地影响着学生的心灵，总结自己29年的教育人生，张老师用了5个字：用心做教育。

张老师说：“用心与用力不一样，用心就要把教育工作看成自己生活的一部分，不断地想着它、念着它、琢磨它、感悟它、享受它。”

张老师班上曾经有一个缺了一截手臂的女学生，在割草劳动时，她不甘落后，和其他人割得一样快、一样好，张老师默默看着这一切。一天，他收到一封来自边防前线的信，一个战士诉说生活没意思。张老师将来信交给这个学生，请她给战士回信，学生吃惊地问：“为什么选我？”张老师说：“你最有资格。”她给那个战士写了很多封信，在鼓舞一颗对生活感到沮丧的心灵的同时也鼓舞着自己。毕业多年后，她给张老师来信：那是今生对我影响最大的一件事。

有自己的教学风格，是一个老师成熟的标志。张老师的风格就是：不满足于学习借鉴前人的经验，而是追求导学探索、自主解决，在教学中调动学生的内动力。他主张教育是培养观察力和提出问题的能力，而不要急于将知识强加在学生头上。

张老师认为：“有句话：要给学生一杯水，教师就要有一桶水，我觉得不对，在信息爆炸的时代，一桶水远远不够，要开凿一眼泉，有了源头活水才能胜任今天的教学。”

张老师认为，有社会责任感是对学生的大爱，是教师的大德。他告诉学生，一群优秀的教师＋一群优秀的学生＝一个不可战胜的民族。考上北京大学的李昊回忆说，张老师甚至可以在讲授数学的过程中，对学生进行爱国主义教育。在听完张老师的一节数学课后，李昊的一位同学改变了以前想在国外做研究的想法，决心出国学习后回国，为自己的国家作贡献。

张老师说：“师德就体现在对学生深深的、不图回报的爱。廉价的爱是要什么给什么，真正的爱，不是你帮他点火取暖，而是给他一把柴刀，让他自己去打柴；给他火柴，让他自己去点燃生命的火焰。”

张老师认为，学生最大的收获是怎样从提出很“傻”的问题到最后提出很深刻的问题；是善于观察自己觉得没有问题时，别人是怎样提出问题的；是敢于对教师的教学提出质疑等，这些对他以后的教学影响特别大。

早在去日本学习时，日本人处处流露出的优越感就让张老师深有感触：只有教育才能真正使我们强大起来；在美国学习参观时，张老师发现，中国学生都很聪明，学习成绩也很好，可是在工作中却出不了最好的成绩。

张老师开始反思传统的教育观念及教育方法。他认为，21世纪的数学教育会呈现出如下发展和变化：数学文化素养越来越成为每个公民、乃至整个民族文化素养的重要内容和标志；数学教学将从传统的“传授知识”的模式，更多地转到“以激励学习为特征、以学生为中心”的实践模式。学生的自主学习、独立创造、个性发展将受到更多重视；数学教学将更着重于培养、发展学生的广泛的数学能力，能从模糊的实际课题中形成相应的数学问题，会选择有效的解决方法；素质教育要求我们在基础教育阶段，就开始培养学生实现自我“可持续发展”的意识和能力，要求学生学会设问、学会探索、学会合作；数学教学不再是教师单纯地为学生的付出，而是教师创造的一部分。在思辨中，张老师感到，这种发展和变化，对一线数学教师提出了新的要求。其中重要的一条就是，教师要为学生创设一个激发创造的“场”。

1993 年，张老师开始尝试改变陈旧的机械灌输的教学方法，努力在课堂上为学生创设可激发探索欲和创造欲的问题情境。搬家时大衣柜是否能通过楼道？大西瓜和小西瓜哪个瓤占的比例大？停车场怎么设计停车最多……这些都成为他启发学生们用数学去思考的问题。他从多年教学实践中探索出了“导学探索，自主解决”的教学模式。它可以通过如下形式来实现：引导与问题的设置——探索讨论后或分解或化归——自主解决问题——自我评价，练习——小结——求异、探新，延伸问题链——回到第一个环节。

在教学中，他有时甚至有意识地“误导”一下学生，再让学生检错，找漏洞，从反面加深认识。且看他的一节立体几何课：

问题：最少用几颗地球同步通信卫星，其讯号可以覆盖整个地球？

站在讲台上的张老师先是自言自语：“我看有两颗卫星就够了。”很快，学生们就看出了老师的结论是错误的。老师让了一步：“三颗卫星足够了。”这时大多数学生开始支持老师的结论了。老师得意地问：“谁还有不同意见？”部分学生的逆反心理被激发，开始认真地寻找老师的破绽，不一会儿就发现老师的结论还是错的。“那你们看结论应该是多少颗？”学生们在老师的鼓励下，得出了“四颗卫星可以满足题目要求”的结论。

无疑，这样一节课可以培养学生独立思考和理论联系实际的学风，这样的学习过程可以给学生许多题外的收获。

张老师对于教育，对于爱学生，有着自己独到的见解。他说：“对教师来讲，真正的爱，是要对学生进行很好的观察。当发现学生需要温暖时，不要直接给他温暖，而是给他一把柴刀。并说，你去打柴，不会打，我告诉你怎么打。然后，远远地看着他，如果他不能划着火柴，再帮他做一件事情。绝对不要代替他去做任何事情。这种爱才是对学生真正的爱，是对他一辈子负责的爱。”只有爱才能唤醒爱，这是张老师最切身的感受。

“教育的最高境界是不留痕迹。我希望自己能够到达这个地步。学生成长的过程是需要爱、需要尊重与理解的过程。老师创造机会给学生更多这样的人生体验，是远比授业解惑更难也更重要的事情。”张老师说。

每年，张老师都会收到不少毕业或出国的学生们的来信，他们回忆到：

“老师会生病，但老师从不误课”，“您的课堂永远是活泼的，您的话给了我很大教益，倒不是它的诗意，而是它的内涵……”

教育的成功，取决于教师的执业素质。做人民满意的教师，前提是教师是否有强烈的事业心和责任感，也取决于教师对工作的激情。

任何一个爱学生的教师，其教育行为至少要面临三项责任：一是岗位责任。就是要爱岗敬业，教书育人，为人师表，这是教师的职业特征；二是社会责任。家长把子女送到学校，就是把家庭的美好希望，都寄托给了学校，教师有责任和义务，把学生教育好、保护好、培养好，有责任让家长放心、满意，有责任促进教育公平，构建和谐社会；三是国家责任。我国是个拥有13亿人口的大国，“落后就要挨打”的沉痛教训和现代化的宏伟目标，都要求将沉重的人口负担转化为巨大的人力资源，这个转化工作需要教育来承担，这也是广大教师和教育工作者，对整个中华民族的未来肩负的责任和义务。

教师在教育活动中，首先要像上面案例中的张思明老师那样，应树立正确的教育理念，即要树立以人为本的教育理念，培养学生的人文精神，发展学生的个性特长，塑造学生的完美人格，为学生终生发展打下坚实的基础。其次，要树立正确的教师观。教师不只是“教书匠”，更是学生学会做人的引领者；不只是知识的传授者，更应该是学习的组织者、促进者；不只是教育工作者，还应该是教育规律的研究者。第三要树立正确的学生观。学生是发展的个体，是可以塑造的人，他们是具有独立思想和观点的人，是学习的主体和责权的主体。第四要树立正确的教师行为观。在处理师生问题上，不能只强调“师道尊严”，而要强调民主、平等、尊重和赞赏；在对待自我上，要常常反思，每日“三省吾身”；在对待同行上，要相互学习，取长补短，要相互合作，共谋发展。第五要树立正确的教学观。教学过程不只是单一的教师教、学生学的过程，也是教师对学生的帮助与引导，是一个师生交流、情感互动、共同发展的过程；教育过程不仅要重结论，更要重过程，通过积极地激发学生的兴趣，达到开发学生思维和培养学生能力的目的。

做教师要像张思明老师那样，始终清醒地意识到，与其他的职业比较，教师的职业更具有其示范性、公众性和教育性，因此，教师的职业要求教师应该具备更高、更严格的职业道德修养。师德修养的核心就体现在一个

“爱”字上，一个教师不在于他教了多少年书，而在于他用心教了多少年书。要具备良好的师德修养，应该投入全身心的力量，去爱教育、爱学生。

教师提高自身素质的策略如下：

（1）海纳百川，吸取广博知识

教师要有广博的知识，做到博学多才。实施素质教育，培养学生的综合素质和创新能力，教师的博学多才是至关重要的，这也是爱学生的基本技能。

马卡连柯说过：“学生可以原谅老师的严厉、刻板，甚至是吹毛求疵，但不能原谅他的不学无术。”苏霍姆林斯基也指出：“只有教师的知识面比学校教学大纲宽广得多，他才能成为教学过程中的精工巧匠。”对每一个教师来说，不仅要熟悉教材的基本内容，形成完整的知识体系，还要加强进修和不断学习，跟踪学科的学术动态，了解新观点，掌握新信息和新技能，不断更新知识，终身学习，这样才能站在学科前沿，更好地传授给学生更多的知识。

（2）博采众长，博学多才

一个爱学生的教师，应该是一个博学多才，能让学生发自内心产生崇拜的人。教师跟其他的专家不同，他需要掌握各方面的知识，力争“样样通”，成为“多面手”。一个知识面狭窄的教师很难给学生以人格的影响。虽然学生的年龄小，但对教师的期望值却很高，在他们幼小的心灵里，教师是无所不知、无所不晓的百科全书，如果教师一问三不知，或者经常被问住，学生会非常失望，对教师的信任度和崇拜程度也将会大大降低，这也将直接影响教师的教育教学效果。因此，教师要勤于学习，博采众长，不断完善和充实自我，成为一个知识渊博的教师。

（3）深化学习，不断丰富理论修养

科学的教学需要科学的理论指导，教师要较好地实施素质教育，就必须要掌握好教育学、心理学和学科教学法的理论基础知识，教师不仅要懂得教什么，还要知道怎么教，以及为什么这么教，用科学的理论去指导自己的教学实践，才会取得事半功倍的效果。

理论修养深厚的教师，无论是在思想上，还是在行动上，往往会更清楚怎样爱学生以及为什么要这样爱学生。

（4）积极探索，具有娴熟驾驭教育教学的能力

教育教学能力是教师应具备的最基本的，也是最根本的素质。它要求教师能根据教育教学内容和学生的实际，遵循教育教学规律以及学生发展的规律，运用恰当的方式方法，组织教育教学活动，达到理想的教学效果。

（5）勇于实践，提升创新能力

教师要想更好地完成教学任务，就不能只是被动地运用别人的研究成果，或者生硬地照搬照学，而应该以研究者的心态，置身于自己的教育教学活动中，认真分析教育教学中出现的各种问题，反思自己的教育教学行为，对出现的问题进行探究，找出新的解决方法。

教师应依据新课改的要求，吸收最新的教育科研成果，并创造性地应用到自己的教育教学实践中，提高课堂教育教学效率。教师的创新包括独到的见解、新颖的教学方法、创新的思维、凸显的个性、探索的精神、民主的意识等。只有教师具备了创新意识和创新能力，才会获得持续发展，教育教学水平才会得到学生的赞赏，也才会从根本上激发学生的创新意识，进而培养学生的创新能力。

作为一名高素质的教师，还要具备很多品质，如胸襟宽阔、为人真诚、乐于助人，具有合作精神、敢于挑战自我等。教师要坚持不懈地、认真地完善自我，用一腔热忱去爱学生，用敬业的热情去提升自身的综合素质，这样才会变得越来越优秀。

行为世范 六

注重形象建设，让身教震撼人心

“学为人师、行为世范”是对教师形象的一种设定，它对教师言行提出了较高的要求。“其身正，不令而行；其身不正，虽令不从。”教师的言行举止能够对学生起到表率的作用，除此之外，教师也是学生思想和道德进步的示范者和引领者。良好的行为仪表和个人形象有助于促进学生的发展，培养其良好的品质，也有助于净化教育环境，推进社会精神文明建设。因此，教师应时刻注重自身形象，成为学生学习和成长的优秀榜样。

某老师发现学生课堂上不听课做别的事情，非常生气，心里想：你居然敢不听我讲课，做别的作业！于是命令学生到墙角站着，学生不从，老师更恼了，动手便拽，并说："今天这个班有你没有我，有我没有你！今天治不了你，我就不姓×！"

既然老师说出了如此过激的语言，那位学生只好"乖乖"地离开了班级，离开了学校。他心想，这班上肯定不能有我了，难道还能让老师走吗？

教师的言行是向学生传达信息、授业解惑的主要形式之一，所以，面对学生时，教师应该注意自己的言行是否恰当得体。在对犯错误的学生进行批评教育时，更应注意语言、语调的运用，首先应以不伤害学生的自尊心为前提。案例中的教师对犯错学生的语言行为表现得有些过激，致使学生不得不离开课堂，这样既达不到教育学生的目的，又会让教师自身形象失范。

在现实中，也存在类似上述案例中语言行为失范的教师，有的教师在批评、纠正学生错误时，往往口不择言、随意辱骂，语言或语气中时常带有讽刺、挖苦、嘲笑之意；有的教师对成绩差的学生语言粗秽，引起学生反感，产生"破罐子破摔"的现象。比如，"你比猪还笨，死木头钻两眼子！"这样的言辞使得学生心里可能会想：无所谓了，反正教师也看不起我。

对有了过错的学生，有些教师缺乏雅量，批评语言粗鲁，甚至谩骂学生。如某教师提问时，一个平常很少回答问题的学生举起了手，教师便用异常惊讶的语气说："哎呀，你终于举手了，我简直可以用'太阳从西边出来了'形容你，你这手举得都不是通过我的鼓励举起来的，简直是我严刑逼供逼出来的。"这让那个学生一时羞愧难当，站起来后也忘了该怎么回答问题了。

在一些语言行为失范的教师课堂中，经常能听见教师用否定学生的语言来批评学生，如“猪头”“猪脑”“废物”“垃圾”等，这不仅伤害了学生的自尊心，使学生在其他同学面前颜面全无，还会造成师生之间的隔阂，不利于师生之间的交流与沟通，影响教育教学效果。

有言行素养的教师在批评学生时，会首先稳定好自己的情绪，并注意语气、语调和用词，尽量做到和风细雨、轻言慢语地与学生交谈。这不仅保全了学生的面子，同时也塑造了教师的良好行为形象。

教师言行失当仅是教师行为道德失范的一个方面，相比之下，有些教师的行为道德更令人所不齿，如：

王女士（化名）的女儿小雪（化名）是某小学的学生，经常梳着羊角辫儿，长得十分可爱。一天，这个可爱的女孩对母亲说：“电脑老师是个流氓老师。”王女士心里一惊，感到事情不妙。经仔细询问后王女士得知，电脑教师姓祁，在上课时总摸女学生，女儿的几个同学也遇到过类似情况。

王女士意识到问题的严重性，立刻给其他几名同学的家长打了电话。这些家长也向孩子求证了这件事。一些孩子向家长反映，这个祁老师就是坐在教室的座位上，抱起学生，隔着衣服抚摸学生的隐私部位。当天晚上，家长们联合向当地派出所报了案。最终，这位老师因犯猥亵儿童罪被判处有期徒刑 6 年。

祁某身为人民教师，明知学生都是未满 14 周岁的儿童，却利用教学之便，在公共场所当众实施猥亵，侵害了儿童的身心健康，其行为不仅严重损害了教师形象，更构成了猥亵儿童罪，依法受到惩处是情理之中的事。

除了案例中祁某令人所不齿的严重失范行为，个别教师还以“恐吓者”“鞭笞者”“审问官”的身份出现，忽视学生的心理需要。总结起来，常见的教师行为失范表现在以下几方面：

第一，语言行为失范。一些教师经常用粗暴的语言对待学生，如汶川特大地震发生后，教师组织主题班会让学生谈感想，有学生说：“四川的小朋友失去了家园，也没有学上，而我们还可以坐在明亮的教室里学习。”教师想借此机会教导学生珍惜自己所拥有的一切，便说：“一个学生被压在倒塌的楼板下，却还借着缝隙中的光亮学习，而你们呢，衣食无忧的，还不好好学习……”说完，教师开始一一数落某些学生的不良表现。就这样，一次原本能引发思考和感动的教育情境就演变成了令学生反感的责备和说教。

第二，举止行为失范。个别教师在纠正学生的错误行为时经常随心所欲，不顾忌自己的教师形象，更不在意自己的行为会对学生造成多么大的伤害。当学生上课走神、回答不出问题、没写作业、迟到时，个别教师惯用的手段是用手指戳学生的头、用物体击打学生的身体、拉扯学生的衣服等。一些教师很少用具有教导意义的话语对学生进行教育，而是劈头盖脸地责骂学生。

第三，态度行为失范。教师态度行为失范主要表现为不尊重学生人格、态度粗暴、不负责任。有一次，一个女生上课走神，教师发现后竟然揪着她的辫子把她拖出了教室，学生上课不注意听讲本来不是“大事”，可教师却如此大动干戈，不惜伤害学生的自尊，教师的目的何在？对于学生不完成作业的现象，有的教师采取责骂、惩罚的态度。其实，大部分学生不写作业的原因是不会写，而不是不愿意写，但教师却没有为这些学生提供实质性帮助。

第四，观念行为失范。观念行为失范主要表现为教师不平等地对待学生，因学生的成绩、家庭背景甚至性别而有所偏爱或歧视，不能公正、全面地评价学生，只关心学生的学习成绩，不关心学生的人格、兴趣、道德品质的发展，或因个别学生犯错而惩罚全班学生等。其根源在于一些教师无法理解和认同“师生民主”关系，认为对待学生“只能给好心，不能给好脸色”，否则，学生会认为教师好欺负。如对班里表现比较“差”的学生，某些教师几乎视之如“空气”，只要这个学生安静地坐着，无论他是否认真听讲，教师都不干涉。如果教师问了一个简单的问题，这个学生积极地举手甚至站起来想引起教师的注意，教师却看都不看一眼。有的教师会花费一整节课的时间批评个别犯错的学生，使其他学生无辜受连累。有学生曾在日记中这样写道：“因为某个同学做错了事，您就气得连课都不给我们上了，一节课的好时光就这样溜走了。”

课堂是学生思想道德建设的主渠道、主阵地。课堂上师生双方的行为不仅会对课堂教学的开展产生影响，也会对班集体建设和学生思想道德发展造成深远的影响。教师的失范行为会对德育渗透工作造成严重危害。所以，教师在平时的教育教学中应对自己的一言一行负责，绝不能做出偏离教师职业道德行为的事情。

（一）教师行为世范概述

行为世范，是指教师用自己的言行做出榜样，成为学生学习和效仿的楷模和表率，即做到“学为人师，行为世范”。教师之所以要行为世范，是由教师职业的特殊性决定的。教师的任务在于育人，不仅要用自己的学识教人，也要用品格教人；不仅要通过语言去传授知识，也要用自己的人格感化教育学生。为此，教师无论何时何地都应在思想品德、学识才能、言语习惯、生活方式和举止风度等方面以身立教，成为学生的表率。

教师不仅是知识的传授者，还是思想的教育者和道德的示范者。汉代哲学家杨雄说：“师者，人之模范也。”教师不仅要有这种做人的威望和人格的力量，让学生敬佩，还要以良好的思想境界、精神状态和行为表现，积极地影响和教育学生，使他们健康成长。因此，教师的一言一行都是学生关注的方面，而且往往起着一种潜移默化的影响。作为“人类灵魂的工程师”，在教书育人过程中，教师只有时时处处为人师表、做出榜样，才能卓有成效地进行教育工作。

1. 教师行为世范的现实意义

在人类几千年的教育发展史上，尽管教育的内容不同，但都一致要求教师能做到“学为人师，行为世范”。董仲舒说：“善为师者，既美其道，有慎其行，此之谓圣化，吾取之。”法国启蒙思想家卢梭说：“在敢于担当培养一个人的任务以前，自己就必须造就成一个人，自己就必须是一个值得推崇的模范。”当代人民教师只有致力于自身品行的修养，树立起为人师表的风范，才能在教育实践中具备牢固的根基，有效地引导他人、影响他人。

教师的行为世范就其一般意义而言，主要体现在以下几方面：

（1）可以培养学生诚实正直的品质

诚实正直自古以来就是公认的为人处世的美德，在社会道德评价中，人们往往首先拿这把“尺子”去衡量一个人的道德水准。陶行知先生说：“第一流的教授具有两种要素：一、有真知灼见；二、肯说真话，敢驳假话，不说诳话。我们必须拿着这两个尺度来衡量我们的先生。合于此者是吾师，立志求之，终身敬之。”在这两个“尺度”中，其一是讲教师的学识水平，其二就是讲教师应有的诚实正直的品格。

一个教师的行为世范作用表现在为人处世上，就必须贵诚实，守正直；在讲授知识、解答问题时，必须做到知之为知之，不知为不知。教师的诚实正直行为是学生诚实正直行为养成的基础。所以，教师必须说老实话，办老实事，做老实人，这也是教师备受世人信赖的重要原因之一。

（2）可以让学生言行一致，表里如一

身为人师，正人应先正己。杨昌济在《教育学讲义》中指出："教育者常向被教育者说善之当行，恶之当避，故被教育者信教育者之实行其言，而期其言行一致。教育者之行为若不违其言，其影响于被教育者必甚大。"可见，教师言教和身教的示范作用，对于教育的进程和效果影响甚大。而身教重于言教，教师以身教捍卫了言教的严肃性。

如果教师的外在言行并不是其内心世界的真实写照，必然会削弱言教的效果，甚至这种作用影响所及，久而久之会使学生形成"双重人格"。古人云"充内形外之谓美"，教师只有言行一致、表里如一，学生才能真正愿意以教师为楷模，教师的行为才能真正具有以身作则的示范作用。

（3）有助于促进学生健康发展

中小学生正处于心智发展的关键阶段，教育的有效手段之一就是教师的言传身教，以身作则。教师的一言一行都会带给学生潜移默化的影响。上课时，教师着装得体、仪态大方，有气度，面带微笑、用语文明、和蔼可亲。试想，哪个学生会没有学习的兴趣和学习的热情？学生会被教师的行为魅力所感染，从而更投入地学习，甚至争取更好地表现自己，以获得教师的认可。

反之，粗暴不尊重学生的教师，非但会使学生丧失学习的兴趣，泯灭学生的学习积极性，还会让他们对教师产生厌恶情绪。学生的自尊、自信是靠他人的尊重来维持的，尤其是教师。在魏书生老师的教育经验中，极为重要的一条就是把对教育的忠诚和对学生的爱，化为尊重学生的具体行为。他从未严厉、粗暴地批评训斥过学生，而是通过"优点扩大法"使许多后进生找到自尊、找回自信，走上健康发展的道路。

（4）可以让教师做到廉洁自律

廉洁自律是教师处理教育教学活动与个人利益之间关系的准则，也是在社会主义市场经济条件下教师应有的职业操守。为师者只有廉洁，为人才会具有可信性，其教育才会有公正性，其形象才会有示范性。

自律是实现师德自我修养的灵魂。教师具有严于律己的品格，才能保持行为的端正廉洁，才能守护教师职业的良知。所以，廉洁自律是从师立教的根本，是培养学生良好人格的先决条件。教师只有具备行为世范的道德力，才能在教书育人的过程中，做到廉洁自律，才能把握自我、监控自我、约束自我，才不愧为人之师。

(5) 有助于推进社会精神文明建设

荀子说："人无礼则不立，事无礼则不成，国无礼则不宁。"礼仪水准的高低，是个人和国家整体素质的体现。教师个人的行为素养，会影响到一届又一届的学生，学生又会对他身边的人产生影响，如此辐射开来，影响的范围是很广泛的。所以，从这一点上来说，教师行为世范的意义是很重大的。

社会就是由一个一个的人所组成的，个人素养的提高，有助于社会整体素质的提高。在这个过程中，教师起到的影响和作用，远比其他行业的社会成员要深远得多。所以，教师有责任与义务通过个人的言传身教，推广这种积极的社会影响，为社会主义精神文明建设作出自己应有的贡献。

教育无小事，教师行为无小节。教师行为道德是教师职业必备的基本素养，与其教育教学艺术、教育教学风格的形成密切相关，这事关教师个人的专业成长与学生的全面发展，理应引起教师的高度重视。

2. 教师行为世范的基本内容

学校工作离不开教师。教师的工作主要表现在教学，尤其是课堂教学上，教师的素质、形象突出地表现在其教学行为上。教师行为是教师素质的外化形式，它是一种技术，更是一门艺术。教师的言行举止，教师的形象，处处都潜移默化地影响着学生。陶行知说："教师个人的一举一动，一言一行都要修养到不愧人师的地步。"所以，教师首先应注重身教，即教师的行为应有示范的作用。

教师的良好行为能对学生的思想起到积极作用，不良行为则对学生的思想产生消极影响。所以，教师尤其是青年教师，在学生眼中要注重对自身良好行为的塑造。教师的言行在学生心中的印象，直接关系到教学工作的开展和学生良好思想品德、良好习惯的形成。

教师的良好行为示范一般包括以下几方面内容：

（1）仪表行为：以得体的衣着塑朴实的形象

仪表包括人的容貌和衣着打扮等，其中衣着朴素整洁是对教师仪表行为最基本的要求，它体现了教师职业的特点和审美情趣。衣着虽然是一个人的外部装束，但它却是一个人的内在素质和修养的标志。在课堂教学中，教师的衣着如果过分艳丽奇特，就会把学生的注意力从教师传授知识方面转移到对教师衣着的欣赏上；如果衣着不整、过于陈旧，就会给学生以散漫、缺乏活力的感觉。

仪表是人心灵的外在表现，是人的情感的外露。教师的首要任务是培养学生树立良好的思想品质。所以，和学生见面时，教师应衣着得体、举止大方、神情端庄、态度和善。这样的仪表行为，才能给学生留下良好的印象，使学生有亲近感。

良好的行为形象可为教师打通师生思想的大门，做好教学工作创造有利条件。教师如果穿奇装异服，戴戒指、项链，抹口红，画眉，出言不逊，盛气凌人，就会给学生留下不好的印象，使学生见了有厌恶感。不良的形象会拉大师生之间的感情距离，阻碍教育教学工作。

对教师衣着的要求包括朴素大方、整洁得体，具有美感、职业感和时代感。衣着是教师形象的载体，也是重要的教育载体。教师朴素整洁的衣着不仅可以显示出自身特有的风采，还可以产生对自身言行的约束力，使教师的形象更具魅力。所以，教师的行为中不可或缺的一条就是要注重自身的仪表形象。

（2）语言行为：以健康的语言塑文明的形象

语言是人与人之间进行交流的工具。语言的运用关系到交际活动的成功与否。所以，教师面对学生讲话，尤其是课上讲话时，对语言要进行仔细推敲、反复提炼，要做到通俗易懂、言简意赅，使学生听了产生“有水平”之感，从而使他们信服。这样，学生才能听而有行，行而有规，教师才能更好地开展教育教学工作。

语言文明、健康是教师行为世范的重要内容，它要求教师在使用语言时，尤其是在课堂教学中，杜绝一切粗鲁庸俗、低级无味的污言秽语。其一，要言之有理。教师说话一定要讲道理，以理服人、以德育人，不能强词夺理、无理取闹。其二，要“言之有礼”。教师言谈要谦逊文雅，礼貌和气。其三，要言之有物。教师是知识的传播者，因此教师不应讲空话、讲大话和废话。

古人云：“何以观心，必以言。”作为以“舌耕为业”的教师，一直是凭借着一定的语言去“传道，授业，解惑”的，如果仅就教书而论，教师的语言是否鲜明生动，在一定程度上反映了教师的语言表达能力；如果就教书育人的全过程而言，教师的语言是否文明健康，则表现出一个教师的职业道德水平。

(3) 举止行为：以端庄的行为塑稳重的形象

如果说衣着在很大程度上反映出一个人的仪表，那么端庄稳重的举止则构成了一个人的风度。风度是人的精神、气质等综合性的外在表现，与仪表相比较而言，有着相对稳定的特征。所谓举止端庄稳重，就是指举止得体、庄重潇洒、作风正派、落落大方等。

教师端庄稳重的举止并非是天生的，也不是教师在某种场合下伪装出来的，而是教师在日常生活中，特别是在教育教学工作的实践中培养出来的，是通过渊博的学识和高尚的情操表现出来的。

古人云“言有教，动有法。”轻浮的举动，放肆的说笑，装腔作势的表演，与教师这一职业极不相称。教师的举止风度应注重自然，不要一味盲目模仿他人而丢掉自己的风格和个性。教师的举止风度应更具有内涵，以一定的文化底蕴、文明素养作基础，而不是“金玉其外，败絮其中”。

(4) 教学行为：以精到的教学塑学高的形象

教学是培养教育学生的主渠道和主战场。教师教学行为的高低是取得学生尊重、信任的一个很重要的因素，所以，教师应上好每一节课。要做到这一点，教师就要结合教材和学生的实际情况备好课。在讲课中，既要恰当发挥自己的才智，又要让学生展示自己的才华。

教师授课取得成功，会得到学生的尊重，使学生信服，这样，就能为做好教育教学工作创造良好的条件。如果教师备课不精、讲课平庸，学生会心烦、生厌，这样会为教育教学工作的开展造成隐患。所以，教师要注重对自身教学行为的塑造。

同时，活泼开朗、热情大方、善良和蔼、谦逊文雅等也是构成教师行为风范的必要因素。总之，仪表、语言、举止、教学是构成教师行为世范的基本要素，是教师做好教育教学工作的基本素养。在实施素质教育的今天，教师更要注重对自身行为形象的塑造。

3. 个别教师行为道德失范的原因

目前，个别教师由于教书育人的职责行为失范而表现出来的不当行为，严重损害了教师群体在公众心目中的形象，降低了教师的威信，疏远了师生关系。教师教书育人职责行为失范的原因，既有市场经济条件下社会大环境方面的影响，也有教师培养和管理学生过程中自身的原因，更重要的是教师个体自我修养缺失的原因。

造成个别教师行为道德失范的原因主要有以下几方面：

（1）社会不良风气的影响

在社会发展中，教师承担着特殊的社会职责，其在公众心目中拥有着特殊的身份和地位，所以，社会和家庭都向教师提出了很高的要求。然而，由于个别教师受社会不良风气影响，在工作中追求经济利益最大化，致使教育教学的专业思想发生动摇，对学校工作投入不足，教育教学水平下降，教学效果难以保证。这些教师由于人生观、价值观错位，不正当地追求经济利益，极易导致教育教学行为失当，教书育人职责难以履行，使基础教育实现全面发展的目标受到影响。

（2）待遇偏低导致个别教师心理失衡

我国于1993年10月31日颁布了《教师法》，其中明文规定，中小学教师的平均工资水平应该不低于或者略高于公务员的平均工资水平。然而，由于诸多原因仍然没有得到全面贯彻落实。教师处于精神压力（考评机制）、经济压力（工资待遇）、生理压力（超负荷工作）之下，心理处于极度紧张状态，心理疾患率高于其他职业人群。在这种情况下，“教学硬任务”尚难完成，“育人软指标”怎么能实现？

（3）工作热情受挫

我国的教师培训、职称评聘等制度改革均刚刚起步，教师在工作中面临的各种实际问题，目前还不能够得到全面妥善的解决，这在一定程度上挫伤了部分教师工作的积极性。特别是对于广大的农村中小学教师来讲，这方面问题尤为突出，包括进修培训机会及相关费用问题，职称评聘问题，住房公积金、医疗保险金、失业保险问题，工资被克扣、乱摊派等问题。由于这些与教师切身利益相关的实际问题得不到妥善解决，致使部分教师的工作热情、积极性和主动性不高，从而导致个别教师做出不适当的行为，或抱着“当一天和尚撞一天钟”的心理，得过且过，不求有功，但求无过。因此，会出现教学照本宣科，布置作业随心所欲，批改作业找学生代劳等不良行为。

(4) 教育观念落后

“以分数论英雄，以考试论成败”是应试教育造成的一种扭曲现象。不少学校的教学紧紧围绕高考、中考“指挥棒”转，考什么教什么，抹杀学生兴趣，摧残学生人格，漠视学生主体性的存在，全然不顾教育教学的客观规律和学生身心发展的客观需求，使学生成了学习的机器、做题的工具、学分的奴隶，也成了教师考评的赌注和职称评聘的筹码。在一些学校，学生已沦为教师追名逐利的工具，个别教师会因为学生妨碍其追名逐利而做出失德的过激行为。

(5) 职业道德滑坡

“子弟教不从，必是教之不尽其道”，“务学不如务求师。师者，人之模范也”，这些观点与今天我们所倡导的“学高为师，身正为范”的理念不谋而合，可以看出，对教师职业道德的严格要求自古有之。教师的品德、素质和教学成效的优劣，对学生的命运起着决定性的作用。“学高是为师之源，身正是教育之本，有德才能润人之心”，教师应以丰富的知识和高尚的道德去感染、陶冶学生，以高尚的人格为学生提供一种道德楷模，从而起到良好的道德示范作用。

然而，由于个别教师自身的偏激和不当行为偏离了人民教师应有的职业准则，致使师生关系疏远，人际关系恶化。据一项“中小学师生关系现状”联合调查组问卷调查结果显示，对于“你身边的老师有体罚或变相体罚学生的现象吗”这一问题，学生回答“有”的竟然高达65.8%。特别是由于个别教师违法犯罪案件的不断发生，致使人们对“人类灵魂工程师”的信赖产生了动摇，教师的职业道德正在遭受前所未有的质疑，教师威信逐渐开始下降。

教师教书育人的行为失范对青少年的健康成长会产生极为消极的影响，

甚至会动摇人才培养的根基。为此，教师有责任和义务采取积极有效的措施，增强教书育人的职业责任感，充分发挥教师职业的行为世范作用，让自己的职业道德力在人才培养中产生良好的影响。

（二）名师行为世范案例及养成策略

1. 以身立教，行为世范

在灾难面前往往更能体现一个人的道德品质，教师更是如此。在“5·12”汶川大地震中涌现出了许多不计个人得失、勇于奉献的好教师，他们的行为符合“学为人师，行为世范”的崇高标准，值得其他教师们去学习。四川省平武县南坝中学的语文骨干教师任维鼎就是其中的一位。

自地震发生以来，任老师不顾个人安危，不计个人得失，先学生后亲人，冒着生命危险紧急疏散和抢救师生，积极投身到灾后复课和重建工作中，履行了一名教师的职责、捍卫了教师的尊严，在极度困难的条件下，坚守在平凡的岗位上，做着不平凡的事情。其率先垂范的崇高行为，彰显了一名教师可歌可泣的师德品质。

（1）先人后己，勇救学生

2008年5月12日中午14点28分，任老师正在操场上准备组织本班学生参加下午的体育测试。忽然一阵强烈的震动袭来，令人脚步蹒跚，身体左右晃动，难以站立。十几秒钟后，更强烈的地震波伴随着一阵阵令人恐怖的地啸而至，山摇地动间，学校的两幢教学楼轰然垮塌，漫天的尘土弥漫着整个校园。

面对突如其来的灾难，任老师首先想到的是学生宿舍楼上的上千名学生，地震一停，他立即奔向学生宿舍楼，与校长和当天联合值日的教师呼喊学生逃生，并组织学生有序地向操场疏散。“分班在操场中心列队，班干部立即清点人数。”还好，学生宿舍楼虽严重受损，却并未倒塌，除少数学生有轻伤之外，并无伤亡情况。

当任老师奔至学校操场和其他几位老师组织好学生后，他向教学楼废墟一看，突然想到，南教学楼三楼供电房还住着班上三位学生啊！救人要紧！于是，他奋不顾身地向废墟冲去，并一路呼喊着三个学生的名字，幸运的是，他很快听到了一个学生微弱的回应，当时他们已经被压在几块预制板下。他一个人搬不动那些预制板，便一边鼓励他们，告诉他们一定会救他们出去，一边向操场呼救，几位老师和其他人马上跑过来帮忙。没有工具，他们就用双手刨，用肩膀扛。经过近半个小时的努力，终于救出三位学生。

“平房的废墟中还有两名特岗教师!”不知是谁喊了一声。任老师又一次冲入废墟之中，配合学校其他几名教师，拨开废墟中的残砖断瓦，争分夺秒地搜救两名特岗教师。他们竭尽全力，最后终于从废墟中刨出了两位老师。

忙完这三处极险处后，稍有喘息机会的任老师才意识到自己的女儿此刻正在南坝小学，生死未卜，他便立即向女儿的小学奔去。此时，南坝小学的建筑已经全部倒塌，呼喊声、哭声充斥在整个小学上空。任老师顾不得女儿的安危，立即协助当时在场的一个警察临时充当了指挥员，他让救人的群众不要在废墟下乱搬动起着支撑作用的东西，要先捡掉最上面的瓦砾，然后从上到下一层一层地搬建筑重物。两个小时过去了，任老师和与他同来的 5 个学生先后救出了 6 个被埋的孩子之后，终于看见了自己女儿的头，在妻子和其他人的协助下，终于从几块预制板的夹缝中拉出了女儿。女儿左脚已经被严重砸伤，血流不止，踝关节脱臼，小腿骨折，3 根脚指头和脚腕部分的肉全都没有了，还露出了骨头。他抱着女儿让医师为女儿消了毒，简单地包扎了几下之后，他便又立即回到学校，组织学生搭简易棚子，给学生做思想工作。

危难之处显身手，发生于 5 月 12 日的汶川大地震残忍地剥夺了许多人的生命和财产。在灾难面前，很多人首先想到的是自己，但任老师却挺身而出，奋勇当先，先学生后亲人，完成了一个教师崇高的使命和职责，真正做到了“学为人师，行为世范”。

（2）不辞劳苦，勇挑重担

任老师的女儿刚做完第一期手术，他就要求回学校上班，学校领导考虑到他的具体情况，让他多陪陪女儿。他却说：“女儿有党的照顾，有医院的照顾，我放心。我是名党员，我是一名教师，让我回去做点事吧！学生如果离开了课堂，会是一个什么结果？尽管很多同学身体上没受到伤害，但是他们的心理呢？况且，这正是用人的时候啊!”就这样，学校接受了任老师的请求。

于是，刚护送女儿就医不到两周的任老师又回到了学校。当时正是清理废墟，到安置点上课的时候。在这段日子里，任老师时刻以“以身立教，行为世范”的高标准严格要求自己，不管是清理废墟、帮忙收发，还是搬运救灾物资、到安置点上课，哪里需要，他就到哪里，样样抢着干，事事冲在前，充分发挥了一个共产党员的模范带头作用。

(3) 不计个人得失，以集体利益为重

放暑假了，任老师的妻子特别希望他能守护在地震中受伤致残的女儿身边。但是，学校面临着重建的重任，许多工作都需要人手。当学校党支部发出号召，要求党员留校坚持工作时，任老师毅然报名参加了学校暑假护校队。

夏日炎炎，即使坐着不动，也会流下一身汗水，任老师和十几位留校的老师却要顶着烈日搬运救灾物资和从废墟里抢救出来的教学设备。在搬运中，任老师跑得最快、扛得最重，从不叫苦叫累。有一次，他的手不小心被划破了，鲜血直流，老师们都劝他休息，他却摇摇头，笑着说：“这点小伤不碍事!”他简单包扎了伤口后，又继续搬运物资。

白天干活已经非常劳累，晚上，任老师还要和其他老师轮班巡逻。考虑到他的女儿在家里养伤，学校领导不让他守夜。他说：“有妻子照顾女儿，我很放心她。”在巡逻中，他格外细心，除了查看重点部位，他还要查看离开学校的那些老师们放在帐篷里的财物。有时，夜里下起暴雨，突发的山洪会冲进板房教室。任老师冒雨巡查时，和老师们打着手电开渠挖沟，用盆子把灌进教室的洪水一点点舀出去。

为了尽快恢复正常的教育教学工作，确保2008年9月1日能全面复课，学校所有的教师都投入到开学物资保障工作中。8月30日，任老师和学校汪主任去县城接收一批学习用具。出发时天气晴朗，可就在他们返回途中，暴雨来临，豆大的雨滴打得车顶“咚咚”响，能见度不到20米。当时已经是下午5点，怎么办？继续走，地震后的道路损毁严重，回去的50多公里几乎都是山路，意外情况随时可能发生。如果不走，学生等着用这批用具啊！就在这时，任老师的电话响了，是县局领导打来的，问他们走到哪里了，能不能走，不能走就等雨停了走或就地找个地方住一宿明天再走。同一时间，汪主任的电话也响了，是学校领导打来的，和局领导说的是同样的内容。当时，他们的心里一热，领导们如此关心，有什么怕的呢？任老师跟汪主任相视一笑，不约而同地回答："能走，我们走慢点，我们一定注意安全！"

就这样，一辆装载着学生们用具的货车在崎岖危险的山路上颠簸前行。开车的师傅也说："不怕，我们慢慢走，汪老师你帮我看着上面，上面的悬崖有动静给我说；任老师你帮我看下面，下面有塌陷你给我说。"这一路，一边是悬崖，一边是深渊，雨又没有停的迹象，雨点打在路面上，激起很大的水花，山间不时传来石头从山上滚落下来的声音。

地震后的山体摇摇欲坠，塌方、泥石流随处可见，一旦发现山崖上有小石头滚落，他们立刻停车观察，确定山体没有滚落大石头，才加速通过。一旦发现路基有松动的迹象，他们也停车，先用脚上去踩一下，确定能够通过才继续前进。50 多公里路，他们整整用了 6 个多小时的时间，晚上 11 点 17 分终于安全抵达学校。

秋季开学后，由于还没有安装挡网，为了保障学生的安全，学校需要人手在夜间巡逻。任老师又是第一个报名。白天上课已经够累了，晚上，他坚持和老师们一起，配合在学校驻勤的河北警察巡逻到天明。长期的劳累，让他变瘦了，但是，他照样很乐观，照样精神饱满地工作着。

学校重建工作千头万绪，已经是办公室主任的任老师除了完成自己的常规工作外，还经常与学校领导一起，听取上级指示，随时到工地查看，及时向上级报告重建中存在的问题和困难，与援建方、施工方和监理方广泛接触、协调，解决一个个具体问题。新上工的工人找不到住处，任老师与校长一起找当地村民帮忙联系简易板棚；校门东移，阻挡了两家砖厂的通路，他们走家串户，做农民的工作，终于获得群众的理解，让出了一条便道。尤其是在征用操场用地时，困难多多，阻碍重重，任老师与校长多方奔走，反复与南坝镇镇政府及村社磋商，一共跑了 13 次才落实下来，保证了重建工作的顺利进行。

在重建校园的同时，任老师还注重精神重建。经过地震灾难后，部分老师对人生失去了信心，产生了职业倦怠，在工作中变得麻木，得过且过、不思进取、不求发展。每当这时，他总会主动去找这些教职工进行交流，开导他们、激励他们，让他们看到阳光依然灿烂，让他们明白不能对不起学生，让他们知道只有老师发展了，才能促进学生更好地发展。当有的老师对学校的规章制度有抵触情绪时，他总会在第一时间去安抚、解释、协调，力求做到让每位老师都愉快地工作、快乐地生活。

（4）积极开展学生心理疏导工作

任老师长期担任班主任工作，是南坝中学语文骨干教师，并主持语文教研组的工作。尽管工作量很大，工作头绪多，但他却没有怨言，认认真真做好每一项工作。在班主任工作中，“对学生充满爱心”是他的教育理念，他认真学习班级管理理论，并运用到实践中。他运用民主管理理念，充分调动每个学生的积极性，使班级充满活力。

他特别关心在地震中伤残的学生，爱护家庭贫困的学生，并在生活上给了他们许多照顾。在课堂上，当他看见大部分学生坐在教室里神情木然，像一个历尽沧桑的老人看破红尘的样子时，他知道一个新的课题摆在了他面前，经过地震灾难的学生，失去了生活的目标，失去了学习的乐趣。如何才能唤醒他们？如何才能让他们重新找回学习的乐趣，人生的信念，走出地震的阴霾？他开设了心理讲座，开展了各种文娱活动，利用夕会课、班会课给学生读名人成长的故事，组织学生讨论人生理想，召开主题班会，教育学生学会感恩。他想方设法让学生重新找回学习的乐趣和人生的信念，帮助他们走出地震的阴霾。

在教学上，任老师也格外努力。为了教好每一个学生，他注重安排好每个教学环节。夜深了，别人都休息后，他还在翻阅资料，细致备课，经常熬红眼睛。上课时，他特别有激情，每一堂课都讲得很精彩，即使是那些厌学的学生，也喜欢听他的课。他教的两个班级班额大，学生多达 120 人，作业批改量很大，但是，他照样全批全改。特别是对弱差生，他从不歧视，常常把他们叫到身边，给他们讲作业。为了提高学生的写作能力，他除了仔细讲课外，还坚持写作，给学生提供可以借鉴的模板。

在教研工作中，任老师带头上示范课，坚持写教研论文，参与学校课题研究和校志的编撰，做好对青年教师的“传帮带”。他还利用课外时间，指导文学社的学生读书和写作，并开办文学讲座。在他的指导下，文学社的许多学生在各级征文活动中都获得了名次，并得到了一定的奖励。每学期由他主办的校刊《起点文刊》更是学生的精神食粮。

虽身处地震极重灾区，但任老师在工作中任劳任怨、勤奋刻苦、求真务实，在平凡的岗位上坚守，用平凡的事迹育人，做到了一个教师行为世范的表率作用。他的模范事迹成了南坝中学全体教职工的标杆，引领着更多的教师向更高的工作目标前进。

从古至今，教师都享有无尽的美誉，如“渡人的小船”“辛勤的园丁”“人类灵魂的工程师”等，这些美誉彰显了教师职业对于社会发展的重要性。实际上，教师这一职业确实关系着国家的发展，具体而言就是指教师的素质，它直接关系到教育事业的改革与发展，关系到科教兴国战略的实施。教育实践表明，培养全面发展的合格人才，要靠教育者的教学行为和道德行为相结合才能达到目的，因为教师的理想信念、敬业态度、为人处世、道德情操、文化知识等都会对学生产生直接或潜移默化的影响。所以，教师不仅要把优秀的传统文化和前沿科技知识传授给学生，更要用自身的德行感染学生、影响学生。所以，既然选择了教育事业，教师就要努力加强个人修养，不断完善自己，做到以身立教、行为世范。

案例中的任老师面对突如其来的灾难，抛弃个人安危和利益，积极投身到抢救学生、重建教学设施、开展心理辅导等工作中，其行为本身代表了教师这一职业崇高的道德力，它所产生的教育效果是任何言语都无法替代的，这种行为本身的示范作用是不言而喻的。

作为教育工作者，应该学习任老师，树立为学生服务的意识，热爱教育事业，热爱学生，把学生当成自己的子女一样来爱护，特别是在灾难面前更应该先人后己。德国教育家第斯多惠曾说：“教育的艺术不在于传授知识，而在于激励、唤醒、鼓舞，而这一切都基于教师的楷模形象。”所以，教师优化自身形象，树立“以德立教、率先垂范、严于律己、无私奉献”的形象显得尤为重要。俗话说：“教育无小事，事事是教育；教育无小节，节节是楷模。”教师只有把外树形象与内强素质结合起来，以良好的行为感召和熏陶学生，才能真正担负起“三钱粉笔，万钧重担”的为师之责。

教师要做到以身立教，行为世范，可以采取以下一些策略：

（1）对教育事业高度负责，乐于奉献

教师要热爱党、热爱社会主义祖国，贯彻党的教育方针，忠诚于党的教育事业，要树立正确的教育观、质量观和人才观，增强实施素质教育的自觉性，增强社会责任感和使命感。要认识到，在科技飞速发展的今天，综合国力的竞争实质上是人才的竞争。培养具有创新精神和实践能力的人才是实施素质教育的重要目标，教育是知识创新、传播和应用的主要阵地，是培养创新意识和创新人才的重要阵地；还要认识到，教育的发展，关系到国家的富强和民族的兴衰。

教师从事的是光辉而神圣的事业，在推进社会进步和提高民族素质的伟大事业中，教师扮演着越来越重要的角色，教师应全身心地投入，不断学习、不断创新、与时俱进、锐意改革，更新教育观念，为学生的持续发展和社会的发展而努力。

在由计划经济向市场经济转变的过程中，人们的道德观念及价值取向发生了深刻的变化，商品经济的一些负面效应冲击着社会、波及校园，此时，教师应有“春蚕到死丝方尽，蜡炬成灰泪始干”的献身精神，甘于清贫、甘于寂寞、爱岗敬业、乐于奉献。

(2) 真诚热爱，平等相待

在实施教育教学活动过程中，教师要认识到学生是学习的主体，学生是人，是具有主观能动性的人，他们有正常的心理需要，渴望被理解和尊重。

教师要与学生平等相处，要尊重学生、因材施教，尽可能为学生创造和谐宽松的教育氛围，使每个学生都得到平等、健康、主动的发展。

苏霍姆林斯基曾经作出过这样精辟的论述：“教育者最可贵的品质之一就是人性，对孩子的深沉的爱，兼有父母的亲昵温存和与睿智的严厉与严格要求相结合的那种爱。”“爱是教育的润滑剂”，师爱是理智与感情的统一，这既体现在尊重学生上，也贯穿于对学生的严格要求中；既表现在个别接触中，更融化在集体教育中；既要爱优秀学生，更要爱学习有困难的学生。

严，是一种更强烈的爱，是一种更大的尊重。如果说，师爱是育人的根本，那么师严则是育才的保证。中国古代教育家始终提倡严教，“教不严，师之惰”“严师出高徒”等，正是严格要求的真实写照。教师不但是学生学习上的良师，更是学生思想和生活中的益友。

(3) 讲究修养，以身作则

作为教师，若想严于待生，必须先严于律己，这是一切育才者不可缺少的职业品质。布鲁纳曾经说过：“教师是教育过程中最直接的有象征意义的人物，是学生可以视为榜样并拿来同自己作比较的人物。”教师是学生增长知识和思想进步的导师，他们的一言一行都会对学生产生影响，教师一定要在思想政治上、道德品质上、学识学风上以身作则，做到自觉、做到率先垂范，这样才能真正为人师表，行为世范。

只会“言传”，不会“身教”的教师不是一个合格的教师。教师应把“言传”和“身教”有机地结合起来，做到德以修己、教以导人。

(4) 善于针对新时期学生的特点启迪学生心灵

现在的学生究竟有哪些特点？这是作为一个具有行为世范作用的教师在教书育人过程中要特别注重的问题。

教师教书育人的指导思想一定要突出时代性，要适应培养现代化建设所需要的人才。教师在教学中要通过多种渠道把握学生的思想动态，采取适合学生心理特点的措施加以教导，使学生牢固树立起正确的思想观点，明确学习目的和任务。

另外，教师应针对学生的特点多开展一些健康有益的课外活动，把学生吸引到活动中来，寓教育于各种活动之中。如可以经常开展纪律法制教育，增强他们的纪律法制观念，使他们懂得遵纪守法的道理。

(5) 塑造形象，为学生树榜样

教书育人能否收到实效，关键在于教师能否在学生的心目中塑造好自身形象，真正起到以身立教、行为世范的作用。教师具体应做到以下几点：

一是要具有“学高为师”的业务素质。教师要在学生心目中树立崇高的威信，首先一点就是要具有渊博的知识和严谨的治学态度，要千方百计组织好教学。学生只有佩服你，才能尊重你、信服你、主动接近你并求教于你，这样才能达到行为世范的教书育人效果。

二是关心热爱学生。爱是人类的情感之一，情感就是人们对于客观事物是否符合个人需要而产生的态度及情绪体验，它在教育过程中具有很大的作用。赞科夫说：“当教师的必不可少的，甚至几乎是最主要的品质，就是热爱儿童。”罗素说：“凡是教师缺乏爱的地方，无论品格还是聪明，都不能充分地或自由地发展。”没有爱，就没有真正的教育。

百年大计，教育为本；教育大计，教师为本；教师修养，立德为本。爱岗敬业、教书育人、为人师表形成了教师行为世范的有机整体，此三方面缺一不可。作为教师，应增强使命感、责任感，树立育人为本的思想，热爱学生、言传身教、学而不厌、诲人不倦，引导学生德、智、体、美全面发展。

古今中外无数事例证明，育人单凭热情和干劲是不够的，还需要以德立身、以身立教。教师只有树立良好的师德形象，才能让自己的行为成为学生学习的榜样，从而做到行为世范。

2. 以仪表成就行为世范

有一天早晨，深圳市福田区荔园外国语小学特级教师张娟起得比较早，于是就化了点淡妆，穿了一条简单的牛仔裤和一件毛线衣就上学校去了。谁知刚一进教室，就迎来学生惊奇的目光。“老师今天真漂亮。”“老师头发放下来，真好看。”平时，张老师的头发本来是绑在后面的，因为前一天刚把头发拉直了，所以就没扎起来。学生看到后一个个睁大眼睛，天真俏皮地望着张老师。

张老师听了很高兴，于是开玩笑似地说：“我以前不漂亮吗?”结果引来学生们一阵会心的大笑。就在这种宽松亲切的氛围下，开始了新的一节课。

这之后，平时不怎么注意着装的张老师开始注意起了自己的仪表形象。一天，张老师穿了件白衬衫、黑色西装上衣和黑色一步裙，脚蹬一双黑色半高跟浅口皮鞋，像往常一样走进教室。结果意想不到的事情发生了，学生对张老师的着装非常感兴趣。有的学生说：“老师你今天穿的是正装啊!”有的学生则夸赞：“窈窕淑女，君子好逑。”还有的学生说：“老师，你这身衣服真好看，以后你来上课都这样穿吧!”……赞叹声不绝于耳。

还有一次，张老师理了一个非常适合自己脸型、气质和职业的发型，然后神采奕奕地走进教室。突然，全班想起了掌声。张老师一愣，不知道学生为什么一改往日的沉闷，变得如此热情。有学生指指张老师的头发说：“老师剪了头发啦!”张老师这才恍然大悟：原来自己的发型得到了学生的认可。

有了这几次特殊经历后，张老师开始越来越注重自己的仪表形象，再也不像以前那样随意穿着。张老师的改变得到了学生的赞美，师生关系变得更加融洽和谐，课堂效率也得到了很大的提高。

如今，张老师经常半开玩笑地说，原来教师的仪表形象也具有行为世范的教育作用啊!

在师生交往过程中，第一印象常常是最深刻的，社会心理学中称之为“首因效应”。有一本叫《接触的最初 4 分钟》的书，作者提到，人们在彼此决定是否成为朋友时，接触的最初 4 分钟起着关键作用。若要给人以美好的印象，使人喜欢你，就必须讲究仪表，鲁迅先生 20 世纪 20 年代曾在北京好师范大学任教，他就很注重自己的仪表。齐整的一字须，始终整洁得体的一袭大褂，都对他渊博的学识、鲜明的性格起到了一个有力的补充。

周总理的母校南开大学里曾有一面立镜，镜子上方悬挂着“容止格言”，内容是“面必净，发必理，衣必整，纽必结，头容正，肩容平，胸容宽，背容直。气象勿傲勿暴勿怠，颜色宜和宜静宜庄”。

仪容仪表为什么这么重要？因为仪表是一个人气质性格、文化素养、审美观念的外部表现，是美好心灵的一种外在表露。教师优雅的风度、脱俗的气质、优美的语言、整洁的衣着、端庄的外表、和谐的动作表情、工整潇洒的板书、活泼开朗的性格以及谦逊宽容的态度，对学生的心灵有很大的影响，它们有助于陶冶学生的思想情操，使学生由爱其师而乐于学，便于师生友好合作，进而顺利地完成教育教学任务。教师的仪容仪表，可以说是行为世范的基础。

一直以来，我国教师的穿戴总是和“艰苦朴素”四个字分不开，教师走在街上，或是参加社交活动时，常常被人一眼看出。久而久之，“艰苦朴素”就和“不修边幅”等同了起来。改革开放初期，不少学校明文规定教师不得穿牛仔裤，不得穿滑雪衫，不得戴墨镜；女教师不得烫发，不得戴首饰，不得涂口红等等。但时过境迁，教师的观念也应有所进步和改变。

教师的穿戴应当端庄、得体，既体现职业特点和个人气质，又不失亲和力。21 世纪是市场经济社会，学校也逐渐开始走向市场，学生交学费上学，实际上购买了教师的授课服务。商品要包装，难道教师就不需要包装吗？男教师擦亮皮鞋，刮干净胡子；女教师略施淡妆，佩戴合适的首饰；在开学典礼、毕业典礼或其他重要场合，更是要以正式的礼服盛装出席，这些都是现代社交、现代礼仪所提倡的。

爱美之心人皆有之。教师的穿着应跟得上时代，应当体现出“职业美”和“现代美”。穿着是一门学问，也是行为世范的一部分。教师不能不修边幅，不能让学生觉得太过时、太土、太随便。因此，教师在走出家门前要照照镜子，审视一下自己的外表。精心修饰的大方得体的外表，更容易受到现代学生的欢迎。

曾有一位男士自信满满地去参加演讲比赛，但他却很不在意自己的形象，上身穿了一件变了形的外衣，下身穿着一条松松垮垮的裤子，胡子和头发也没修理，像一堆乱草。有人好心提醒这名男士应该修饰一下外表，但这名男士却不在意地说："没关系，只要讲得好，评委和观众就会喜欢，外表并不重要。"

演讲比赛开始后，这名男士的演讲非常有水平，但令人奇怪的是，他的演讲并没有赢得评委的赞赏和观众的掌声。其实也不奇怪，因为这名男士输就输在他的外表上。根据人际吸引的法则，一个人风度翩翩、俊逸潇洒，能产生使人乐于交往的魅力，而不修边幅、肮脏、邋遢的人则不会吸引他人太多的注意力。

如果以衬衫领子污黑，皮鞋沾着泥点，西服皱巴巴、污迹斑斑，头发蓬乱，指甲里满是污垢的样子出现在他人面前是一种缺乏修养的表现，这样的人会失去尊严。人们对这种不注意形象的人都不会产生信任，不会留下一个好印象的。那位不修边幅的演讲男士就给评委和观众留下了恶劣的印象：这位演讲者的思维跟他的外表一样，也是乱七八糟的。一旦这种印象形成了，即使他以后再努力，即使他的演讲内容再好，也很难取得成功。

为此，美国很多大公司都对所属雇员的装扮和外在形象有着严格的规定，这些规定不是指要穿得怎么好看，而是要符合人们最基本观感的标准。比如，鞋擦过了没有；裤管有没有污痕；衬衣的扣子扣好了没有；有没有刮胡须；头发有没有整理好等等。乍一听这些要求似乎有些可笑，事实上，这些细节会给人留下深刻的印象，整洁的穿着总给人一种信赖感。外表对一个人交际的影响是很大的。

具有行为世范作用的教师只讲好课和具有高尚品德是不够的，还要讲究仪表美。教师仪表是一名教师德、识、才、学、体等在社会交往中的综合表现。端庄的仪表既是教师从教的基本素质要求，又是教师重要的行为特征；它不仅能促进师生的情感交流，而且能培养学生正确的审美情趣，从而提高人生境界。

教师以仪表成就行为世范可以采取以下一些策略：

（1）衣着得体

仪表美是教师职业特点的必然要求，衣着打扮又是仪表美的主要组成部分。衣着整洁得体是对教师服饰的一种基本的规范要求。

教师的衣着打扮，关键要符合其身份，要适合教师的职业特点规范下的仪表美的深层内涵。尽管适宜的身材、流行的服饰对教师的形象美也有相当重要的作用，但这并不能代表仪表美的全部。只要他在教书育人的实践中，做到衣着整洁得体、落落大方，照样能够透露出朴实的美、整洁和谐的美、情趣高雅的美。

教师在衣着的具体选择上，需要适当顾及以下几方面：

①根据身体条件选择衣着。身材较矮的教师，衣着选择宜以简洁明快，上下色泽一致或上浅下深的色泽为主，以便把身材反衬得高一些；颈部较细长的教师，衣着选择宜以高领、筒领或翻领为主，以便增强颈部的粗壮感；而颈部较粗短的教师，则宜选择 v 型领口一类的衣着，以便敞开胸口，增强颈部的细长感；体胖的教师，衣着选择宜以冷灰色、深色为主，以便给人以紧束感，但不宜选择紧身或束腰的衣服；体瘦的教师，衣着选择宜以面料组织暖色亮色为主，或增加衣饰花样皱褶等，以便增强扩弛感、厚实感。

②根据年龄特征选择衣着。青年教师朝气蓬勃，充满活力，服饰选择上宜以活泼明快为主，可以与流行色泽款式适当地靠近一些。年长教师德高望重，沉稳通达，衣着上应以严肃端庄为主。但也可以根据实际情况，适当选择一些既稳重大方，色泽款式又比较清新的服饰，这样既显得充满成熟的魅力，又显得焕发了青春的活力。

③根据环境特点选择衣着。教师的衣着在整洁得体的基本要求下，也要随着具体的环境而变化，课堂教学时应衣着整齐，劳动、游乐时应简便、轻盈，不同授课时的衣着选择要适合一定的环境特点。

④根据教学对象选择衣着。教师的衣着选择需要考虑到学生的年龄、性格、知识、能力等因素，不宜忽视这些特点。对于中学生，教师的服装要朴素、整洁，有利于培养他们成熟的衣着行为，并使他们受到思想情操方面的启迪；对于一些年幼的学生，根据他们天真烂漫、活泼好动的特点，教师应选择一些色泽鲜艳、明快的服饰，这样更容易给他们以美的启迪。

⑤衣着整洁、卫生。这是衣着达到外表美的起码要求，教师应认识到，讲究个人的仪表和衣着的整洁卫生，不仅是教师个人道德修养的表现，更重要的，这也是教育好学生的需要。

⑥衣着典雅大方。教师的衣着仪容要美观大方、朴素典雅，不要奇特古怪、艳丽花俏。教师的衣着仪表要符合民族特点、年龄特点、个性特点和职业特点。

教师着装应遵循的原则是：庄重、大方、凝炼、高雅、明快，变化层次不要太复杂，一般不要穿不对称的服装。男教师的服装要尽量正规，如单排扣西装，选用线条纹或八字纹面料，配领带、马甲等，为了避免过于格式化，衣袋、纽扣可有些变化。女教师的服装可偏向时装，颜色和样式可稍花俏，可着套装，春夏可以素色衬衣配飘逸长裙。教师着装的颜色以中性色彩、冷色调为主。如选用暖色则同时以中、冷色相衬托。教师服装的面料以混纺为佳，可以显得质地好、挺拔、有光泽，且易洗易干。

（2）发型选择要合适

发型在一个人的整体形象中扮演着极其重要的作用，一个人的形象如何，人们一般是先通过其面部形象来做判断，此时人们关注较多的莫过于发型，因为发型是一个人外在形象的表现，也是一个人内在气质的外露，更是一个人精神面貌的体现。

变换发型可以改变人的气质。教师的发型设计不能太前卫，明显的染色或做各种夸张的造型都是不适合的。与之相对，古板又中规中矩的发型设计同样不适合现代城市教师的形象。教师的发型应该做到稳重又有型，简洁又明快，端庄又时髦，做到让学生更爱戴、让家长更敬重。

（3）谈叶文雅

“存惠于心而秀于言。”一个品德高尚、热爱学生、有平等观念的教师，表现在语言上，自然是说话和气、谈吐从容、内容健康、格调文雅、态度谦和。

为此，作为教师，首先，语言要积极鲜活。教师应少用公共评价语言，减少刻板呆滞，“你这人很孤僻，要勇于克服缺点”不如“和同学多接触，多交流，大家相互提高”。教师严肃有余、活泼不足的、机械呆板的语句只能让学生产生压抑感和排斥心理。

其次，内容要健康高尚。不能庸俗低级、油腔滑调，或匪声痞气。有的教帅为拉近与学生的距离，故意迁就学生讲些无聊的庸俗的话题，有的用社会不良语言去教育学生，如“和我较劲，你嫩得很!”“约人打架，我到街上一喊就来一大群!”……这些语言只会损害教师形象，影响教育效果。

再次，语气语调应平和亲切，不能疾言厉色，恶语伤人。教师出言不逊，粗暴地大喊大叫，甚至采用刻薄、尖酸、挖苦性的不文明语言，以轻蔑厌恶的口吻教育学生，只能产生负面效果。

最后，谈吐要有节制。教师说话要做到不卖弄、不信口开河、不高谈阔论，不把任何一个学生夸得像“完人”一个，也不贬得一无是处，不损伤学生的自尊。

(4) 举止端庄

教师行走坐立、举手投足都对学生有重要的示范意义，因此要做到站有站相、坐有坐相、稳重端庄、落落大方、不卑不亢、文雅得体。教师如果举止轻浮，站起来歪歪斜斜，坐下去大大咧咧，走起来摇摇晃晃，又如何能培养出端正有方的学生？教师要像设计教学那样，设计、润色自己的风度举止，有意识地给学生以美的印象。

首先，动作要适度，一举一动应持重有方。要表现出师长的爱抚和关切，又不能过分亲昵，与学生交头接耳，勾肩搭背；目光应温和地注视学生，观察他的反应，倾听他的意见，而不能心不在焉，东张西望或口沫横飞，自说自话。讲课时，教师适当地巡回走动能给人以亲切感，过量地来回晃动会给人以压抑或浮躁感。课上与学生单个交流，要弯下腰，平视学生。不要扔作业本，不砸粉笔头，不手点学生额头。表示亲切时，可对小学生抚摩头，对中学生拍拍肩。

其次，“体态语”要正确。皱眉表示厌烦，微笑表示欣喜，扬眉表示吃惊，摇头表示不以为然。一个手势、一个眼神、一个表情，运用得好便会产生许多言语难以达到的效果。比如，与学生在办公室谈话时教师的坐姿要微微前倾，眼睛平视学生，就可以让学生感到亲切真诚；如果仰靠椅背，翘起并晃动二郎腿，则会给人以傲慢和随意的印象。

(5) 风度要优雅

教师的风度是指教师在教育工作中及社会活动中体现出来的具有审美价值的外在表现，它是教师职业理想、职业道德、职业情操的反映。不同的人有不同的性格特点，有不同的举止言谈风格，也就具有不同的气质风度。因此，教师在对自身仪表风度的塑造中，需要充分考虑到自己的性格特征，从实际出发，扬长避短，努力培养具有自己特点的、鲜明的个性风度。

教师的仪表风度要与自己的性格特点相吻合，意即教师的仪表风度要符合并能体现出教师的个性，而不是盲从他人、东施效颦、亦步亦趋的矫揉造作。

从这个意义上讲，美就是性格。教师是美的传播者，只有当他自己具备了美好的仪容，他传授的“美”才有说服力。教师又是真理的“布道者”，只有当他自己有了朴素端庄的气度，他宣讲的道理才有力量。

孔子曰：“其身正，不令而行；其身不正，虽令不从。”这里，孔子用一个“正”字来说明人的内在品行，人的内在品行就应该体现在其外在风度上。所以，教师应该是讲究风度的。一个好的教师，就是一个鲜活的榜样。

（6）表情要丰富

表情是指教师通过自己的外在行为变化来表达感情，它是教师仪表中一个不可或缺的重要组成部分，它主要是指教师的面部表情、身体动作表情和言语手势表情。

教师可根据课堂教学的要求，在跟学生的交往过程中，依据学生的实际变化，流露出不同的表情，从而对学生产生一定的暗示和影响，发挥教育作用。但是，这并不是要求教师像演员那样善于表演，如果教师不顾教学要求和学生的变化，总是带着冷若冰霜的面孔，使用简单生硬的语调，打着呆板固执的手势，表现几近僵化的动作，势必使学生在学习和生活中感到压抑。

（7）教态要自然

教态指教师的一种工作状态。在教育过程中，特别是课堂教学中，教师为了准确无误地向学生表达自己的思想感情和传授知识，除了以上所述外，还必须注意自己的教态，要做到自然、从容、典雅、活泼、热情、真诚等。只有这样，完美的教师形象才能呈现在学生面前，才能正确有效地发挥教师言传身教的作用，促进学生的进步和成长。

教师仪表美是教师外在美与内在美的有机结合，是教师生命美与精神美的相互交融，是教师形象美与内涵美的和谐展现，是教师群体美与个体美的辩证统一，是教师行为世范的重要保障。作为一名教师，必须慎重地把自己的仪表美调整到符合学生的欣赏水平上来，给他们以美的熏陶，产生积极的影响，以不辜负学生心中的“偶像”之美誉。

3. **以优雅体态彰显美的行为世范**

在形容初三的生活时，大多数学生都有种喝“苦咖啡”的感觉。但是，在深圳市的老牌名校——翠园中学却因为有几位优雅味十足的老师，使学生在苦中找到了乐，紧绷着的神经得到了放松。

（1）青春美丽的音乐老师

年轻的音乐老师非常漂亮。她的眼睛很大，闪烁着活泼的光芒，灵巧的鼻子和嘴巴嵌在那张洁净的脸上，乌黑笔直的秀发高高地扎起，随意朴素的衣着显出她高贵的气质。

课堂上，音乐老师的动作十分大方美观。唱歌时，她站成“丁”字步，手臂随着音乐的节奏划出一条条优雅的弧线；弹钢琴时，她的手指犹如一个个灵巧的音符，与那五线谱、琴键一起跳跃飞扬。从音乐老师手下飘出的音乐，时而慷慨激昂，时而低沉悠扬，演绎着她生命内在的青春和美丽。

（2）温柔聪慧的语文老师

语文老师那张圆圆的脸上总是洋溢着热情的微笑，像一个熟透的苹果，给人很舒服的感觉。她的眼睛总是发出慈祥、智慧的光芒。她也喜欢把头发扎起来，这样显得有精神、有气质。

讲课时，语文老师就像一位社会活动家，她的手指伴随着声音有节奏地敲击着桌面，时而铿锵热烈，时而忧愁委婉，语句之间互相联系，字字句句都有着不可抗拒的力量。听语文老师讲课，学生们认为是一件十分轻松且开心的事。

（3）幽默有趣的数学老师

班主任兼数学老师已经快退休了，却十分努力地想把他的最后几届学生教好。他虽然严厉，却带着幽默。

一次上课，学生在做题，数学老师用一只脚磕着讲台的台阶站着。突然，前排学生爆发出一阵大笑，他也“咯咯咯”笑个不停，边笑边把脚往讲台下伸。学生们抬头一看，原来他的鞋子掉了。

讲课时，数学老师的表情动作极为丰富。有时，眉毛一扬，伸着脖子问学生；有时重重地点头；有时，因为年纪大了听力不好，听学生回答问题时把手放在耳朵后面。

（4）滑稽百出的科学老师

每当科学老师走进教室，学生都会闻到沁人心脾的“胭脂香”（香水味），然后大家都表现出十分陶醉的样子。

讲课时，科学老师先是稍稍蹲下身子（想与学生们有一样的高度）。然后，他右手握住粉笔，左手五指张开，两只手臂弯在腰间，还不时的摆动。在形容科学老师的这个动作时，学生笑称其为“公鸡扇翅膀”。所以，当科学老师一讲话，学生就认为他要“扇翅膀”了。

（5）身轻如燕的政治老师

政治老师有一个招牌动作，就是当他给学生讲完一个要点，准备板书时，一个漂亮的转身就呈现在大家面前。慢镜头是这样的：左脚原地转180度，右脚很轻松地掠过地面，有蜻蜓点水似的潇洒。

案例中，每位教师的外在体态都在向学生传达着他们内心丰富多彩的世界。他们以自己的体态，展现着自己独特的优雅可爱之处，如音乐老师站成“丁”字步，手臂随着音乐的节奏划出一条条优雅的弧线；语文老师有节奏地敲击桌子；数学老师把手放在耳朵后面；化学老师“扇翅膀”；政治老师漂亮的转身。这些优雅风趣的体态，不仅给学生带来了欢乐，带来了甜蜜，吸引了学生的注意，把学生的思维始终锁定在课堂上，同时，也给学生起到了美的行为世范作用。

教师的优雅体态具体表现在站、行、坐三个方面。教师在课堂上正确的站立方式应该是头颅、躯干和脚的纵轴在一条垂直线上，挺胸、收腹、梗颈，两臂自然下垂，形成一种优美挺拔的形态，这样，人体固有的脊柱形态的曲线也就表现出来了；教师在课堂上走路，优雅的方式应该是正直、平稳地移动躯体，不僵硬又不呆板，两臂自然下垂，摆动协调，膝盖正对前方，脚尖略微向外侧，落地时脚跟先着地过渡到脚掌，两脚后跟几乎在一条直线上，两腿交替前移的弯曲程度不要太大，步伐稳健均匀；教师优雅的坐姿应保持挺胸收腹，四肢摆放要规矩端正，不能摆得太开太大。

优雅体态藏于每一位教师身上，只要细心去发现，将优雅作为自身素质的一方面来加以训练，每一位教师都会拥有自己独特的优雅姿态。

古往今来，儒雅之士不计其数，如与诸葛亮齐名的周瑜，被称为“竹林七贤”之一的嵇康，风度翩翩的周恩来总理，温文尔雅的艺术家孙道临等，无一不让世人折服在他们的优雅风度里，故而成为行为世范的楷模。作为教师，为人师表是一种基本要求，所以也应该像他们一样，做一个儒雅之士。

教师要做到以优雅体态彰显美的行为世范可以采取以下一些策略：

（1）站姿：让优雅在静态中展现

站姿是人的最基本的姿势，同时也是其他一切动作姿态的基础。站姿是教师在课堂中最重要的举止之一，教师在讲台上的站姿优雅与否，其感召力是不一样的。教师的站姿应给学生以挺拔笔直、舒展大方、精力充沛和积极向上的印象。

一般来说，女教师的基本站立姿势应该是抬头、挺胸、收紧腹部，肩膀往后垂，两腿前后分开，前腿轻轻的，身体重心全部放在后腿上，手轻轻放在大腿旁边，千万不可站成八字步，叉着腰；男教师的基本站立姿势应该是挺胸、抬头、收紧腹部，两腿稍微分开，脸上带有自信，绝不可伸着头、驼着背、哈着腰、挺着肚。

讲课时，教师站在教室的前中央为最佳位置，即讲桌与黑板之间。这样做，对保护学生视力有益处，因为除两边的学生外，大多数学生是直视的。此外，教师讲课总是辅之以板书，还要随时参阅教案，站在讲桌与黑板之间，口述笔写，随手可到，浏览教案，低头可及，既节约时间又方便应手，这样做有利于提高教学效率。

学生回答问题时，教师要面向学生，身体微微前倾。这种姿势表明教师对学生说的话感兴趣，也表明教师的注意力都集中在学生身上而没有走神，增加了教师的亲切感。此外，教师站立时还应注意以下几点：

①学生自习时，教师可以用手撑住桌沿，把重心移到某只脚上，但不能长时间手撑桌面，免得学生认为自己疲惫不堪，影响听课情绪。

②擦黑板时，教师的站立要稳，不能全身剧烈抖动，左右摇晃。

③教师讲课的站位不能呆板地固定在一点上，应适当地移动位置，或到学生座位行间进行巡视。

④不要侧身而站。心理学研究表明，侧身而站和面向黑板而站说明教师的心理是封闭的，不利于阐述教学内容，而且会给学生留下缺乏修养的印象。

⑤不要在站立时重心移动太快。站立时重心忽左忽右，显得信心不足、

情绪紧张或焦虑。

⑥不要远离讲桌，站在讲台的前左角或前右角；不要“打游击”，左右来回移动；不要在学生座位行间踱来踱去。

⑦不要把双手交叉抱在胸前或背在背后，这些动作会给学生一种傲慢的感觉。

⑧如果站立过久，可以将左脚或右脚交替后撤一步，但上身仍须挺直，脚不可伸得太远，双腿不可叉开过大，变换也不能过于频繁。

（2）坐姿：在端庄中体现优雅稳重

端庄优美的坐姿，会给学生以优雅、稳重、自然和大方的美感，从而侧面提升教学效果。教师的基本坐姿要求是：头要端正，上身直立，手臂摆放自然。具体做法如下：

①头要端正。不出现仰头、低头、歪头、扭头等情况。整个头部看上去，应当如同一条直线一样，和地面相垂直。办公时，教师可以低头看桌上的文件等物品，但在回答学生问题时，必须抬起头。在和学生交谈的时候，可以面向对方，或者面部侧向对方，不可以把头后部对着对方。

②上身直立。坐好后，教师身体也要端正。需要注意的地方有：不应把上身完全倚靠在座椅的背部，最好不要倚靠；不要坐满椅面，最合乎礼节的是占椅面的3/4左右。

③手臂摆放自然。教师坐下时，手臂摆放要自然、得体，一般分三种情况：一是手臂放在双腿上，即双手各自扶在一条大腿上，女教师也可以双手叠放后放在两条腿上，或者双手相握后放在双腿上；二是手臂放在身前桌子上，即把双手平扶在桌子边沿，或是双手相握置于桌上，也可以把双手叠放在桌上；三是手臂放在椅子扶手上，当正身而坐时，要把双手分扶在两侧扶手上，而当侧身而坐时，要把双手叠放或相握后，放在一侧的扶手上。

在落座时，女教师应回视座椅，右腿退后半步（视面部朝向而定），待右小腿后部触到椅子后，方可轻轻坐下（如着裙装，需同时整理好）；坐定后，膝盖并拢，腿可以放在身体正中或一侧。如果想跷腿，两腿需并紧。若着短裙一定要小心盖住膝盖（在讲台上需落座的女教师，不适合穿短裙）。对于男教师，落座时膝部可以分开一点，但不要超过肩宽，也不能两腿叉开，半躺在椅子里。

此外，教师还要注意以下几点坐姿的禁忌：

①双腿不要叉开过大。特别是身穿裙装的女教师更不要忽视这一点。

②不要把一条小腿架在另一条大腿上，两腿之间留出大大的空隙，显得过于无礼。

③不要把双腿直伸出去。

④不要将腿放在桌椅上。

⑤不要抖腿。坐时，不停地抖动或摇晃腿部，不仅让人心烦意乱，也给人以不安稳的印象。

⑥不管采用哪一种坐姿，都不要以脚尖指向学生，这种做法缺乏礼数。

⑦坐下后，脚部要放在地上，忌用脚乱蹬乱踩。

⑧不要用脚自脱鞋袜。

⑨不要用手触摸脚部，这样既不卫生又不雅观。

⑩就座后，双手应放在身前，有桌子时放在桌上。不允许单手、双手放在桌下，或是双肘支在面前的桌子上，或夹在两腿间。

⑪不要把双手抱在腿上。

⑫不要将上身向前趴伏在讲桌上。

⑬不要漫不经心地用手托下巴。

⑭不要懒散懈怠地坐在椅子上转身板书。

（3）行姿：开步要从容、适度和适时

行姿指教师根据教学信息传达、交流和教学组织管理的需要，在教学中开步走、身体位移的姿态。行姿的基本操作要领是在标准站立的基础上，开步从容、适度和适时。

①开步从容，是指行走姿势自然大方，不拘谨、不紧张。

②适度，是指走动速度和幅度适中，步幅自然、稳健大方。

③适时，指走动时间长度和间隔时间（停止时间）合理。教师不能总是站立不动，也不能总是走个不停。教师应配合教学内容调整步伐，讲述性内容走动为主，而解说性内容宜走停相间，尤其是对概念和原理解析的关键部位或关键词表述时，应停止走动。在教学提问或进行教学管理时，教师也需要走向学生。

优雅的体态是教师个人内心世界、职业理想、知识素养和业务能力的自然流露，并不是生硬地装在教师身上的，也不是可以信手拈来的，它包含丰富的内容。要想成为一个有优雅风度的教师，除了在教学时严格要求自己外，平时要不断提高自己的知识修养和审美素养，还要有意识地加强举止姿态上的自我训练，以使其真正成为自觉的行为。

七 职业规划

钻研进取，向专家型教师进发

没有目标的人生犹如在大海中迷航的帆，找不到方向就难以到达终点。良好的职业生涯规划是对教师职业的一种清醒的认识，它是在教师清晰地分析主客观因素之后为自己确定的发展方向，它有利于教师挖掘自身潜能、明确自身发展需求、强化发展动力、提高核心竞争力。优秀的教师应积极努力、钻研进取，为自己设定合理的职业目标，制订行动方案，从而实现专业的优化成长和职业角色的完美蜕变。

李老师是一个小县城里的高中英语教师，已从教5年。刚开始走向这一岗位的时候，李老师凭借自己在师范学校学来的技能，认为教高中英语是绰绰有余的事，所以他从来没对自己的工作做出任何规划，因此，每天只是按部就班地上课。

最近，他开始感觉这个工作对他意义不大，这使他时常感到焦虑、暴躁、疲惫、易怒，同时，许多事情缠绕在头脑中，学生的、课堂的、学校的等，让他变得毫无头绪，对自己的职业前景越来越迷茫。他开始对许多学生（他们的态度使教学无法进行）和家长（他们把所有问题都交给老师和学校）的行为感到愤怒，他对学校的领导也不满意。

李老师对自己所做的工作越来越没兴趣，态度也变得冷淡无情，不再关注工作上的其他任何人和事。他认为做事情与不做事情没有任何的区别，他发现现在把所有的精力放在如何设计一堂课上变得很困难，他不再期待去工作，也不再等待一个工作周的结束了，他只是时常不太高兴，并且不知道应该做点什么。

在一些教师，特别是青年教师中往往存在这样的现象：他们行色匆匆，不愿与人交往，聊天时多是唉声叹气，抱怨连连——上课任务重、接的新课多、学生不爱学习、不知道怎么做科研、工资低、家庭负担重，甚至没有时间找对象谈恋爱，颈椎酸、喉咙痛等，感觉压力重重、身心疲惫，对前途感到茫然。出现这一现象的主要原因是一部分教师缺乏职业规划，他们不能认真地规划自己的职业生涯，没有对自己进行清晰的定位，不清楚自己的专业所长、所短，缺失自身发展的目标，从而导致他们看不清自己未来的方向，对职业失去兴趣。

教师如果进行职业规划，就会对决定自己职业生涯的主客观因素进行分析、测定和总结，确定自己职业发展的目标，并为实现这一目标而努力。有了职业规划，教师会制订相应的工作、学习的行动计划，并对每一步骤的时间、顺序和方向作出合理的安排。有了这些规划，教师就不容易出现上述案例中的现象，同时，能很好的激发教师的职业积极性。

（一）教师职业规划概述

教师职业规划是指在开放的教育教学情境中，教师主体在内外双重机制的交互作用下，自我规划设计、主动谋求个人职业生涯和专业发展的动态活动过程。

一个教师要想获得职业生涯的成功，就必须在专业成长的道路上，通过有效的职业生涯计划和管理，使自己的价值观、信念、知识、能力沿着崇高的目标不断追求，不断实现。

1. 教师职业规划的重要意义

一个人的职业生涯是人生的重要组成部分，选择了一份职业，就是选择了一种社会角色，进而选择了一种生活方式。职业规划的好坏，决定了教师的教育质量和未来发展，而教师的素质和专业发展，也直接决定了学校的可持续发展。可见，职业规划对教师个人和学校都具有重要意义。

（1）能够充分挖掘教师的自我潜能，促进发展

一份有效的教师职业规划必定是能够充分挖掘教师的自我潜能，促进自身发展的。具体表现在：①职业规划能够引导教师认识自身的个人特质，以及现有和潜在的资源优势，帮助教师重新认识自己的价值并使其持续增值；②能够引导教师对自己的综合优势与劣势进行对比分析；③使教师树立明确的职业发展目标与职业理想；④引导教师评估个人目标与现状间的距离；⑤引导教师前瞻与实际相结合的职业定位，搜索与发现新的或有潜力的职业机会；⑥使教师学会如何运用科学的方法，采取切实可行的步骤和措施，不断增强职业竞争力，实现自己的职业目标与理想。

（2）能够使教师的个人发展需求与学校发展需求相统一

教师个人职业规划的制订首先是教师在自我分析的基础上形成的，它反映了教师的发展需求。而教师的发展需求是多样的，其间必然存在合理性的

问题，那些与自身客观条件不符的需求不能作为教师个人的发展目标。其次，教师个人发展规划的制订离不开对学校需求的分析，如学校的发展目标是什么，学校需要的人力资源的类型是什么，这些问题都需要明确。只有符合学校发展需求的个人发展定位才具有现实意义。所以，教师有效的职业生涯规划必然将教师个人发展需求与学校发展需求包含其中。

教师重视职业规划，可谓意义重大。既有利于教师自身事业的良性发展，也有利于学校提高核心竞争力，实现长期可持续发展。

2. 教师职业规划的基本内容

教师职业规划是教师专业发展的现实选择，通过职业规划，教师才能明确自己到底需要什么，今后朝什么方向发展，以及如何发展等，才能成为一个“自我引导学习者”。教师的职业规划与实施包括以下几方面内容：

（1）确立职业目标，以信仰规划未来

教师进行职业规划，首先应确立信仰。信仰是方向，是目标，是教师幸福工作的精神支柱，是教师要用一生时间去奉献、去追求、去实现的东西。教师的信仰是什么？就是相信教育（思想、价值和知识）能够教化人、改变人，即教育可以帮助人建立基本的价值观、思维模式，形成行为规范。

教师肩负着培养人和塑造人的神圣使命，所以，要有价值追求。国家的兴衰、民族的命运都掌握在教师的手里。毫不夸张地说，一个民族的希望，是通过教师托起的。教师不但要教人以知识，使人从无知到文明，更重要的是教人以德，使学生学会如何做一个高尚的人。一个民族的素质直接折射出这个民族的教育程度，反之，要提高整个民族的素质就应有一支良好的教师队伍。作为教师，应把教育作为一种事业来追求。

教师应坚定信仰，对国家负责、对学生负责，应遵照教育规律：先学做人（明道理、懂礼貌、守规矩）——再学知识——学技能——施展抱负（或齐家，或治国，或平天下），用心培养学生。

（2）明确职业道德规范和专业理想

教师职业道德规范是对教师道德品质和职业行为两个方面的基本要求，是调节教师与学生、教师与学校、教师与国家、教师与社会相互关系的基本行为准则，这是新任教师职业规划中的必修课。

在教师职业规划中具备了职业道德和专业理想，就可以用正确的教育思想和教育理念指导自己的教育行为，使自己一生热爱教育，用专业标准要求自己，并为之坚持不懈，进而用心培养学生良好的行为习惯、学习习惯和锻炼身体的习惯。

(3) 规划学习并掌握职业技能

教师职业规划中的一项重要内容是如何去学习并掌握教师的职业技能，它是教师教好书的基本保证，如普通话、三笔字、教学简笔画、教具制作与使用、组织教育活动、教学技能、教育技术等都是教师要掌握并熟练运用的职业技能。具体的应按以下三个阶段加以规划：

第一阶段：初级阶段的职业技能规划。这一阶段是指个人进入教师职业生涯的最初阶段，这一阶段的教师职业技能规划，重点在于明确学科方向、积累教学经验、逐步形成鲜明的教学风格。具体而言，教师应将专业领域各门课程讲授一遍，了解各门课程在课程体系中的相互联系，更要了解学生在各门专业课程中的难点、疑点。在这一过程中，教师备课工作量大，应逐步适应教学环境、掌握教学方法。教师将专业课程讲授一遍之后，应确立一门主干课程，以明确学科方向，确立今后发展目标。同时，教师应当担任1—3年班主任，全面了解学生，积累学生工作经验，为下一阶段职业规划的实施奠定基础。

第二阶段：成长阶段的职业技能规划。专业教师在这一阶段的职业规划应包含累积丰厚的教学资源，包括教案、讲义、编写教材、建立习题库、教学PPT、专业论文等；进行精品课程、精品专业建设；提升学历；参与科研；参与社会实践；参与相关评比、竞赛；参加系统培训，不断更新教学理念、教学方法手段；形成完整的教学理论体系。在这一阶段，教师要晋升职称，获得一定荣誉，形成良好的职场形象，成为优秀的“双师型”教师——让自己成长为既是教学能手又是某专业领域的专家。

第三阶段：成就阶段的职业技能规划。专业教师在这一阶段应主持课题研究，形成科研——社会实践——教学三者之间的良性循环，拓展社会知名度，逐步向应用型、学者型教师转变。

教师职业规划应遵循以下流程：

首先是自我发展总体状况分析。

具体包括自我分析与评价和生涯机会评估两个阶段：

自我分析与评价阶段。主要是教师对自身的价值观念、志向、兴趣、需要、性格、特长、职业生涯发展阶段以及专业发展水平等的分析与思考，其实质是确定自身发展的优势与不足，确定优先发展的领域，以谋求个人最大的发展。

生涯机会评估阶段。主要是指教师分析自己所处的学校环境和社会环境对自己发展的影响。学校是教师职业发展的基本场所，学校环境的优劣直接影响教师发展的质量和水平。学校环境分析主要是对学校环境特点（硬环境和软环境）及其发展变化的分析，对学校发展目标、发展要求、发展战略的分析，对自己在学校中所处地位的分析，对有利于自身发展的环境条件与资源的分析，对获得资源途径的分析，对付出成本与收益的分析等。社会环境是教师发展的大环境，制约着教师发展的进程。社会环境分析主要是指对社会政治环境、经济环境及文化环境的分析。

教师对自我发展总体状况的分析也可以概括为 SWOT 分析法，即对优势（strength）、劣势（weakness）、机会（opportunity）、威胁（threat）进行分析。教师在自我分析过程中要注意，对优势和劣势的分析应更多侧重于教师自身的发展水平、教学实力及存在的问题；而对威胁和机会的分析，则需要更多地着眼于外部竞争环境和发展趋势，教师要尽可能对面临的各种机会进行评估，确定专业发展目标，把握最佳发展机会。

其次是职业目标定位。

教师职业目标定位主要包括：

一是职业生涯发展路线的选择，即对职业中的工作方向作出选择。教师在路线选择中需要明确三个问题：一是想往哪一路线发展？是选择向教书育人方向发展，还是向教育教学研究方向发展，还是向行政管理方向发展，或是几者兼而有之。二是能往哪一路线发展？不同的发展路线对教师提出的要求不同，每个教师的客观条件也不同，适合自己的发展路线必然存在差异。三是可以往哪一路线发展？不同发展路线为教师提供的可利用的条件和资源不同。总之，职业生涯发展路线需要教师在综合考虑自身因素与外在环境因素的基础上作出选择。

二是职业目标的选择。职业目标可以从时间和性质两个维度来进行分类：一是从时间上来分，可以把职业发展目标分为短期目标、中期目标和长期目标；二是从性质上来分，可以将其分为教师发展的内在目标和教师发展的外在目标。内在目标包括观念目标、工作能力目标、工作成果目标和提高综合素质目标。外在目标包括职务目标、工作内容目标、工作环境目标、经济目标等。教师在职业目标选择的过程中，可以将目标进行组合，可以考虑按时间或按功能组合。按时间组合，可以分为并列和连续两种形式，并列是指同时实现两个或多个平行的目标，连续是指将各个目标前后链接起来，后一阶段目标的实现以前一阶段目标的实现为基础。按功能组合，可以分为因果和互补两种形式。

第三是职业发展策略的拟定与实施。

职业发展目标一旦确定，教师就要考虑实现目标所要采取的策略，即由具体的措施和活动构成的行动方案。教师应根据自己的发展目标和各方面的条件，分析达到目标所需的资源，确定达到目标所需的特定的专业发展内容，进而确定完成专业发展任务所要开展的活动。

能够促进教师完成专业发展任务的活动有很多，比如学历进修、自学理论、撰写反思日记、撰写教学随笔、教育行动研究、教育叙事研究、课堂观察、听课、校本教研、培训等。一个好的职业发展策略不仅是一个活动项目，还应该是包含许多活动的组合。教师职业发展目标的实现，需要注意各项活动的整体配合和灵活应用。

职业发展策略拟定之后，就要付诸实施，否则再好的职业规划也只能是“空中楼阁”。

第四是职业规划的调整。

教师的职业规划不是一个可以一次性完成的工作，教师职业发展目标的界定是否合适，需要根据情况的变化做出动态的调整。所以，教师要使自己的职业规划行之有效，就应不断地对职业规划进行评估与反馈，修正职业发展目标、发展策略和方案，以适应条件的改变，同时也为下一轮职业规划提供依据。

成功的职业规划需要教师时时审视内外环境的变化，不断调整自己前进的步伐。目标的存在只是为自己的前进指示一个方向，而自己是目标的创造者，所以，教师可以在不同时间和不同环境下更改它，让它更符合自己的理想。职业规划的调整过程就是教师个人不断自我认识与反思，不断认识周围环境的过程。

教师职业规划是教师根据个人情况和所处的环境，对教师职业发展的设想与规划。教师职业规划有利于教师成为专业发展的自主个体，专业发展是教师职业规划的目的。明确专业发展指引下的职业规划流程与标准，能够更有效地促进教师构建职业规划，优化专业成长。

3. 个别教师忽视职业规划的原因

凡事预则立，不预则废。职业规划是人生规划中极其重要的一部分，是实现人生价值的重要举措，是实现人生梦想的第一步。然而，个别教师由于一些原因，却忽视了职业规划的重要性，从而，制约了自身职业的发展。影响个别教师职业规划实现的原因主要有以下几点：

（1）对自我的认知不够

对自我认知的程度是制订职业规划的基础。“自我认知”即客观全面地了解自我，对自我形成正确的评价，以期在职业规划中扬长避短，最大限度地取得职业成功。自我认知包括对自身天赋、性格、能力、兴趣、爱好、知识结构、职业取向、人生观、价值观的认识。在自我认知的过程中，教师既要认识自身的长处，又要认识自身的不足。

目前，在内外环境影响下，教师的职业环境一改过去稳定的局面，充满了挑战与压力。同时，教师职业并非高薪职业，这种现实要求教师专业教学要与时俱进，走在专业领域的前端，除具备勤奋、严谨、创新的工作态度之外，还要求教师以积极、乐观的性格面对职业的压力与挫折。同时，还要求教师具备包括语言能力、教学组织能力、学习能力、实践操作等能力，是否拥有这些能力决定着教师个人在职业生涯中的发展潜力。

由于对自身认识不够，个别教师在以上种种压力面前，往往无法承受，进而对教师职业失去兴趣，形成消极的职业价值观。较低的职业认同度，导致个别教师以被动的态度完成工作，遇到挫折就牢骚满腹。

（2）对实现职业规划的环境缺乏认知

教师对职业生涯面临的当前环境的了解及对未来环境变化的预测是实现职业规划的关键。有的教师不能全面了解职场所处当前环境、未来环境，不能分析实现职业规划面临的有利条件及不利条件，从而无法结合自我认知，审时度势，制订最符合个人发展和学校发展的职业规划。

（3）没有认识到职后发展的重要性和不可或缺性

个别教师认为只要经过一次系统、全面、正规的训练就可以成为一名合格的教师，没有认识到职后的发展对于教师专业成长的重要性和不可或缺性。

教师专业发展理论的提出，启示其发展的空间是无限的，职前的师资培训只是确保教师获得了任职资格，并不意味着他已经是一个成熟的专业人员，教师的真正成熟还需要职后继续不断的学习与提高，还需要外界提供更多的帮助和指导。所以，教师专业发展是一个持续终身的过程，成熟是相对的，发展是绝对的。

教师专业发展的终身性决定了教师职业规划的原则：一是连续性原则。教师专业发展要打破传统“教师教育＝职前培养”的观念，要把教师教育的视野扩展到教师一生的专业发展过程中；二是一体化原则。教师专业发展的终身性要求用系统的眼光看待教师生涯发展的整个过程，做全程的考虑；三是发展性原则。教师专业发展的终身性要求教师具有发展的主体意识，把教师职业作为自己不断认识和反思的对象，不断谋求更新更好的发展空间。

（4）没有认识教师职业发展的丰富性

教师职业发展以教师职业结构的丰富和职业素养的提升为宗旨，这既指明了教师职业发展的目的，也指出了教师职业发展的内容。教师职业发展的丰富性体现了教师职业发展内容的多样性，也决定了教师职业结构是一个需要不断完善的过程，这为教师职业规划指明了方向。然而，个别教师却认识不到这一点，导致不能了解自身发展现状与外界要求之间的差距，从而不能很好地规划自己的职业生涯。

（5）没有认识到教师职业发展的阶段性

阶段性表明每个教师在发展的过程中都会经历不同的发展阶段，呈现出不同的发展特征。研究教师专业发展的阶段性，有助于教师进行个人选择，确定个人的专业发展目标和计划。个别教师正是不能认识到教师职业发展的阶段性，因而不能制订合理的职业发展目标、选择合适的发展路线、采取有效的发展措施，也不能为专业组织提供合理的指导和帮助或提供理论支撑，因而，使得自己的职业规划缺乏长期性。

（二）名师职业规划案例及养成策略

1. 用心规划职业之路，孜孜以求教学方法

江苏省南通师范第二附属小学的特级教师李吉林非常热爱教育事业，他一生孜孜以求新型的教学方法，为自己的教育事业谱写了一曲辉煌之歌。

“一切为了儿童”是李吉林教育理念的核心，情境教育是李吉林独特的教育追求。从1956年到2011年的55个春秋，李老师为自己的职业规划描绘出了一幅恢宏的长卷。她写了300余篇学术论文和随笔，13本专著，总计360多万字的8卷本文集，记录了她向教育家境界迈进的一路辉煌，也标注了一位小学教师可贵的人生高度。

如今，70岁出头的李老师依然每天出现在校园里，继续着她的研究与探索。

（1）无悔的青春献给教育事业

1956年，刚满18岁的李老师走出江苏南通女子师范学校，她放弃了上大学的机会，走进了当时的女师附小，也就是现在的南通师范第二附属小学。从那一天开始，李老师就将自己的职业理想定位在了伟大的教育教学中。从此，小学成了她的大学，她再也没有离开过孩子们的世界。

在自己的职业理想和目标的指引下，1958年，年仅20岁的李老师就小荷初露，被江苏省教育厅邀请参加编写小学语文教学参考书。4年后，她的身影又出现在全省小学语文教学座谈会上，颇有新意的发言赢得许多专家的赞许。

“怎样把孩子教聪明”，是李老师第一篇论文的主题，也是她从教之初思考最多的问题。对学生深深的爱，拉开了她辉煌职业的序幕——

她带学生们来到蒲公英花丛边，看毛茸茸的种子飘飘悠悠地乘着春风飞向河那边；她带学生们去观察船闸，看一艘艘的大驳船、帆船，排着长队开往长江；她和学生们一起数玲珑古塔飞檐下叮当作响的风铃；她领着学生们一起看中秋的满月怎样从小河那边冉冉升起……

李老师的课成为学生们最爱的课，李老师布置的作文成为学生们最爱写的作文。无数次，下课的铃声响了，学生们却说：“李老师，我们不休息！

休息了会打断思路的。”一名男生甚至在日记里这样写道：“今天我病了，躺在床上，心里想李老师今天要评讲作文了，我听不到了，心里怪难受的。”

怎样的魅力，让一个个顽皮的学生沉浸在作文的乐趣里，情不自禁地用那一个个生动的词语去抒写、去描绘、去表达呢？那时候，李老师就在有意无意地“用情感扇动想象的翅膀，让孩子的思维飞起来。让孩子的心儿飞起来，快乐地飞向美的、智慧的、无限光明的童话般的王国”。她把学生们带到情境中，在那翻滚着绚丽浪花的世界里，学生们的思维就会积极展开，“飞起来的心儿”让学生的语言一下子也变得鲜明而富有感情色彩。

（2）另辟蹊径，规划情境教育30年

“我想另辟蹊径，小学语文对孩子们的影响太大了。但这些年来，弊端太多了，看出了问题不管它，我实在是坐不住！”李老师想要改革教学方法。

1978年的暑假，她走进校长办公室，用近乎哀求的语气对校长说：“您就支持我吧！我一定会努力的！”当看到一年级的汉语拼音要教两个月，整整60天从上午到下午的语文课就是反复拼读字母符号，她再也坐不住了，她开始了改革教学方法的宏伟规划。

暑假后，李老师带上了一年级实验班的学生，她看着学生们的圆脸，仿佛来到了花草丛中，感觉他们是那么美、那么清新、那么生气勃勃。她说：“这些小花、小草真是要喝足养料，才能让他们快乐地长大呀！”当时的李老师，内心燃着一团火，恨不得一下子从“旧框子”跳出一个崭新的语文教学模式。

她借鉴外语教学情景教学法，又从我国古代“境界”学说中汲取丰富营养，经过反复的实验、琢磨，提出了小学语文情境教学的理念。她让学生在优化的情境中学习语文，创造性地把儿童的情感活动和认知活动巧妙地结合起来，极大地调动了学生的学习积极性，极大地提高了教学质量，且使学生身心愉悦，受到道德和审美情感的熏陶。

历时5年（五年制）进行的首轮实验中，李老师实验班班上的43个学生中，在报刊发表文章的有33人，作品达75篇，升学考试时，55.8%的学生作文成绩优秀。这个比例是当时全区学生作文优秀率的12倍。

在语文学科成功进行实验的基础上，李老师大胆地将情境教学向其他学科延伸。她首先向相邻的思想品德学科拓展，一改枯燥、空洞的说教，以生动的道德情境、具体的道德形象，唤起学生的道德情感，达到动情而晓理的境界，使道德教育真正触及、润泽学生幼小的心灵。接着向音体美学科渗透，获得成功后，李老师又和数学老师一起研究如何将“数”与生活结合起来，在生活情境中理解“数”与“量”、“数”与“形”的关系，如何把学生带入探究的情境，在模拟情境中加以操作，强化其应用性。这样，从一个班到全校，从单科到多科，情境教学全面进入到各科教学当中。

在分学科实验的基础上，李老师正式提出了情境教育的构想。她认为，以“思”为核心，以“美”为突破口，以“情”为纽带，以儿童“活动”为根基，以“周围世界”为源泉，相互渗透，融通课堂教育、课外教育与野外教育活动，联结家庭教育、学校教育和社会教育，整体联动，可以构成一个区域广阔、目标一致的优化情境，为学生提供生动活泼、自由丰富的发展空间，促使学生积极主动地活动，充分发挥情境教学特有的教育效应。

情境教育的基本理论及模式一经提出，立即引起了教育界的高度关注，先后被列为全国教育科学规划“八五”“九五”和“十五”重点课题，两次荣获全国教育科学优秀成果一等奖。“情境教学法”被收入《教育大辞典》，成为公认的教学模式。

正是李老师对自己职业有一个长远的规划，她才能在三十几年的时间里孜孜以求，将自己的青春无悔地献给教育事业，从而成功地改革了教学方法，使“情境教育”成为对素质教育的一种有效的、成功的探索。

教师只有在进入教育教学岗位之初便规划好自己的职业，设计好自己的发展方向，才能在自己的职业生涯中创造出辉煌。正如案例中的李老师，她从从事教育事业开始，便将自己终生的职业理想定位在了伟大的教育事业上，并为自己改革教学方法做出了长远的规划，从而使她创新出了情境教学模式。

教师职业的特殊性，导致其不像其他职业那样有着明确的职位次序或级别变化，在教师的职业生涯中，除了少数教师因岗位需要而担任行政管理工作之外，大部分的教师无所谓职务上的晋升，随着从教经验、资历的增加，只是专业技术职称有所提升而已。所以，教师的职业规划在很大程度上是对自身教育教学技能的规划，是对自己教育教学埋想的追求。

教师的职业发展带有专业性，这意味着教师作为专业人员需要在从事其职业的整个过程中寻求自我的不断发展。教师的专业发展强调个体内在的、主动的发展，发展的结果是提升专业素质，以及达到专业成熟的境界。如同案例中的李老师，她在自己的职业规划中，不断提升自己的专业素养，通过持续的学习、实践、反思、改进，使自己的职业道德和信念、专业技能、专业情感等都在不断地变化和提升，最终使教育教学综合能力不断得到提高。

从李老师的事例中不难看出，教师个体的主动职业发展规划是教师成功的根本所在，教师的职业规划应有一个阶段性、持续性的发展过程，在这一发展进程中，教师通过积极有效的行动策略，实现专业性结构不断改善、专业能力和专业发展水平不断提升。

教师要做到以促进教育技能革新为目的的职业规划，可以采用以下一些策略：

（1）明确发展方向，确立自我发展愿景

教师个人的职业规划发展目标要主动与学校发展的目标融为一体。教师需要把学校发展的目标和自身职业与专业发展的目标进行具体的分析和比较，把两者的目标在一致的发展愿景下有机地协调起来，形成学校发展目标统领教师职业与专业发展的行动。

（2）创新学习方式，提高学习效能

教师只有不断学习，才能在自己的职业规划中实现创新。无论采用什么样的学习方式，教师都需要基于学校教育环境，围绕师生共同发展的目标而展开。

首先是从经验中学习。在追求教育科学化的环境下，人们往往看不起教师的实践经验，认为它是局部的、个性的、零碎的。在推行新课改的的过程中，人们又重新认识到，经验等缄默知识对教师的教育教学工作是非常重要的。教师的经验性学习又可分为自发的经验性学习和自觉的经验性学习。前者是教师在日常教育情景和生活情景中经历多种活动、接触多种文化和文化载体之后，自然获得的一些感受、理解和认识；后者是教师通过反思，在学校教育场景和日常生活场景中经历的多种活动、接触的多种文化和文化载体等自觉行为，是积极建构个人理解和认识的过程。

其次是校本化的学习。它是指教师以学习者的身份，根据自己学习、工作的特点、需要和目的以及学习的内容、条件和性质，立足于学校，或为了学校的进步，在学校里进行的学习，其目的是为了促进教师专业可持续发展，强调的是教师自发的学习与研究。

第三是行动学习。行动学习是一个以完成预定的工作项目为目的，在同事支持下的持续不断的反思与学习过程。在行动学习中，参加者通过解决工作中遇到的实际问题，反思自己的经验，相互学习和提高。行动学习贯穿于教师日常教学实践中，以小组为单位，致力于解决教学实践中的实际问题。在解决问题的过程中，一旦参加学习共同体的成员能够全身心地参与，分享各自不同的思想，彼此真诚地合作，这个学习共同体将会充满活力。

(3) 积极参与培训，拓展有效职业发展途径

我国有效支撑教师职业生涯发展和专业发展的培训范式可以概括为以下六种：关注本体知识的培训；关注能力发展，把知识理论创造性地运用于教育教学实际，提高教育教学的实际能力；关注教师对学生的爱，对职业的爱；关注培养教师的反思意识，不断自我调整、自我建构；关注社会与人生，保持独立思考能力；关注建构自己的知识体系。教师只有在自己的职业规划中加入积极参与培训的项目，才能不断提高自己革新教育技能的能力。

(4) 坚定职业信念，增强主观幸福感

教师职业情感的养成与发展需要在职业规划中不断地学习、思考和实践，在提升自己的专业发展水平过程中不断地积累。

首先，教师要不断地在追求卓越中增强专业的荣誉感和使命感。教师情感是对生活、对工作、对学生等心理体验的自然流露。教师要引导学生走正确的道路，激发学生对真和善的渴求，使学生的素质和能力得到发展，因此，教师应当首先发展自身的这些优秀品质。

其次，教师要积累扎实的文化功底，以广博而精深的科学文化知识为基础，不断学习新理论，形成对文化知识的独特理解，从而形成革新教育技能的理念。

再次，教师要在教学实践中，积累丰富的生活经验。勤于实践，在丰富的生活经验的基础上拓展自己的职业革新素养，它是教师自外而内发展职业素养的必由之路。

最后，教师要挖掘教材的情感内涵，增强自身的情感体验。教师应在不断深化对教材的认知中，感受其中的情感、哲理、审美等，促进其情感获得

发展。

(5) 充分认识自我，保持健康阳光的心态

现代心理学研究表明，在影响人们事业成功的要素中，只有20%依赖于人的智力因素，而80%决定于人的非智力因素（即情商），所以，教师只有拥有健康的心态，努力培养自己的非智力因素，才能在职业技能革新中产生新的想法和思路。

教师要具备健康阳光的心态应做到以下几点：

①拥有健康的心理。人的一生难免遇到烦心事，如果日积月累也会产生不良情绪，影响自己的学习、生活和事业的发展。所以，教师要保持乐观情绪，使自己充满活力，增强承受挫折的能力，坦然面对现实，把压力变成动力，抛弃怨恨、严于律己、宽以待人，既要欣赏自己，也要悦纳他人。教师要经常品味自己快乐的感受，传递快乐情绪，合理宣泄不良情绪；要自信并乐于助人，这样，自己的职业生活才会变得更美好。

②学会管理自己的情绪。每个人在工作、生活中都难免会出现这样或那样的矛盾和困扰，产生负面情绪，如紧张、焦虑、抑郁、悲观、恐惧和愤怒等。教师要做的是不让自己成为情绪的奴隶。情绪会渗透到人们的整个思维过程，影响人们的决断。因此，教师要了解情绪产生的原因，以平常心对待情绪，接纳自己，接纳现实。教师可以选择合适的对象诉说自己的感受，并学会正面看问题，多从积极的角度去思考、观察、理解问题，并积极解决问题。

③学会面对挫折。面对挫折，教师要有正确的认识和态度，要积极地放下包袱，重拾信心和力量，同时要看到，挫折也是对人意志和勇气的一种锻炼，重要的是要吸取教训，不犯重复的错误。寻找自己的长处，强化优势，提高承受力，变挫折为力量，激发潜能，迎接新的挑战，修正并重新确立目标，通过积极的思索，激发和推动自己行动起来，鼓起战胜困难的勇气。

④调整控制情绪，开发情商。教师应学会负责、诚信和敬业；学会对自己的行为与决策负责，落实对他人的承诺，尽职尽责，善始善终；学会尊重、信任、倾听；学会放弃。不断地扩展知识面和各种学习能力，主动适应工作环境；不断培养自己的责任、自信、乐观、诚信、踏实、友善的健康人格。

⑤学会有效地调节自己的心理状态。教师在自己的职业规划和专业发展中，要能知己知彼，适度确定自己的发展目标，避免虚荣心、侥幸心理，避免不切实际的从众行为，从自身的特点、能力和学校发展需要出发来确定目标，这样才有利于自身价值的实现和专业的长远发展。

教师职业规划的成功也是个人职业生涯目标的实现，教师要善于抓住专业发展的机遇，不断增强专业能力，并充满信心地做好教书育人的专业工作。只有建立起一种积极的心态，做到拥有健康的心理，学会管理好自己的情绪，并学会面对挫折，教师才能像上述案例中的李老师一样面对教育改革的现实选择，树立起新的职业发展观，使自己在教学实践中焕发出新的生命活力，让自己在教书育人的过程中体验到职业发展和创新的快乐以及生命的价值，获得职业生活的幸福感，从而成功达到自我实现的目的。

2. 选准目标，坚持不懈，规划发展

上海市嘉定区教师进修学院副院长、教研室主任、特级教师凤光宇老师对教学职业规划有着自己独特的理解和方法。他说："我始终记得在我刚走上教师岗位的时候一位老教师跟我的谈话。他说，一个好教师要形成自己的有实效的教学方法，就必须像工人挖井一样，选准水脉，持之以恒地把井挖深，这时的教师才会形成有特色的教学方法，成为专家。"老教师的话在当时给了我两点教学启示：一要选准目标，二要坚持不懈。

为此，凤老师自己的职业规划始终坚持"选准目标，坚持不懈"的特点，并为自己的成长奠定了坚实的基础，在这样的不断实践中，凤老师最终成为特级教师。

凤老师的职业规划步骤如下：

（1）选准专业目标，不懈努力

教师上课，首先要制订教学目标，然后在教学中通过努力实现目标。教师的专业发展和教学是一样的道理，教师要根据自己的情况和能力，进行职业发展规划，制订个人专业发展的目标。教师有了目标，就会有努力的方向和前进的动力。

教师的发展目标要分阶段进行，当一个个阶段目标实现时，专业发展阶段目标也就实现了。需要强调的是，教师在实现目标的过程中，应该进行反思，本着实事求是的态度，分析认定目标的切实可行性，及时做出修改，以确保目标的实现。

凤老师说："我在自己不同的成长与发展时期，制订过不同的目标，有争取评上区、市级骨干教师和学科带头人的目标，也有申报职称的目标。在实现这些目标的过程中，我有失败，也有成功；有痛苦，更有欢乐。然而，我始终坚持不断地改进和执着的努力，最后都获得了成功。"

(2) 在实施职业规划中不断进行反思

凤老师认为，反思是教师最基本的职业发展策略，其目的是要总结经验，吸取教训，改进教师的教，推进学生的学。经过多年的教学实践，凤老师早已养成了反思的习惯，反思的重点是他人或者自己在以前教学同一内容时的情况，使新的教学设计建立在对过去经验与教训总结的基础上。

凤老师经常思考这样三个问题：①他人或者自己在以前教学这一内容或相关内容时，曾经遇到过哪些问题？②以前是采用什么方法来解决这些问题的？效果如何？③学生在学习这一内容时，可能会有哪些问题？针对这些问题我将采取哪些方法来解决？

通过这样的反思，凤老师让自己的职业实践经验不断提升，从而让职业规划发展之路更加顺畅。

(3) 确定职业发展方向

教师职业发展的途径有很多，在职业规划时，教师不妨选择与自己所教学科相关的、与自己课堂教学相贴近的主题，进行较深入的研究拓展。凤老师给自己定的职业拓展的途径为"创设历史情境，开展创新思维教学"，以下是凤老师对这一职业规划的实践过程：

首先是反思传统教学，总结历史情境教学。20世纪80年代后期，中学历史教学还比较传统，教学方式以教师讲授为主。如何把历史课上得生动、有效，使学生爱上历史课是凤老师在自己职业规划中经常反思的问题。

在教学实践中，为求生动，凤老师根据教学内容，尽量收集相关材料，如图片、照片、电影、录像等。上课时努力创设一个个历史情境，吸引学生进入历史情境，激发学生学习历史的兴趣。在课后，根据学生的实际反应进行改进和反思。经过一段时间的试验，课堂教学效果有了明显提高。

在专家的指导下，凤老师从多方位对这一教学实践进行了改进，较早地总结出了历史情境教学，并在嘉定区部分学校中进行实验推广。凤老师提出，教师运用各种教学媒体创设出历史情境，将学生置于某种特定的历史氛围中，形成一种心理环境，使学生产生移情效应，获得在其他情况下无法得到的激情感、历史感。同时，帮助学生通过对具体形象的感知，形成历史表象，掌握历史知识，使他们受到各种潜移默化的思想教育。

其次是反思情境教学，规划创新思维教学。上海市二期课改新教材在各基地学校全面试点，培养学生的创新精神和实践能力成为教师实践的自觉行动。在这样的前提下，凤老师反思了先前的情境教学，他明显感到情境教学与二期课改对学生的培养要求有距离，缺少了培养学生创新精神的内容与环节。

根据历史学科课程标准，凤老师在自己的职业规划中把培养学生的创新精神定位在培养学生的创新思维上，具体内容定为四项：发散思维、反向思维、辩证思维、对比思维。培养过程有四个环节：提倡教学民主，建立创新氛围；创设激趣情境，激活创新意识；鼓励质疑问难，培养创新品质；改进学生作业，应用创新能力。

第三，创新思维教学，发展情境探究性教学。从2001年开始，上海市各学校都开展了研究性（探究性）学习，推进了学生学习方式的转变。凤老师又从研究性学习的角度来重新规划情境教学和创新思维教学，他认为无论是在教学认识上还是在教学方法上，都有继续发展的必要。于是，凤老师明确了开展研究性学习是培养学生创新思维的载体，并将原来的历史情境教学发展成为历史情境探究性教学。

从案例中不难看出，良好的目标意识和反思行为对教师职业发展有巨大的矫正和预告意义，这是促进教师职业发展的有效手段。特级教师是优秀教师中的佼佼者，是教师队伍中的领军人物，他们的职业发展规划有着极强的借鉴意义。

从凤老师的事例中可知，要提高教师的职业规划素养，应着力于培养教师教学反思的能力。教师只有不断地对自我及教学进行积极、主动的计划，不断检查、评价、反馈、控制和调节，才能在反思中不断改进职业规划，提高教育教学能力。

由于教师的教育教学对象是活生生的、差异较大的学生，他们的成长环境、知识结构、思维能力各不相同，加之教育教学环节存在差异，也会使教育教学产生一些未能达到的预期。所以，教师在对自己的职业规划确定目标的基础上，应不断进行反省、思考、探索，解决规划中存在的问题，并总结经验，及时加以改进。

从凤老师的事例可以总结出以下几点策略，以便教师在职业规划实施中进行借鉴：

（1）设定职业发展目标

职业发展目标的设定是教师职业规划的核心，按照时间的长短可以分为短期目标、中期目标和长期目标。一般情况下，短期目标为1—2年，中期目标为3—5年，长期目标为5—10年。教师的职业生涯通道类型有教学管理型、教学科研型、科研教学型等。教师不仅要根据自己的性格、能力、兴趣等特点，还要结合学校的实际情况，选择适合自己的发展路线，制订出切实可行、明确具体的职业生涯目标。

用清晰的目标定位指引明确的方向，教师才会在前进的路途中充满动力和热情。

（2）实施职业发展目标

“说得好不如做得好”，教师要使职业规划目标变为现实，就应制订切实可行的计划，并按照计划去执行。教师可以针对职业规划的阶段性目标制订实施计划，比如怎样适应工作环境，如何提高教学水平、科研能力，何时参加培训以及采取什么措施进一步开发自己的潜能等。

实施计划要具体，要可衡量，要有挑战性，要有与目标的关联性，要有时间限定性。教师要通过一步步的行动，一个个具体计划的完成，不断提升自己的竞争力，提高自己的工作和生活质量，最终实现职业规划目标。

（3）对职业规划目标及时进行评估与反馈

社会总是在不断地发展、变化和进步，教师应用发展的眼光看待自己的职业规划。职业发展的过程中存在不可预知性，教师要能根据出现的新情况不断调整自己的职业发展目标，调整心态，对自己的职业永远充满新鲜感与使命感，依靠激情与理性应对不良情绪的产生和蔓延，有效抑制职业倦怠感。

3. 在不断学习中规划职业发展之路

何镜柱，东升镇东方小学校长，1993年调入东升镇旭日中学（原坦背中学）任教，1995 年任该校教导主任，2002 年 9 月被任命为该校副校长，2006 年 2 月调任东方小学校长。中学物理高级教师，先后多次被评为“东升镇名校长”。何老师取得这样的成绩，与他在职业规划中不断学习的理念是分不开的。

多年前，家乡一群孩子渴求知识的眼神坚定了何老师做一名教师的理想信念；多年后，他已离开家乡，在中山这块土地匆匆走过十几载光阴，并从教师岗位走上校长岗位。回首往事，他感慨：“做人民教师，是我无悔的选择。”

“不要怕吃苦，不要怕付出，今天做的事，表面上没有收获，但事实上你的工作得到了同事的认同，而你自己的能力也得到了提升。”

1993 年，从何老师踏入坦背中学的那一刻，他就给自己的职业确立了新的目标——要努力把学校交给自己的每一个学生都教好，不断提高自己的教学水平。为了全面了解学生的情况，何老师常常踩几公里单车去学生家进行家访。第二年，他就担任了一个毕业班的班主任，看着并不令人满意的学生成绩，何老师心急如焚。不过，凭着多年的教学经验，何老师深刻认识到，要尽快提高学生的成绩，必须师生一起努力。

于是，何老师率先组织自己班的科任老师开展备课研讨会，针对班上每一位同学的实际情况，实施可行性“挖掘”，让每个学生的潜力都发挥出来。何老师和其他教师的努力没有白费，那一年他们班的中考成绩非常不错，同时，何老师的工作作风与能力也得到了同事们的认同。1994 年，何老师被提拔为科组长；1995 年，他又任职教导主任。短短三年，何老师的教学生涯就发生了不小的变化。

“那时，我的自我发展愿望非常强，我不放弃任何一次学习的机会，积极参与各种教学大赛，包括征文大赛、优质课竞赛等。”何老师说，就是在这些大赛中，自己的能力得到了提升。

“有些活动要名师去引领，有些灵感来自思想的碰撞，名师引领对提升教师专业水平非常重要。”担任教导主任一职后，何老师思考的不再是一个班级的成长，而是整个学校教学质量的提高，经过一番调研和思考，他决定首先从教师专业成长方面入手。然而在实践中，他才发现某些措施开展起来并不十分顺利。

“刚开始没有资料作参考，我们只能摸着石头过河。”何老师说，为了让教师们之间加强学习，他制订了简单的“公开课制度”，可后来他发现，很多老师在听课后并没有评课，教师相互学习的效果也并不明显。多年之后，何老师感叹：“那时要是有名师指导，就不会走这些弯路了。”

20世纪90年代末，计算机开始兴起。何老师意识到，电脑以后对教育教学肯定会起到很大的作用，所以他决定对老师进行电脑知识的培训，并要求老师学习五笔输入法和课件演示文稿的制作。然而，很多老师认为学这个“没用”，反而加重了他们的负担。两年后，当电脑知识真正被广泛运用时，老师们才深感学习电脑知识的重要性。

2002年，何老师升任坦背中学副校长，此时各校刚刚迈出课程改革的新步伐，很多老师都不明白课程改革如何进行。为了让老师们对课改有更深的认识，何老师不仅自己去市内外学习，亲自给老师们上课示范，还带老师们去深圳等地学习。“学习归来，有的老师居然没有任何感想。”何老师说，他在深圳学习时感触颇多，还为此写了一篇文章。随后，他便组织老师对此次学习内容进行研讨，经过思想的碰撞，老师们产生了很多新的灵感。

何老师说：“作为教师，首先就要做学习型的教师，只有教师不断提升自我能力，学校的发展才能更上一个阶梯。”

2006年，在新一轮中小学校长换届竞岗中，何老师被调任为东方小学的校长。“这所学校是镇里的中心小学，当时压力非常大。”何老师坦言。小学教育与中学教育有很大不同，这对多年从事中学教育和管理的他具有很大的挑战性。

“不过，我是个很喜欢挑战的人，我会尽最大的努力做好。”何老师说，还没正式入职东方小学，他就已经在网上查阅了学校的相关资料。他发现这所学校的办学理念完整而系统，特别是其“武以正人”的特色在众多体育教育中独树一帜，有较好的育人功能。所以，来到这所学校后，他正式确定了学校要走以武术教育为核心的特色教育之路。

何老师认为，小学教育应该让学生自主发展，快乐成长，特长显现。为了充分实现这一点，学校采取了一系列措施，如每到文艺汇演前，学生都采取自主申报的形式参与节目表演，学生可根据自己的兴趣自由组队，邀请老师或家长协助编排。为了将素质教育有效地引进课堂教学中，何老师组织老师互相评课学习，以培养学生的问题意识、质疑意识和批判思维为课堂培养目标。

以学习促发展，不仅学生要学，教师更要引领学习之风，才能实现以学习赢高效，以学习规划出自己不一样的职业发展之路。就如案例中的何镜柱校长，他一开始就意识到学习的重要性，所以才会在刚走上教育岗位开始的职业规划中就非常注重学习，这样才有了他后来源源不断的后劲，最终不仅使自己走上了校长的位置，更是带领全校教师走上了学习之路。

可见，教师要想让自己的职业获得全面有效的发展，就要像何老师一样，精心为自己的职业发展构筑一个可操作的平台、可施展才智的舞台。当然，教师的这种专业发展智慧不是天生就有的，它来自于教师的敬业、高效、底蕴、好学，来自于教师的实践、研究、体验、胆识与创造。教师只有成为“学习者”，才能通过不断学习，获得教师职业的专业化成长。

且学且思，且思且行。教师只有能够享受学习的乐趣，才能不断激发出工作的激情，在学习与工作之间，逐步找到最佳的结合点，并真正体会到“学习工作化，工作学习化”的内涵和境界。在学习型社会里，教师只有把学习作为自己必需的生活内容，成为学习型教师，在学习中不断提升自我，才能实现自身职业的跨越式发展。

教师不可能是全知全能的，尤其是在这个“知识爆炸”的时代。所以，教师在职业规划中一定要加入终身学习，只有不断充实自己，不断学习新的教育观念和教育方式，教师才能不断提高自身素质，才能让自己在职业活动中有用不完的后劲。

教师在职业规划中以不断学习促进职业发展的策略如下：

（1）树立终身学习理念，实现终身教育与学习的双向强化

教师要想在学习中发展自己的职业，首先应具备自我学习的主观意识。有些教师认为工作中所需要的知识、技能和能力都来自前期的学习储备，因此只重视职前学习，忽视甚至放弃职后学习，一旦走向工作岗位则认为无需学习，或者以实践经验代替学习，或以工作忙，或以有文凭不想学习等为理由。总之，认为学习没什么价值，究其原因，还是一种对学习的认识问题。

所以，教师要想在自己的职业生涯中提高学习力，首先应改变自己旧有的学习态度。教师只有改进自己的学习方式方法、学习习惯，自觉地改造自

己的主观世界，改造自己的认知方式，提高自己的思维水平，才能为以后的自觉学习提供保障。为此，教师要切实树立终身学习的理念，积极倡导“学习革命”，全面树立“终身学习、人人学习、处处学习、时时学习”“工作学习化、学习工作化”“团队学习”“反思式学习”等先进理念。

教师只有拥有一颗终身学习的心，使学习成为工作、生活的常态，充分认识到学习就是工作，是胜任本职工作的基本保证，才能认识到要保持工作活力，就要勤于学习、善于学习。

另外，教师还要强化自我学习修养。在具体学习过程中，教师要时刻保持谦虚、严谨的学习态度，积极主动地将自己的所学与别人共享，努力做到共同学习，充分认识到在学习上没有“老本”可吃，要常充电，把终身学习的过程作为终身接受教育的过程，把终身学习作为自我职业发展和自我职业完善的内在要求和必然选择，作为自己一生不变的理想信念和自觉行动，从而不断提高施教力，实现教与学的双向强化，达到互融共进，同时，以新的理念进一步指导学习，提高学习效率。

(2) 全面创新学习机制，激发学习动力

教师要提高学习的积极性，关键在于学习动力的强弱。教师只有具备了正确的学习动机和强大的学习动力，才能端正学习态度，学习起来才不怕苦，不畏难，才能不达目的不罢休。

有的教师不重视学习，主要不是能力问题，而是学习动力不足，目的不明，因而学习劲头不大，自觉性不强。所以，教师要想提高自己的学习动力，应全面创新并建立灵活、高效的学习运行机制，不断增加外部动力，激活学习“内驱力”。

(3) 坚持主动学习，磨练学习毅力

学习的可贵之处在于毅力，毅力就是意志力，它体现在为了实现目标，不怕艰难困苦，不怕失败挫折和持之以恒的行为过程之中。毅力就是坚持性，坚持就是胜利，所以，教师在学习的过程中，要不怕慢，不怕不能立竿见影，而贵在坚持。具体的应做到以下几点：

首先，教师要把学习当作工作、生活中的重要组成部分，使其成为工作、生活中的一种需要，一种乐趣，改变过去那种把学习当成一种负担的思想，充分认识到学习是为了生存和发展，是为了实现自我的人生价值，要变被动的学习为主动的、自觉的、积极的学习。

其次，教师要力戒浮躁、淡泊名利、耐住寂寞、剔除杂念、专心务学，善于排除干扰，减少应酬。

第三，教师要学会提高处理日常事务性工作的效率，多挤出时间和精力用于学习。要让终身学习的信念时刻充斥在脑海中，在工作中时刻不忘学习。

要学习，教师就要积极主动，就要“下定决心练恒心，不怕苦难磨意志”，持之以恒、坚持不懈，做到“活到老学到老”，才能磨练坚强的学习毅力，从而学有所成。

(4) 运用多元学习手段和方法，提高学习能力

《论语》有云：“工欲善其事，必先利其器。”由此可见，教师要想提高自己的学习能力，首先要善于借助运用一切先进手段。在知识经济时代，除书本、纸和笔外，还有电视、电脑、多媒体等更多的、动态的、多元的学习途径和手段，教师应善于运用这些新的学习工具。当一种新的信息传播技术手段出现时，教师要尽快掌握，在最有限的时空条件下获得最多的数据信息，以提高学习效率。

其次，教师应掌握科学的学习方法。一方面，要把书“读进去”，对理论和知识要深钻细研，善于进行问题性学习、研究性学习、批判性学习，有自己的独立思考和判断，做到学有所悟，学有所成，从而形成新的知识、新的思想；另一方面，教师要从书本中“走出来”，要通过学习创新思路，指导实践，把理论与实践结合起来，学以致用，从而不断更新自己的学习方法，提高学习效率。

第三，教师应养成良好的学习习惯。当前，在少数教师中依然存在着“学风不浓”的现象，这就要求教师养成良好的学习习惯，如“挤”时间学习的习惯，“凡事多问一些为什么”的思维习惯，“一问多思”的习惯。作为教师，不仅要向书本学，还要养成向实践学、向成功人士学的习惯。

每个人都有自己的学习方法与学习习惯，教师要寻找出最适合自己的学习方式，抓住一切学习机会，善于运用多元、动态的先进技术手段，达到有效学习的目的。

教师要想让自己的职业有所发展，就应让自己成为一个爱学习、懂学

习、善学习的人。作为现代教师，不仅要有丰富渊博的知识，更重要的是要做学习型教师，乐于学习、善于学习。只有不断学习的教师，才能创造新的教育教学方式方法，才能在自己的职业生涯中不断获得营养，才能随时随地适应时代飞速发展的需要，才能引领职业发展的潮头。

4. 以科研求发展，做“学者型”教师

在新课改的百花园里，教育科研无疑是一缕最温暖的阳光。

他是百花园里的一名普通园丁，对教科研却是情有独钟，20 多年如一日，他在教科研的崎岖小路上走出了自己独特的职业发展之路。他就是浙江省嘉兴市名师、嘉兴市专业技术带头人、浙江省特级教师、平湖市当湖高级中学教师陆志龙。

陆老师回顾自己的专业成长历程，感慨颇深，他说：“行走在教育科研路上觉得特别幸福。所以，我愿将自己的行走体会，呈现在同仁的面前，希望能对大家有所启发，为教育事业的进一步发展贡献自己的微薄之力。”

(1) 注重教育理论学习，积累教育实践智慧，改善知识结构

走上工作岗位后的很长一段时间，陆老师像许多教师一样，也是一头扎进题海，看的书和杂志仅仅局限于自己本专业的范围，而看的更多的则是教学参考用书，严格意义上说这些算不上真正的教学专著。当时，他也曾有过迷茫，正是课题研究改变了这一切。

1996 年 8 月，陆老师被调到了平湖市东湖中学，那时学校的教科研工作刚起步，在无人申报课题的情况下，他主动申请搞起课题研究。第一个课题是“提高政治课堂教学效率的研究”，是平湖市级 1998 年规划课题。

2000 年浙江省的高考发生了巨大的改革，由原先的“3＋2”改成“3＋小综合”，考试的改革，客观上要求课堂也要改革，于是陆老师就开始着手第二个课题“‘政治课多学科渗透’的实践与探索”的研究，这个课题后来被嘉兴市教育科学规划办立项。

随后，结合课程改革的要求，陆老师又开发了第三个课题项目“政治学科‘生成性’课型的实践与探索”，该课题被立为 2005 年浙江省规划课题。

陆老师回想自己做过的三个课题，无论是课题方案和结题报告的撰写还是课题实施的过程，都要求他和课题组其他成员要注重学习新的教育理论，提高教育理论素养。

因而，随着课题研究的深入，陆老师书架上有关教育理论的专著日益多起来。平时，他会尽可能抽时间汲取教育学和教育心理学等方面的知识。在书中，他认识了苏霍姆林斯基、赞科夫、皮亚杰、布鲁纳、布鲁姆等世界著名的教育家；在书中，他结识了魏书生、李镇西、李吉林等我国教学改革的开拓者。他们的深刻思想触发了他对课题以及课堂教学改革的诸多畅想。

在十多年的课题研究中，陆老师养成了在教学中边学习边实践、把理论和实践结合起来、用理论指导实践并在实践中加深对理论认识的习惯。这些习惯，使他不仅有效改善了以前比较单一的知识结构，也获得了源源不断的教育实践智慧，为进一步提高课堂教学质量奠定了扎实的基础，并提供了很好的条件，也促使他走出了专业成长的高原期。

陆老师认为，要用教育科研让自己的职业得到发展，需要理论来支撑和涵养，而理论学习又能给教师的科研能力插上腾飞的翅膀，两者相辅相成，相得益彰。

教师专业化的知识结构包括本体性知识、条件性知识、实践性知识，这在学术界已达成共识。其中条件性知识和实践性知识近年来更是被普遍关注。所谓条件性知识一般就是指教师在教育学和心理学方面的知识；而实践性知识则是教师在教育、教学实践中形成、使用和表现出的显性或隐性的知识，通俗地讲是关于“如何教（怎么教）”的知识，它是教师专业发展的主要知识基础，在教师工作中发挥着不可替代的作用。

长期以来，学校一直比较重视教师“本体性知识”的培训和提高（如学历培训等），而对教师的“条件性知识”和“实践性知识”的重视则明显不够，这是很多教师走不出专业发展高原期的“瓶颈”所在。

（2）实现“课题和课堂有机结合”，形成“善问、渗透和生成”教学风格

陆老师说：“如果说我现在有一定的课堂教学风格或者特色的话，那我得特别感谢我刚刚提到的三个课题。”

在多年的政治课教学实践中，陆老师发现：学生在课堂上听懂了，不一定能讲，能讲了不一定能写，能讲、能写了不一定能内化为一种信念，付诸行动。所以，他认为，总体上来看，政治课课堂的效率是不高的，情感和价值观等目标达成度则更低，这与传统的教学观念和落后的教学方式有很大的

关系。

于是，陆老师就萌生了关于如何提高政治课堂教学效率的课题。新教学观认为，教学的成败不仅取决于教师在课堂上的表现，也取决于学生主动参与的程度和对学生各方面能力的培养。因此，陆老师认为，在课堂上，教师提出高水平的问题，激发学生进行高质量的思维活动，从而引导学生由接受学习过程演变为探究学习的过程，是中学政治课堂教学改革和发展的必然趋势。

对此，陆老师结合教学新理念，经常对教学方法进行改革和探索，根据主体性教育思想，进行了以让学生进行课前5分钟时政演讲、小课题或专题探究活动及教师提高课堂提问质量为突破口的教学方法上的改革，课堂也日益注重情境创设，彰显逻辑魅力，倡导探究合作。每堂课前让学生进行专题研究性学习，课上给学生一定的时间上台演讲和交流，进行角色转换；教师注意提出有质量、有启发性的问题供学生思考讨论；充分挖掘教材中对学生进行思想教育的闪光点。事实证明，这些方法对学生真正做到知行统一很有效。

2000年，浙江省率先实行“3＋综合”高考改革。这一改革模式的出台极大地冲击了学校平时的教学行为。为了迎接挑战，陆老师负责提出了“高中政治课多学科渗透教学的理论与实践”课题，在他的带领下课题组成员认真学习先进的教学理论和其他学科知识，并与多科教师共同开展课堂教学开放和探索活动，相互探讨，在课堂教学的内容上逐渐融进其他学科的知识，自此，“多学科渗透教学”的政治课堂教学模式逐步形成。

随着对新课程理念的深入领会，陆老师认为只有用动态生成的观念，重新全面地认识和界定课堂教学，构建新的课堂教学观，才能真正让政治课堂焕发出生命的活力。因此，他在“多学科渗透”课题研究的基础上又负责开发了2005年省级规划课题“政治学科‘生成性’课型的实践与探索”，并取得了阶段性成果。在政治课堂中逐渐增设了更多的专题研究、情景模拟、调查研究、辩论等学习任务与情景，让学生在做中学，在做中生成各种体验，在体验中内化信念、外化行为。同时，更加凸显了政治课从知识为主到活动为主、从接受为主到建构为主、从理解为主到体验为主、从教师为主到学生为主的转变，因而从某种意义上说，更加逼近了政治课课堂教学的本质。

（3）养成思考和写作习惯，提高学术品位

陆老师说："或许，我们作为中小学教师达不到著书立说的境界，但是教师职业决定了教师的价值主要体现在精神生产上，而写作是精神生产的最重要的确证，离开写作，教师的精神就失去了一种存在的见证。一个教师如果没有把自己的教育故事、经验或思想形成文字，为自己的存在找到一个精神的家，那是一件很遗憾的事。"

此外，陆老师还认为，教师写作是对个人教育教学工作的再思考，是一种探索，更是一种理性的升华。撰写文章的过程就是积累和总结经验的过程，也是一个特殊的"业务进修"过程。那么，怎样才能写好科研文章或科研论文呢？

陆老师始终认为，从事课题研究是撰写高质量科研论文的最好途径，他的几篇课堂教学代表作都是在课题长期研究的基础上最后一气呵成的。例如，他围绕"提高政治课堂教学效率的研究"课题，积极提炼研究成果，撰写的论文《课堂提问的辩证法》获省级评比一等奖、国家级评比二等奖，他的论文《政治学科内研究性学习选题要求例谈》在中等教育核心期刊《教学月刊》上发表，课题研究成果"提高政治课堂教学效率的研究和探索"在平湖市第三届优秀教育科研成果评比中荣获一等奖。围绕"'政治课多学科渗透'教学的理论与实践"课题撰写的论文《谈政治课"多学科渗透"教学模式的构建》发表在国家级刊物《中学政治教学参考》上，并被中国人民大学复印资料中心《中学政治及其他各科教与学》全文转载，这是迄今为止，他最有分量的一篇科研论文；课题研究成果《高中政治课多学科渗透教学的实践与探索》在省、市优秀科研成果的评比中均获二等奖；围绕"政治学科'生成性'课型的实践与探索"课题撰写的论文《"动态生成性"政治课堂特征探析》，在浙江省2005年高中教学论文评比中获一等奖，论文《政治学科"用教材教"的思考和实践》发表在《教学月刊》2006年第7期上，后又被中国人民大学复印资料中心《中学政治及其他各科教与学》全文转载。

陆老师认为，中小学教师从事科研，不断赢得出色成果，从自身来看，表现为能美化自身，增进自己的心灵美，丰富自己的精神境界，拓展自己服务社会的广阔胸怀，提高自己在教育界的地位；从教学来看，教师的学术形象，即严谨的治学态度、渊博的知识、丰富的研究成果是形成教师魅力的重要因素，对学生的积极影响是不言而喻的。

试想，一个教师如果一味照本宣科，或仅仅作教材的注解，或做教学参考用书的传声筒，丝毫没有自己对教学内容的独特理解，是很难受到学生尊重的，特别是已经具有一些理性思维的高中学生。所以，陆老师一直在想，如果一个教师只会教书不会进行研究和写作，充其量只是个“教书匠”，最终会被时代所淘汰，只有拥有深厚学术底蕴和高贵学术品质的科研型教师才会让职业之路越走越宽。

虽然从教已有20多年，但陆老师觉得自己的职业仍然前程漫漫，他将一如既往地走下去，用教科研规划自己的职业之路，正可谓“路漫漫其修远兮，吾将上下而求索”。行走于教育科研的路上，他将倾其所能，让科研这一教书育人的智慧源泉涌动得更充分，让科研真正成为教师专业成长的助推剂，从而为学生的生命奠基，为教师的幸福奠基。

新课程背景下，“教师成为研究者”已成为时代发展对教师职业提出的新使命、新要求。教师专业发展已被看成促进学生全面健康成长、保障基础教育进步的关键之所在，而教育科研是促进教师专业发展、提高教师素质的必由之路。

自20世纪70年代以来，“教师要成为研究者”这一口号喊得越来越响亮，“教师即研究者”的观念也越来越深入人心，而且成为时代发展对教师职业提出的客观要求。教师既是教学实践者，同时又是教育研究者。教师角色开始由单一的“教学者”转变为集“教学者”与“实践者”于一身的工作者。而通过教育科研活动可以有效地促进教师的专业发展，这在陆老师通过科研规划自己职业发展之路这个案例中就可以看出。

教师专业发展在促使中小学生全面健康成长、保障基础教育进步方面，被看成是比任何时期都关键的重要因素。一个教师要真正成为一个时代需要的新型教师，就必须努力提高专业素养和专业发展，可以说，教育科研是从“教书匠”向“学者型”教师转化的有效途径，也是提高教师素质的必由之路。仅仅会组织教育活动而不会进行教育研究的教师不是新时代的合格教师，教师参与教育科研的主要价值在于更深刻地认识教育规律和教育的深刻内涵，不断提高自身的专业素养。

教师参与教育科研活动对教师的成长与发展至少有三方面的提高：

一是有助于教师思想境界的提高。投身科研的教师，其改革意识与探索精神都比较强，教育思想都比较先进，而且其在教育实践中也敢于探索，善于探索。教师的思想境界是在科研实践中逐步培养起来的，教师不断地进行科研实践与反思，能及时发现自身职业规划中存在的问题和不足，并及时纠正，是一种对自我的超越，是对更高境界的生命的追求。

二是有助于教育理论素养的提高。对于教育理论素养，教师既可以通过学习获得，也可以通过积极参加教育科研活动来获得。教师在科研活动中，可以把教育理论与教育实践结合起来，不断提高自己运用教育理论分析、研究实际问题的能力，提高教育研究的水平。

三是有助于教师工作能力的提高。教育科研的过程，是一个自我学习、自我教育的过程，也是一个提高教师工作能力的过程。

具有一定研究意识、研究能力的教师，主观随意性和盲目性较少，而是较注意调查研究，能够利用教育科研挖掘自身的创造潜力，提高自身的工作能力。

教师通过科研规划自己职业发展之路的策略如下：

（1）开展课题研究，提高科研能力

随着教育事业的改革发展，教育科研越来越被重视，科研兴校是中小学教育发展的关键。课题是科研活动的载体，教师参与课题研究，是让自己成为研究型教师的有效途径，也是提高自己科研能力的有效途径。所以，教师要树立强烈的科研意识，向教育科研“要质量”。

教师在自己的职业规划中，要以一个研究者的身份参加教育实践，并逐渐成为一个能够不断对自己的教学实践进行反思的研究者与教学者的统一体。承担课题研究要注意研究的实践性，应将自己教学中最需要解决的问题作为探讨和研究的重点，同时注重过程与结果的有机结合。

（2）开展实践活动，提高科研能力

教育活动是进行教育研究的沃土，教师应不断围绕自己的教育实践进行研究活动，用研究的心态对待教育教学工作中遇到的问题，在不断的反思中获得新的提高。提高科研能力的目的是通过教育科研实践活动，更好地提高教育教学效益，教师只有积极投身到教育科研实践中去，科研水平和能力才能进一步提高。

、 教师可以进行说课活动，可以撰写专题体会，可以进行课题研究等加强实践活动。通过以上做法，教师在提高理论素养和科研能力的同时，也可以进一步沟通教育教学理论与实践的联系，进而提高科研能力。

(3) 加强学习，积极参与科研培训

研究是一个站在巨人的肩膀上进行的有目的、有计划地解决实际问题的过程，教师唯有不断加强学习才能站得高、看得远、找准研究的突破口。为此，教师在自己的职业规划中应该着重加入“积极参与科研培训”这一条。

教师要通过学习、培训、思考、总结和提炼，明确自己职业的价值取向，即职业理想，为自己的职业发展指明方向。另外，通过学习培训，教师应获得较强的政治素质、业务素质和较强的战略思维能力，以及推进科研的指导能力和敏锐的教育视角和发展的眼光。

教师该如何在科研培训中提升自己的科研素质呢?

首先，教师要把提升科研素质贯穿于整个培训过程。在培训的开端，教师要强化自身的科研意识，要带着课题和科研的任务进行学习，在培训中发现问题、提出问题，把问题带进培训课堂，积极参与核心问题的研讨，让自己成为研究型学习合作团体中的一员，并在学习期间形成课题、申报课题、研究课题。

其次，加强科研思维心智的训练。科研思维的形成是一个复杂而艰苦的过程，然而，在有限的时间内可以把科研思维的心智训练模式化、程序化。如设置问题情境，发现问题、明确问题、提出假设、验证假设；解决问题的思维训练模式，学习使用归纳、演绎、分析、综合、比较、分类、抽象、概括、判断和推理等思维方法。教师应在培训中把模拟情境与自己的教育教学问题情境结合起来，训练自己形成解决问题的科学思维模式，学习按科研的思路分析教育教学中的问题，在行动研究和实证研究中寻找规律，科学地解决问题。

第三，激发科研动机，确定研修学习的具体科研目标。科研是一个环环相扣的创新过程，选题是科研的起始环节，也是最为艰难的环节。选好研究课题是科研的前提，教师会遇到各种各样的问题，并不是所有的问题都是科研问题，也不是所有的问题都要通过科研的路径去解决，只有教育教学中那些有理论意义和实践意义的问题才有科研价值。

第四，实施导师制，把研究开题环节和研究方法操作环节提前至理论学习初期。在培训中，教师可以在导师的指导下，按科研的范式形成初步的研究设计方案。初期的方案也许会不成熟，但可以促进自己走入科学研究的轨道中，在研究中学习，在学习中研究。

教师在培训中要积极借助科研平台和学术条件，如查阅文献资料，进行文献梳理和综述，了解相关研究领域的学术成果和前沿动态；小组之间合作学习和探讨问题，相互交流，共享学术资源；在导师指导下，进行研究设计，制订研究方案，与导师进行充分的交流沟通。

研究方法的学习不能只通过课堂讲授的方式获得，教师应注重实际训练，让自己尽快掌握一些基本的研究范式和研究方法。教师可以把研究方法切割成小的学习模块，通过课堂模拟练习、课后提交作业、实际运用等方式真正学会使用研究方法。

方法是一种工具，可操作性强，也属于程序性知识，只有反复练习才能有效地掌握，而且一旦掌握后不易忘记，它会迁移到不同的研究中去。教育科研只有植根于学校教育教学的过程之中才会有实实在在的效果，为此，教师在选准研究方向确定出研究课题后，要积极借助校内外的各种力量，促成研究方案的制订及实施。方案一旦制订完成要坚决执行，绝不能因在研究中遇到困难就轻易放弃。

（4）开展活动，深入推进教科研

教师要善于“抓契机，搭平台”，深入推进课题研究。教师要注意把科研与教育教学工作相融合，把科研与培训相结合，力争为自己搭设一个学习、研究、实践、反思的平台，让自己在主动发展中体验追寻的愉悦。

教师可以结合相关活动，密切联系学校的实际与其他教师和学校发展的需要而开展教科研活动，在活动中促进职业素质的提高。

（5）回归科研的本来面目

什么是科研的本来面目？就是教师进行创造性工作的自然需要。教师的本质是知识的传递者，这个过程应是教师个体创造性劳动与知识传授有机结合的过程。当教师把自己的关注重点放到实践智慧的探索与理性认识的升华的时候，就自觉有了科研的可能；当教师结合教学实践积极研究的时候，科研就有了坚实的基础。

教师的科研应立足于原生态的实践性研究，没有必要用学术标准和规范操作模式生硬地约束自己的研究。但也不能将自己的科研完全视为“草根”，不上档次，教师应清晰地认识到，正是这种源源不断的实践探索，才使专业研究有了真实的素材而更接近教育的本质。

（6）提炼成果，注重将科研转化为应用

教育科研根本的目的是应用，也就是将科研成果推广到教育教学实践当中，发挥成果的作用。所以，教师应注重成果的提炼与推广。

课题成果的推广与转化可以采取以下几种方式：

一是直接应用。将他人的教科研成果直接应用于自己的教育教学实践中。

二是移植。把某一（学科）领域的教科研成果应用到更大范围、更多领域。

三是发展。在推广成果的过程中，对原课题进行再研究以深化和提升。

四是渗透。把成果中所含的教育理念等渗透到众多教师的整体工作之中。

教师应善于根据不同情况，采取不同的方法，使成果真正活化成教育教学实践的强大力量。

教育科研是对教育实践经验的总结，是教育“面向现代化，面向世界，面向未来”的要求，也是教育事业改革和发展的新起点。决定教育事业成败的是教育思想、教育观念，是教育规律和方法、途径，所有这些都必须依靠教育科研才能明确，才能树立和落实。所以，教师在自己的职业规划中要注重进行教育科研，以使自己的职业获得长足发展。

参考文献

[1] 刘龙泉，董晓锋．师德浅议［J］．现代教育科学（中学教师），2012，(1)．

[2] 郭卫红．论“师德”［J］．文理导航（上旬），2012，(2)．

[3] 孙宗涛，范海风，李仁华．师德的缺失和重建［J］．淮阴师范学院学报：自然科学版，2011，(4)．

[4] 沈璿，栗洪武．“自然”与“约成”：“师道”与“师德”合一［J］．华东师范大学学报（教育科学版），2011，(4)．

[5] 徐霜，励桓彬．浅谈“有偿家教”中的师德问题［J］．群文天地，2011，(16)．

[6] 虞凯天，范蓓，金柳苑．教育公正在师德建设中的现实意义［J］．都市家教（下半月），2012，(6)．

[7] 范慧琴．教师失当行为案例分析与思考［J］．幼儿教学研究，2007，(5)．

[8] 臧书起．中小学教师教书育人职责行为失范及对策［J］．周口师范学院学报，2007，(4)．

[9] 李锐，周福盛．关注教师课堂失范行为，培育学生健全人格［J］．天津教育，2009，(7)．

[10] 董静，张洪涛．中小学教师职业规划成因审思［J］．渤海大学学报·哲学社会科学版，2010，(4)．

[11] 李明根．教师职业规划与实施［J］．东方青年（教师），2012，(4)．

江苏凤凰教育出版社
《行知工程》系列丛书目录

系列	序号	书名	主编	定价
教师软实力系列	1	《教师人际沟通力》	黄爱华　夏丽娟	38.00
	2	《班主任教导力》	黄爱华　戴诗银	38.00
	3	《教师执业道德力》	黄爱华　夏丽娟	38.00
教育思想者系列	4	《品鉴教育文化盛宴——陶继新序跋屯集》	陶继新	45.00
	5	《为什么而出发——一位研究者对教育本质的沉思》	齐　健	35.00
	6	《高效教学的道与术——陶继新教育讲演录》	陶继新	30.00
	7	《铸造一流教育品质——陶继新区域教育巡礼》	陶继新	35.00
	8	《名校之道——陶继新对话名校长（1）》	陶继新	30.00
	9	《名校之道——陶继新对话名校长（2）》	陶继新	35.00
	10	《教育，一切从孩子出发》	黄　俭	30.00
精彩课堂系列	11	《基于核心素养的数学教学》	赵红婷	35.00
	12	《中学生核心写作能力培养》	陶　波	36.00
	13	《给孩子更好的数学课堂》	易增加	30.00
	14	《小学生阅读素养的提升策略》	邵巧治	35.00
	15	《从语文素养走向生命成长——小学语文读写课堂教学密码》	曾海玲	30.00
	16	《真实的品德课》	朱淑秀	30.00
	17	《英语课堂学习共同体——新型的师生交互学习场》	杨延从	30.00
	18	《指导自主学习——初中数学学与教的研究与实践》	刘其武	30.00
	19	《玩出精彩的课堂——小学低年级教与学方式转变研究》	陶红松	30.00
	20	《让生命之花自主绽放——语文个性化教学建构策略》	商德远	30.00
	21	《让学生亲历知识——主体参与下体验式学习的实施策略》	何世祥	30.00
名校系列	22	《从校本课程走向学校课程——锡山高中课程探索之路》	唐江澎等	35.00
	23	《让每个孩子都成志——清华附小主题阅读课程的实施探索》	窦桂梅	30.00
	24	《让每个孩子都成志——清华附小主题实践课程的实施探索》	窦桂梅	35.00
	25	《向着朝阳走去——清华附小合作办学实践探索》	窦桂梅	30.00
教育求索系列	26	《学科建设与教师发展——中学数学》	杨志文	30.00
	27	《欣说教育那“一亩三分地”——一位一线教师的教育微思考》	王庆欣	30.00
	28	《爱的守望——一位一线教师对教育的坚守》	林卫红	30.00
	29	《思政教学的人文力量》	戴晓华	30.00
	30	《师道新说——给教育者的30条箴言》	徐　卫	30.00

系列	序号	书　　　　名	主编	定价
创新教学探索系列	31	《基于核心素养的体育与健康校本课程建设》	赵卫新	35.00
	32	《把古文教活——激活文言文课堂的教学策略》	刘小华	35.00
	33	《做童年面前最合适的人——我和孩子们的“童化语文”》	曹丽秋	30.00
	34	《品世界名画，学精彩作文 ——特级教师的“名画”作文教学法》	李日芳	36.00
	35	《玩出精彩作文——张化万活动作文教学经典策略》	张化万	35.00
	36	《〈红楼梦〉里的语文课》	李日芳	30.00
	37	《让学生把母语用精彩——“语用课堂”的探索与实践》	佘小红	30.00
	38	《“备”出课堂精彩——备学式教学的课堂实践与思考》	张旭兰	30.00
	39	《神奇的阅读教室——带学生踏上美妙的阅读之旅》	李祖文	30.00
	40	《打造有生命力的课堂 ——“两步八环节”教学模式探索与实践》	查联智	30.00
	41	《最能培养学生探究能力的课堂 ——小学科学与信息技术单元整体课程实施与评价》	李怀源	30.00
	42	《最能激发学生运动天赋的课堂 ——小学体育单元整体课程实施与评价》	李怀源	30.00
	43	《最能提升学生艺术素养的课堂 ——小学艺术单元整体课程实施与评价》	李怀源	30.00
	44	《“生命语文”探索——焕发语文生命力的思考与实践》	王自成	30.00
	45	《粘连作文教学：让习作成为有个性的自我建构》	黄瑞夷	30.00
	46	《备学式教学——在体验中建构数学思维》	单广红　范雪梅	30.00
	47	《向着自主进发——自主教育的创新实施智慧》	朱亚红	30.00
	48	《写中学——让学习更有效的学科写作教学》	钟传祎	30.00
	49	《小学科学实验总动员——大科学课堂有效提升学生创新力》	江美华	30.00
	50	《小学语文单元整体课程实施与评价》	李怀源	30.00
	51	《小学英语单元整体课程实施与评价》	李怀源	30.00
	52	《小学数学单元整体课程实施与评价》	李怀源	30.00
	53	《让教学更能激发智慧——“思维碰撞”课堂的建构与实施》	程和方	30.00
名师成长系列	54	《情怀·智慧·境界——教育名家演讲录（1）》	钟惠河　李韫琬	30.00
校长领导力系列	55	《学校细节管理的执行力》	林文明　王林发	30.00
	56	《校长智慧统筹的领导力》	谢耀丰　蔡丽姗 王林发	30.00
	57	《学校持续发展的研究力》	林文智　宋佳敏 王林发	30.00
	58	《学校和谐融洽的协作力》	陈一平　郭雪莹 王林发	30.00

系列	序号	书　　名	主编	定价
校长领导力系列	59	《学校教育提升的引领力》	谢文东　关敏华 王林发	30.00
	60	《学校团队成长的学习力》	黄纪　蔡美静 王林发	30.00
	61	《学校高效管理的创新力》	张旭	30.00
	62	《学校成功管理的决策力》	邱黎明	30.00
	63	《高品质学校生长要素》	王益民	30.00
	64	《校长高效教学领导力提升策略》	徐世贵　郭文智	30.00
新思维系列	65	《让后进生学习有后劲之36计》	严育洪	30.00
	66	《教育中的“不一定”——打破教育的19种思维惯式》	严育洪	30.00
教师修炼系列	67	《如何炼就课堂好声音——教师美嗓保健实用宝典》	薛建洲	30.00
	68	《与学生一起成长——90后教师的心路反思》	王　晗	30.00
	69	《教育，爱与宽容——教师心灵礼仪修炼》	许力争	30.00
教育家核心思想系列	70	《叶圣陶论写作》	叶圣陶 著 李怀源 选编	30.00
	71	《叶圣陶谈阅读》	叶圣陶 著 李怀源 选编	30.00
	72	《多元智能理论的本土化应用》	刘治富	30.00
	73	《大教育家最具施教力的教学思想》	白刚勋	30.00
学生心理解码系列	74	《在人生的春天播种——十四岁，写给青春的一封信》	白宏宽	30.00
	75	《孩子问题行为一点通 ——只有好老师才知道的学生心理谜底》	严育洪	30.00
校本研修系列	76	《徜徉语文教研》	肖俊宇	35.00
	77	《校本研修资源的开发与利用》	陈朝林	30.00
	78	《校本研修与教师专业成长》	吴积军	30.00
	79	《卓越教师经典研修成长策略》	刘天宝等	30.00
	80	《特色校本课程开发范例解读》	刘永平　李秀伟 张雪梅	30.00
	81	《高效校本研修模型构建艺术》	刘素雁	30.00
	82	《走向实践的教研——中小学教育科研引领与应用》	江　敏	30.00

系列	序号	书　　名	主编	定价
教育管理力系列	83	《缔造唯美教育——延奎小学素质教育实施策略》	易增加	30.00
	84	《让普通学校崛起的 20 个细节——“生命为本”教育团队成长密码》	李其玉	30.00
	85	《“走”出教育的精彩：走动式学校管理文化构建》	罗　军	30.00
	86	《校长兵法：学校管理四十六计》	皮大鹏	30.00
班级文化系列	87	《活力班级的文化建设》	胡　珏	30.00
	88	《做幸福的班主任》	吕　丽	26.00
高效能教学系列	89	《高效能教师的 10 个好习惯（中学卷）》	张　瑾	30.00
	90	《让作文落地生根——提高写作实效的教学策略》	黄桂林	30.00
	91	《高效能作文教学 5 项修炼》	陈步华	30.00
	92	《高效能校长的 10 个好习惯》	张　勤	30.00
	93	《高效能教师的 10 个好习惯（小学卷）》	谢　英	30.00
	94	《高效能语文教学 5 项修炼》	王其华	30.00
新课程探索系列	95	《语文新课程的批判与重建》	葛桂斌	30.00
美国名师教学译丛	96	《美国名师游戏教学本土化应用：幼儿园》	（美）玛西娅 L. 泰特 著 胡珍　瞿菁　编译	30.00
	97	《美国名师游戏教学本土化应用：小学英语》	（美）玛西娅 L. 泰特 著 杨永华　张心影　编译	30.00
	98	《美国名师游戏教学本土化应用：小学数学》	（美）玛西娅 L. 泰特 著 谢艳红　编译	30.00
	99	《美国名师游戏教学本土化应用：小学科学》	（美）玛西娅 L. 泰特 著 刘丽萍　编译	30.00
	100	《美国名师游戏教学本土化应用：小学社会》	（美）玛西娅 L. 泰特 著 姜梅芳　编译	30.00
	101	《美国名师游戏教学本土化应用：小学音体美》	（美）玛西娅 L. 泰特 著 尹立志　编译	30.00
鲁派名师名校·教育探索者系列	102	《悦读立人——校园阅读文化体系构建策略》	杨世臣	30.00
	103	《教育智慧何处来——一位特级教师的思考手记》	付立金	30.00
	104	《和雅文化——校本课程的创新构建》	汤善香	30.00
	105	《让个性绽放精彩——学校课程体系整合与创生》	谢建伟　徐淑萍	30.00
	106	《让每个学生都幸福——最能润泽生命的学校文化建设》	谢建伟　张新喜	30.00

系列	序号	书名	主编	定价
生态化校园系列	107	《文化管理——构建生态和谐校园的必由之路》	付全新	30.00
	108	《点燃学习的激情——构建校园生态化学习型组织》	杨树岳	30.00
	109	《课改突围——构建学校生态化教学体系》	杨树岳	30.00
教育新思考系列	110	《语文教育向何处去》	王　丛	26.00
	111	《教育，就是做好普通的事》	孙志毅	27.00
	112	《走出语文的偏见——让学生体悟文本的原义》	丛智芳	30.00
	113	《让语文教学更高效——批注式阅读教学探索》	韩中凌	30.00
	114	《读写互促——探寻学以致用的语文教学》	曹　龙	30.00
	115	《跳出数学教数学——用文化融通数学教学》	马建秀	27.00
名师感悟系列	116	《让心灵伴着歌声成长——22位音乐名师的教育智慧》	陈　璞	30.00
	117	《超越自我的教师——32位名师的成长感悟》	李卫东　李秀伟	35.00
	118	《心灵的守护者——19位名班主任的教育智慧》	王晓松　曲文弘	30.00
	119	《名师感悟班主任有效工作艺术90例》	符礼科	30.00
	120	《名师感悟有效教学90例》	林高明　徐玉烟	30.00
信息化教学系列	121	《巧用白板教语文——信息技术与语文教学操作指南》	蒋丽清	30.00
	122	《跨越式实现高效课堂 ——信息技术与课程整合高效教学方案评析》	陈　玲　刘　禹	30.00
教师必读系列	123	《教师必学的16堂修养课》	武宏伟	30.00
	124	《教师不可不知的教学心理效应》	叶勇军	30.00
	125	《班主任不可不知的管理效应》	奚一琴	30.00
	126	《教师不可不知的教育心理效应》	孙　媛	30.00
	127	《校长不可不知的管理效应》	谢申刚　张金豹	30.00
	128	《成为好教师的7项修炼》	王福强　李维华	30.00
	129	《如何让学生会学习》	龙　冰	30.00
	130	《如何让学生爱学习》	周震宇　许小燕	30.00
核心教学主张系列	131	《新生代语文名师核心教学主张》	许友兰	30.00
行思讲坛系列	132	《灵动而朴素地教语文——潘文彬的微格教育生活》	潘文彬	30.00
	133	《师爱无疆——润泽学生心灵的教育故事》	侯忠彦	30.00
	134	《怎样反思更有效 ——促进教师专业发展的反思策略》	诸贝贝	30.00

系列	序号	书　　名	主编	定价
行思讲坛系列	135	《成为高度自觉的教育者——写给后课标时代的数学教师》	许卫兵	30.00
	136	《哲思数学课》	刘全祥	30.00
	137	《智慧数学课——黄爱华教学思维的实践策略》	黄爱华	30.00
	138	《童趣数学课》	徐　芳	30.00
	139	《把学生教聪明》	严育洪	30.00
	140	《教师最应该规避的教育误区》	杨坤道	30.00
	141	《用语文的方式教语文——潘文彬教学主张与实践智慧》	潘文彬	30.00
	142	《怎样让阅读教学更有效 ——提升教学能力的十种读诵模式》	汪秀梅	28.00
	143	《让生命在润泽中起舞 ——当代小学生最需要的主题班会》	吴联星　罗　琳 冯卫东	30.00
	144	《让生命欢快拔节 ——当代中学生最需要的主题班会》	冯卫东　吴联星	30.00
	145	《课堂因生成而精彩——高效教学的生成智慧》	张文质	30.00
	146	《回到每一个人的生命化教育 ——张文质二甲中学教育行动录》	张文质	30.00
中国教育变革之路丛书	147	《百年树人师何为——教师队伍建设困顿与出路》	将丽珠　李玉向	30.00
	148	《入园何时不再难——学前教育困惑与抉择》	曾晓东 范　昕　周　慧	30.00
	149	《三尺书桌何处寻——流动人口子女教育困难与破解》	范先佐	30.00
	150	《苦旅何以得纾解——高考改革困境与突破》	郑若玲	30.00
	151	《择校纠结何时了——择校问题困局与治理》	曾晓东　周文海 曾娅琴	30.00
创新教学思想系列	152	《“大问题”教学的形与神》	黄爱华　张文质	30.00
教育漫笔系列	153	《课堂，诗意地栖居》	吴书华	30.00
教学提升系列	154	《有思想地教阅读——让学生学会品读文字真意》	王学东	30.00

系列	序号	书名	主编	定价
教育艺术提升系列	155	《藏在师生体态语言里的教学智慧》	张宇 廖生波	30.00
教学全手册系列	156	《小学习作教学全手册》	郭家海	30.00
	157	《中学写作教学全手册》	郭家海	30.00
	158	《情境教学操作全手册》	冯卫东	35.00
	159	《合作教学操作全手册》	李春华	35.00
	160	《探究教学操作全手册》	周新桂	35.00
	161	《自主教学操作全手册》	诸葛彪	35.00
	162	《创新教学操作全手册》	王玮	35.00
	163	《班主任工作全手册》	刘沛华	35.00
	164	《新教师工作全手册》	周震宇	35.00
	165	《学生心理健康教育全手册》	刘海莉 刘春杰	35.00
	166	《高效教学操作全手册》	马友平	35.00
创新人才培养系列	167	《创新人才培养校园科普精品课程开发与指导——人大附中创新人才培养》	罗滨	30.00
	168	《创新人才培养特色校本课程开发与创新人才培养——清华附中“国际安全下的科学技术”课程构建与实施》	王殿军 方研 赵宏雁	30.00
	169	《创新人才培养：学校实验室建设与管理》	刘克文 杨发丽 杨平	30.00
	170	《创新人才培养：数学探究活动开发与指导》	马云朋 韩继伟	30.00
	171	《创新人才培养：化学研究活动开发与指导》	王磊	30.00
	172	《创新人才培养：物理探究活动开发与指导》	廖伯琴	30.00
	173	《创新人才培养：地理探究活动开发与指导》	张建珍 陈澄	30.00
	174	《创新人才培养：生物探究活动开发与指导》	张迎春	30.00
	175	《创新人才培养：理念探索与思维突破》	王晶莹	30.00
新生代通派名师系列	176	《简约数学教学》	许卫兵	30.00
	177	《语文教学的本真——情意课堂展现母语之美》	吴建英	30.00
	178	《语文课堂的理想追求——欢快达成三维目标》	董一红	30.00
	179	《阅读教学的真髓——意象构建读出文学的真美》	祝禧	30.00

系列	序号	书　　名	主编	定价
新生代通派名师系列	180	《美术教育的真谛——审美人生教育让生命绚丽成长》	陈铁梅	30.00
	181	《语文教学的理想境界——无痕教学润泽生命》	李　凤	30.00
	182	《儿童作文的本义——嬉乐作文让儿童乐并成长着》	王笑梅	30.00
	183	《名师是怎样炼成的》	王建明　王笑君	35.00
幼师成长系列	184	《幼儿行为背后——教师如何读懂幼儿的心思》	吴亚英	30.00
	185	《最具教育力的22种幼儿教育思想》	杨　达	30.00
	186	《幼儿教师必知的安全应急措施》	杨　达	30.00
	187	《幼儿教师必备的教育技能》	李　玲	30.00
	188	《卓越园长21条幼儿园管理策略》	周　丹　江东秋	30.00